슬락 시바락사 지음 · 변희욱 옮김

평화의 씨앗

정토출판

SEEDS OF PEACE
by Sulak Sivaraksa

Copyright ⓒ 1992 by Sulak Sivaraksa
Korean Translation Copyright ⓒ 2001 by Jungto Publishing Co.

The Copyright of the Korean edition of the publication belongs to the Jungto Publishing Co. by the sole contract with the author Sulak Sivaraksa.
No part of this publication may be reproduced or lent without permission of the above publisher of the publication.
The publication is protected by the Publication Law of Korea.

이 책의 한국어판 저작권은 저자 Sulak Sivaraksa와의 독점 계약으로 정토출판에 있습니다.
저작권법에 의하여 한국 내에서 보호를 받는 저작물이므로무단 전재와 무단 복제를 금합니다.

평화의 씨앗

차례

- 6 — 추천의 글 — 세상의 평화, 마음의 평화 · **달라이 라마**
- 8 — 시대의 아픔에 도전하는 사람들의 영성을 일깨우는 어느 망명가의 책 · **조희연**
- 14 — 머 리 말 — 평화의 씨앗 · **틱낫한**
- 17 — 감사의 글 — 평화의 씨앗이 싹트길 기원하며 · **술락 시바락사**

1부 사람의 변혁, 사회의 변혁

- 22 / **1장** / 종교는 사회변혁에 무엇을 할 수 있는가?
- 29 / **2장** / 사람을 위한, 사람의 불교
- 41 / **3장** / 사회변혁을 위한 불교의 다섯 가지 계율
- 50 / **4장** / 비폭력 운동과 불교
- 66 / **5장** / 여성과 불교
- 76 / **6장** / 사회변혁을 위한 불교의 대안

2부 근대화의 빛과 그림자

- 94   7장 / 소비자본주의라는 이름의 현대 종교
- 102   8장 / 강대국을 향한 고뇌에 찬 권유
- 117   9장 / 개발의 논리, 착취의 논리
- 128   10장 / 개발의 狂氣
- 138   11장 / 개발의 어둠을 밝히는 불교적 모색

3부 술락 시바락사의 사상과 평전

- 154   **연설문** / 술락 시바락사의 민주주의에 대한 신념
- 169   **연구논문** / 술락 시바락사와 그의 "사회변혁을 위한 불교적 전망"
- 223   **저자와의 대화** / 불교는 신자유주의에 어떻게 대응할 것인가?
- 238   역자후기 — 사람의 해탈, 세계의 해탈 · **변희욱**

추천의 글 | 달라이 라마

세상의 평화, 마음의 평화

술락 시바락사는 자신의 조국인 태국의 민주화를 이루기 위해 다양한 사회운동을 시도했습니다. 그는 세계참여불교연대(International Network of Engaged Buddhist)를 조직하여 현대사회와 불교를 다리놓는 모범 사례를 보여주고 있습니다. 여기 『평화의 씨앗』에서 그는 이러한 방법들을 통해, 세상을 새로운 생명력으로 가득 채우겠다는 야심찬 계획들을 선보이고 있습니다. 이는 평소에 내가 꿈꿔오던 일이기도 합니다.

사람들은 누구나 행복은 추구하면서 고통은 피하려는 본성을 가지고 있습니다. 그렇다면 어떻게 그것을 달성할 수 있을까요? 많은 경험을 통해 나는 이 문제의 가장 중요한 관건은 우리 자신의 마음가짐임을 깨달았습니다. 평화와 행복의 원천은 마음의 평화라는 의미에서, 마음수양은 더할 나위없이 중요합니다. 마음의 평화를 이룬 사람은 어떠한 자극에도 흔들리지 않습니다.

물질의 풍요만으로 이상사회를 실현하겠다고 생각하는 사람에게는 여러 가지 장애가 따릅니다. 어떤 법제도나 강제수단을 통해서도 온전한 복지사회를 이루기란 결코 쉬운 일이 아닙니다. 왜냐 하면 사회구성원들의 주관적 태도와 행동 여부에 따라 그 결과가 판이하게 다를 수 있기 때문입니다. 사람들이 인류를 자기 가족같이 생각하고 사랑과 헌신으로 연대감을 발휘하여 다른 사람들을 이웃과 같이 대하는 마음가짐을 거듭 키울 수 있다면, 헤아릴 수 없이 무한한 정신적인 능력과 마음의 안정을 얻을 수 있습니다. 이로써 우리는 마음의 평화를 이룰 수 있고, 자신의 지성을 최대한 발휘할 수도 있습니다. 마음이 평온한 상태에서만 예리하고 명징하게 사유할 수 있습니다. 기껏해야 90년에서 100년 정도만 머무를 수 있는 세상살이에 우리는 뭔가 의미있는 일을 하도록 노력해야 합니다. 평온한 마음을 유지하는 노력을 통해서만 그 평온을 다른 사람과 함께 나눌 수 있습니다. 이렇게 우리가 다른 사람들의 행복에 조금이라도 기여한다면, 혹시 우리 인생의 진정한 목표나 의미를 찾을 수 있지 않을까 생각해 봅니다.

1991년 12월
인도 다람살라에서

| 추천의 글 | 조희연 (성공회대 사회과학부 교수 겸 시민사회복지 대학원장) |

시대의 아픔에 도전하는 사람들의 영성을 일깨우는
어느 명명가의 책

일전에 80년대와 90년대를 정말 치열하게 살았던 한 시인의 이야기를 들을 기회가 있었다. 권위주의 정권 시절, 반독재 투쟁의 대열에는 많은 시인들이 있었다. 그들은 시인이기 이전에 시대의 모순에 가장 깊게 분노하고 가장 치열하게 투쟁하는 실천가이고자 하였다. 그들이 그럴 수 있었던 것은 시대의 모순을 누구보다도 섬세하게 느끼고 민중들의 아픔에 동참하고자 하는 아름다운 영혼이 있었기 때문이었는데, 요즘은 분노와 투쟁만 남고 그 순수한 감수성과 영혼은 소진해 가고 있다는 것이었다. 이 시인의 말은 그후 나의 뇌리 한 구석에서 고민스런 주제로 남아있었다. 최근 알게 된 이 책은 이런 나의 고민스런 주제에 대해 좀더 깊은 성찰을 주었다.

번역자인 변희욱 씨의 추천으로 최근 알게 된 술락 시바락사의 이 책은 나에게 많은 감동과 시사를 던져 주었다. 나에게 다가온 몇 가지 점들을 열거하면서, 이 책의 일독을 권유하고 싶다.

먼저 사회적 실천이란 언제나 인간에 대한 애정에서 출발해야 하며 일상적인 실천 속에서 부단히 처음의 정신으로 돌아가야 한다는 일깨움이다. 인간과 이웃에 대한 애정이 바로 사회적 실천의 출발이라는 인식을 나에게 새삼스럽게 일깨워주었다.

우리 사회를 놓고 보자. 어떤 점에서 87년 6월 항쟁 이후 민주화가 촉진되면서, 사회운동은 차츰 대중화되었고, 일상적인 조직적 실천으로 이어지고 있다. 시민운동 같은 경우는 이제 언론과 대중의 주목을 받으면서 '잘 나가는' 운동으로까지 인식되고 있다. 이런 속에서 시대의 모순에 가장 앞장서서 자신을 내던져 사회적·역사적 모순에 도전하는 실천가들은, 이전의 긴장은 상대적으로 약화되었고 어떤 점에서 사회운동은 '직업'화되고 '관성'화되어져 가는 것 같다. 그래서인지 엄혹했던 시절 사회운동이나 실천가들에게서 느낄 수 있었던 운동의 향내와 감동은 이전에 비해 찾아보기 힘들다는 말도 들린다. 운동이 메말라가고 더욱 '퍽퍽'한 실천이 되어가고 있다는 지적이 일리가 있다면, 이러한 처음의 정신과 마음을 회복해야 한다는 지적을, 이 책은 구체적 현실과 운동을 통해 이야기하고 있다.

둘째, 사회적 실천은 인간변화와 함께 가야 한다는 것이다. 사회적 실천이라는 것이 사회적 성찰의 과정이라고 할 때, 이러한 사회적 성찰은 인간적 성찰과 함께 가야 한다는 가르침이다. 술락 시바락사는 우리 마음에는 다양한 마음의 씨앗들이 있고, 여기서 평화의 씨앗을 틔우는 것, 자기 성찰의 씨앗을 틔우는 것이 필요하다고 말하고 있다. 사회변혁이 인간의 변화와 함께 가야 한다는 저자의 글을 보면서, 나는 중국 문화대혁명의 광기를 비판하면서도 어떻게 인간변화와 사회변혁이 함께 가야 하는지에 대한 고민이 여전히 존재하고 있음을 다시 상기하게 되었다. 우리가 어떤 마음의 씨앗을 틔우느냐 하는 것은 우리가 사회 혹은 사회의 비극을 어떻게 대면하느냐, 소비와 물욕과 어떻게 대면하느냐 하는 것과 긴밀히 연관되어 있다는 지적도 긴 울림을 준다.

셋째, 이 책은 우리 모두로 하여금 우리가 매일 직면하는 문제를 이웃과의 '사회적 연관' 속에서, 그리고 '전 지구적 연관' 속에서 되새겨 볼 수 있도록 한다. 우리가 소비자본주의의 향락에 탐닉하고 있는 사이에, 지구촌 저편의 수백만 명의 이웃들이 죽어 가고 있다는 것, 우리들이 사용하는 저가의 물건들은 제3세계 민중들의 고통의 산물이라는 것, 이러한 관계적 사고야말로, 우리 시대의 인간들이 자신의 굴레에서 벗어나, 사회적인 문제, 지구적인 문제로 나아가는 출발점이 된다고 생각된다.

선진국에서는 3억 명이 비만증으로 시달리고, 제3세계에서는 그만큼의 사람들이 기아로 시달리고 있다는 통계가 보여주듯이, 이 지구화된 시대에 진정으로 인간적인 사회를 갈망하는 사람들은 전 지구적 연관성에 대한 새로운 감수성이 필요하다. 이 책은 지구촌 너머의 이웃의 문제들, 지구촌 저쪽의 문제들, 그것이 나의 행위와 연관되어 있다고 하는 성찰이 필요함을 일깨워주고 있다.

넷째, 우리 사회는 박정희 시대로부터 시작하여 '개발의 광기'가 지배하던 시기를 거쳐왔다. 반공으로 정당화된 개발의 광기는 수많은 사람들로 하여금 인권탄압으로 죽어 가는 현실을, 또한 수많은 노동자들이 노동탄압으로 신음하던 현실에 대해서 둔감하게 만들었다. 문제는 그것으로 끝나지 않고, 민주화가 된 지금에도 그 개발의 광기는 지식강국이나 국제경쟁력 강화 같은 새로운 개발의 광기로 우리 사회를 휩싸고 있다. 이 책은 태국의 현실에 대한 저자의 성찰을 통하여, 물질적 발전이 지고의 목적이 되어버리고, 전 사회적 성원이 그것의 정신적 노예가 되어버린 광기의 현실을 성찰하게 하고 있다.

다섯째, 내가 이 책에서 얻은 또 하나의 배움은 저자가 개발의 광기에 대한 저항의 동력을 자신들의 전통에서부터 끌어오려고 한다는 점이었다. 불교국가인 태국에서 "서구의 가치에 무작정 빠져들기 보다는, 전통을 깊이 돌이켜보면서 전통과 서구문명의 바람직한 부분을 함께 받아들이는 '중도'의 길을 지혜롭게 찾고자 하는" 저자의 노력은 우리에게도 많은 것을 가르쳐주고 있다. 이미 '과잉서구화' 되고 '과잉미국화' 되어 있는 우리의 현실을 고려할 때, 또한 '영어공용화' 같은 담론이 맹위를 떨치는 우리의 현실을 고려할 때, 전통의 성찰적 보존에 기초한 중도적 길을 탐색하고 있는 저자의 통찰은 한번 쯤 곱씹어 보아야 할 것이라고 생각된다.

    마지막으로 박봉에 시달리고 가정사의 압박을 끌어안으면서 고군분투해야 하는 실천가의 삶 한 복판에서, 나아가 사회운동의 격렬한 현장에서, 어떻게 견결한 마음의 평화와 흔들림없는 평정을 유지할 수 있을 것인가하는 문제를 생각하게 하였다. 술락 시바락사는 평화에는 외부적 평화와 내부적 평화가 있다고 말한다. 외부적 평화는 싸움, 폭력, 나아가 크게는 전쟁을 없애는 것이고, 내부적 평화는 심적·정신적 평화라고 할 수 있다. 내부적 평화는 공포, 분노, 정신적 혼란으로부터 벗어나는 것이다. 치열한 실천의 공간에서 마음의 평정과 평화를 유지할 수 있다면, 그것은 또 다른 해탈의 경험이 될 것으로 생각된다. 궁극적으로 "가장 중요한 관건은 우리 자신의 마음가짐이다"라는 저자의 말은 나에게 깊은 울림으로 다가온다.

    술락 시바락사의 글은 분명 불교적 성찰에 기반을 두고 쓰여졌다. 그러나 이 글을 읽는 독자들은 그의 글이 불교적 교리의 틀을 넘어 보편적인 통찰력을 우리에게 주고 있음을 느끼게 될 것이다. 술락 시바락사의 이 책은 시대의 모순을 안고 치열하게 살고 있는 많은 실천활동가들, 나아가 시대의 아픔에 관심을 가지면서 살고 있는 일상생활인들에게 영감과 성찰의 계기를 부여하게 될 거라 생각된다.

현역의사이면서 철학가이자 불교학자인 변희욱 선생은 자신의 깊은 마음까지 담아, 원문의 섬세한 뉘앙스를 우리에게 전달하고 있다. 또한 좋은 책을 훌륭한 문체로, 그리고 알기 쉬운 번역투로 한국의 독자들에게 선보이는 이 책에서 변 선생의 수고를 느낄 수 있을 것으로 생각한다.

머리말 | 틱낫한

평화의 씨앗

늘 웃을 수 있는 여유를 가지고 살 수 있다면 얼마나 좋을까? 그럴 수 있다면 자신을 편안케 함은 물론이고, 주변 사람들에게도 평화의 기쁨을 맛보게 해 줄 수 있을 것이다. 그러나 실상 웃으며 살기란 쉬운 일이 아니다. 세상에는 고통스러운 일들이 너무나 많다. 우리네는 때론 전쟁을 일으키고 환경을 파괴하며 남의 것을 훔치기도 한다. 왜 그럴까? 이는 우리가 나와 남을 제대로 알지 못하기 때문이다. 우리가 하는 행위란 어떤 일의 원인인 동시에 결과이기도 하다. 만약 우리가 자신에게서나 자신을 둘러싼 것에서 삶의 경이(驚異)에 순간 순간 눈뜰 수만 있다면, 이런 깨달음을 통해 자신을 포함한 세상에 평화의 씨앗을 싹틔울 수 있으리라 생각해 본다.

사람은 누구나 자신의 행위에 대한 책임으로부터 자유로울 수 없다. 그 행동은 서로에게 도움을 줄 수도 있고 피해를 줄 수도 있다. 선진공

업국에 살고 있는 사람이 자본주의적 물질만능 가치를 매개로 제 3세계의 이웃을 착취한다면, 이는 제 3세계 사람들뿐만 아니라 자신의 삶까지도 좀먹는 것이다. 사람이란 혼자서는 살 수 없는 사회적인 존재이다. 그렇다면 매일 4만 여 명의 이웃들, 특히 그 대부분을 차지하는 어린이들이 수도 없이 굶주림으로 죽어 가는데, 어떻게 소비향락에 빠져 정신을 잃어버릴 수 있겠는가?

이 책의 제목인 "평화의 씨앗"이란 다름 아닌 자기 성찰을 의미한다. 자기 성찰이란 우리 자신의 몸, 마음, 느낌 그리고 세상에서 어떤 일이 벌어지고 있는가를 알아 보는 것이다. 술락 선생은 바로 이렇게 우리 자신과 세상에서 진행되고 있는 일들에 대해 이야기하고 있다. 하지만 선생은 단지 관찰자의 관점에서 이 이야기를 쓰는 것이 아니라, 실천가의 입장에서 이 문제에 접근한다. 이 책에 서술한 모든 내용들은 선생의 체험에서 우러나온 이야기들이다. 그는 교사일뿐만 아니라 실천운동의 지도자, 또 다른 사람을 구제하기 위해 헌신하는 대승보살(大乘菩薩)이기도 하다. 그의 메시지가 때로 꿈처럼 느껴질 수도 있겠지만, 주의깊게 살펴보면 우리의 무지(無知)가 얼마나 심각한 결과를 낳는지에 대한 그의 면밀한 사색을 읽어낼 수 있다. 그렇다고 그가 특정 개인이나 집단을 비판하는 것은 물론 아니다.

나는 여러분이 선생의 체험을 차근차근 곱씹고 음미하면서, 선생이 말하고자 하는 '불의(不義)'란 대체 무엇인지 생각해 보도록 권한다. 주변에서뿐만 아니라 우리와 멀리 떨어진 곳에서, 무슨 일이 벌어지고 있는지를 자신의 위치에서 잘 살피고 바르게 이해하는 일은 매우 중요하다. 유럽이나 미국사람들이 허구한 날 사치에 탐닉하고 있을 때, 제 3세계의 이웃은 고통에 허덕이고 있다. 우리가 이러한 고통을 두 눈으로 직접 확인할 수 있다면, 주변에서나 멀리 떨어진 곳에서 무슨 일이 벌어지고 있는지를 이해하기란 그리 어려운 일이 아닐 것이다. 그런데 여기서 한가지 중요한 사실은, 미소를 잃지 않으면서 나날이 새로운 삶을 살기 위해서는 어린이들의 맑은 눈빛이 주는 의미를 생각하며 함께 어울려 살아가는 마음자세를 지녀야만 한다는 것이다. 이렇게만 하면 우리는 참된 평화를 이루기 위해 무엇을 해야 하는가, 그리고 무엇을 해서는 안될 지를 알 수 있을 것이다. 우리가 자기 성찰하는 태도를 지닌다면, 이 세상 어디에서든 평화의 씨앗을 틔울 수 있을 것이다. 그리고 그 평화의 씨앗은 끝내 커다란 결실을 맺을 것이다.

1991년 12월
프랑스 매화촌에서

| 감 사 의 말 | 술락 시바락사 |

평화의 씨앗이 싹트길 기원하며

불교 심리학에 따르면 우리는 모두 자기 내부에 다양한 씨앗을 가지고 있다고 합니다. 여기에서 말하는 씨앗은 일종의 잠재력에 비견될 수 있을 겁니다. 마음속의 씨앗은 때때로 사랑의 감정과 분노의 감정으로 나타나기도 합니다. 또 동정의 손길로 나타나기도 하고, 탐욕스런 행동으로 나타나기도 할 겁니다. 그렇습니다. 마음속의 씨앗은 여러 가지 모습으로 드러납니다. 즉, 우리가 어떤 삶을 사는가에 따라 서로 다른 싹으로 싹트는 것입니다. 우리가 다툴 때에는 분노의 씨앗이 싹터서 그런 감정이나 행동이 표출되기 쉽겠지요. 하지만 우리의 마음이 평화로울 때에는 행복의 씨앗이 싹터서 향기를 널리 펼칠 것입니다.

우리 주위에는 한 사람이 사회에 큰 영향을 끼칠 수 있다는 견해에 대해 회의적인 사람도 있습니다. 그러나 곰곰이 생각해 보면, 우리 한 사람 한 사람은 전체 사회에 한 알의 씨앗과 같은 존재임을 알 수 있을 겁니다. 만일 어떤 사람이 화내면서 폭력을 행사한다면, 상대도 폭력적인 태도를 보이겠지요. 거꾸로 우리가 늘 서로 관심을 갖고 함께 사랑을 나눈다면, 이는 사회 전체를 아름답게 하는 행복의 씨앗이 될 것입니다. 오늘날 세계를 지배하고 있는 소비자본주의와 물신숭배는 탐욕[貪]과 증오심[瞋] 그리고 어리석음[癡]의 싹을 조장하고 있습니다. 그렇다면 현대 자본주의는 다양한 씨앗 가운데 가장 부패한 씨앗의 발아를 조장하고 있는 것은 아닐까요? 어떻습니까? 이제 삶의 가치와 양식이 변화해야 한다는 당위가 우리 문제로 절실하게 다가오지 않습니까?

그러면 우리 마음속에 있는 평화의 씨앗을 싹틔우려면 어떻게 해야 할까요? 또 어떻게 하면 이 사회를 변혁할 수 있을까요? 제가 이 글들을 쓴 의도는 바로 이러한 문제를 살펴보고 싶었기 때문입니다. 그러나 이 책은 이 문제에 대해 당장 해답을 제시하는 것이 아니라, 문제제기에 불과하다는 것을 말씀드리고 싶습니다. 이러한 저의 시도를 통해, 여러분 자신이 더욱 더 깊은 문제를 제기할 수 있는 계기가 되었으면 합니다. 나아가 또 우리 모두가 평화의 씨앗을 싹틔워, 행복을 만끽하며 살 수 있는 세계를 만드는 데 조금이나마 기여했으면 합니다.

더불어 권두언을 써 주신 달라이 라마 (H.H. the Dalai Lama)와 발문을 써 주셨을 뿐 아니라 "평화의 씨앗" 이라는 제목을 추천해 주신 틱낱한 스님(Venerable The Thich Nhat Hahn)께 깊은 사의를 표합니다. 두 분께서는 세계참여불교연대(International Network of Engaged Buddhist)의 후원자이시기도 합니다. 또한 이 글을 이렇게까지 훌륭하게 펴내주신 패럴랙스 출판사(Parallax Press)의 편집장이신 탐 진버그(Tom Ginsburg)씨와 아놀드 코틀러(Arnold Kotler) 사장, 그리고 이 글의 문장을 다듬는데 수고해 주신 여러 분들께도 감사를 드립니다.

이 글을 쓰고 있는 지금도 저는 조국으로부터 체포의 위협을 받으며 망명생활을 하고 있습니다. 조국을 떠나 있어야만 하는 처지인 제게, 깊은 관심을 보여주신 모든 분들께도 감사드립니다. 제가 외국에 머무르는 동안, 저와 가족에게 친절을 베풀어 주셨던 모든 친지들께도 사의를 표합니다. 특히 이 책에서 일일이 이름을 밝히지 못한 몇몇 분께는 "감사"라는 말만으로 충분치 못함을 절실히 느낍니다. 이 분들께는 다음에 만날 날을 기약하며 보다 깊은 고마움을 마음속에 간직하겠습니다.

덧붙이는 말

시암(Siam)이라는 말에 대하여 ; 1939년까지 우리 나라의 이름은 시암이었습니다. 그러나 그 해 부패한 독재정권은 이름을 타일랜드(Thailand)로 바꾸었고, 이 이름은 지금까지 공식 명칭으로 통용되고 있습니다. 이렇게 이름을 바꾸었다는 것은 전통문명이 위기에 빠졌음을 의미하는 것입니다. 유구한 역사적 전통을 간직해 온 이름을 빼앗는다는 것은 국민들의 인간성을 말살하는 첫 단계인 것입니다. 특히 어정쩡한 영어이름으로 바뀔 경우에는 더욱 그렇습니다. 타일랜드라는 새로운 이름에는 맹목적 애국심이나 국수주의 냄새가 납니다. 그렇기에 저는 새 이름을 쓰는 것을 거부합니다. 그러므로 이 책에서 타이(Thai)라는 말은 민족, 언어, 문화에 국한해서 쓸 것이며, 나라 이름으로는 시암(Siam)을 쓸 것입니다.

1992년 1월
하와이대학에서

사람의 변혁, 사회의 변혁

"사회를 개혁하고자 하는 자는 반드시 개혁을 가능하게 하는 인격적인 측면을 이해해야만 한다. 이것이 바로 종교에서 강조하는 이른바 "인격적 변화" 이다. … 인격적 변화와 사회구조의 변화는 분리될 수 없다."

1장 종교는 사회변혁에 무엇을 할 수 있는가?

종교는 사회변혁에 무엇을 할 수 있는가? 종교는 사회발전에 어떤 역할을 했는가? 종교는 거의 모든 사회에서 성직자 혹은 선각자라는 두 가지 역할을 수행해 왔다. 사회에 문제가 없을 때, 종교는 성직자의 모습으로 나타난다. 평화기에 성직자는 현 상황을 유지하려 한다. 종교의 성직자적 측면은 체제수호적이며 변화를 거부하는 성격이 강하다. 사회에 근본적인 문제가 있을 때, 종교는 선각자의 역할을 자임한다. 혼란기에 종교는 성직자보다는 선각자로서의 역할이 두드러져 사회혼란의 근본 원인을 주시하고 사회발전과 변혁의 대로에 앞장선다. 선각자는 혼란이라는 현상 이면의 본질을 투시하여 새로운 사회를 위한 대안과 이상(理想)을 찾아낸다. 그렇다면 종교가 사회발전과 변혁에 기여할 수 있는 길은 열려 있다. 사회발전의 가치척도가 평화나 정의에 기초하는 한, 종교는 선각자적 측면을 발휘하여 바로 지금 여기에서 정의롭고 평화로운 사회를 이루는 데 공헌해야 한다. 그리고 이를 내일로 미루어서는 안된다.

세계의 모든 종교는 이타적 사랑이라는 보편적 요소와 이기적 자기애라는 폐쇄집단적 요소, 두 가지를 갖고 있다. 지나치게 간단히 정리한 듯한 우려가 있기는 하지만, 어쨌든 조금이라도 방심한다면, 두 번째 요소만 무성해지기 쉽다. 사람들은, 남들은 잘못된 길을 가고 있지만 자신들만은 구원의 길로 잘 가고 있다고 믿는 편협한 원리주의자가 되기도 한다. 신앙생활을 하는 이들은 다른 종교와 대화하거나 협력하기보다는 경쟁적으로 다툼으로써 자신들의 신앙을 정당화하려는 경향을 흔히 가지고 있다. 일부의 광신도들은 자신들만의 폭력적인 이데올로기를 동원하여 개종자들을 여우사냥하듯 공격하고 있다. 어떤 작가는 국제종교대화 회의에서 다음과 같이 말했다.

> "태국인의 9할은 공포의 대상이자 구원의 대상인 악령에 사로잡혀 있다. 애니미즘을 신봉하는 부족민에게나, 한창 번창하는 사업가에게나, 전문적인 고등교육을 받은 엘리트에게나, 묵묵히 일할 뿐인 농부에게나, 이 말은 모두 사실이다."

이런 언급에서 현재의 태국문화에 대한 애정 어린 시선은 눈꼽만큼도 찾을 수 없다. 근시안적으로 자신의 종교나 이데올로기에만 집착하는 사람들은 다른 종교나 이데올로기를 가진 사람들을 존중하지 않는다.

종교를 가진 사람도 종교가 늘 변화한다는 사실을 알아야 한다. 물론 근본 원칙은 변하지 않지만 수행방법이나 제도 등은 늘 변화·발전한다. 티벳사람이 서구에서 불교를 가르칠 때, 과연 티벳불교를 원형 그대로 가르칠 수 있겠는가? 여건이 다른데도 말이다. 이는 문화적 환경을 무시할 수 없음을 의미한다. 어떤 사회든 각기 고유의 문화를 지키려고 한다면, 어떠한 문화도 강점과 약점을 함께 지니고 있다는 사실을 명심해야 한다. 그리고 다른 사회에 자기 문화의 배타적 우월성을 강요해서는 안된다. 더욱이 다른 사회에 자기 방식의 종교를 강요해서는 안된다. 모든 종교의 핵심인 보편적 사랑을 꽃피우는 데에 어려움이 있는 까닭은 종교와 문화 사이의 차이 때문이다. 일반적으로 종교는 문화에 크나 큰 영향을 미친다. 하지만 문화를 종교로 오인할 경우, 분파주의가 되고 만다. 지금 민족적 요소는 쇼비니즘과 공격적 속성으로 변질되고 말았다.

지난 이백 년 동안, 그 어떤 종교형태에서도 이른바 보편적 사랑이란 것이 외형적 문화 조건보다 더 크게 역할을 발휘하지는 못했다. 종교가 그 본래의 정신을 간직한 채로 어떤 토양에 정착하기란 거의 불가능할지도 모른다. 대부분의 교회는 정권의 폭압이 아무리 극심하다 하더라도, 그 체제에 순응하는 모습을 보여왔다. 교회는 안정된 성직자 서품제도를 유지해 왔으며, 그들의 현실인식은 개선될 기미를 보이지 않는다. 자본주의가 모습을 드러낸 이후로 모든 위대한 종교적 신념들은 부유층의 기대에 부응해 왔다. 부유층의 이익만을 대변하는 정치권 인사들은 입에 발린 갖은 공략을 남발할 뿐이었다. 불행히도 인류의 평화와 정의를 위해 사회·경제 체제를 바꿔보려고 한 선각자들의 우렁찬 함성을 들을 수 있는 기회는 많지 않았다.

18세기 들어 성직자들의 권위가 쇠퇴하면서 새로운 유형의 정신적 지도자(탈종교적인 지식인)들이 사회의 이목을 끌기 시작했다. 사제, 경전해석가, 예언자 등의 모습을 띠고 등장한 탈종교적인 지식인들은 사람들을 계도해 왔지만, 그들은 전통적 경전의 권위 내에서 메시지를 전달하려 했다는 한계를 가지고 있었다. 이들은 결코 자유로운 정신의 소유자도 아니었고, 위험을 감수할만한 용기있는 의사(義士)는 더욱 아니었다.

현재는 상황이 바뀌었다. 오늘날 한 걸음 더 나아간 탈종교적인 지식인들은 전통에 구애받지 않는 자유로운 이성(理性)으로 사회의 병리들을 진단하고 치유할 수 있다고 주장한다. 그들은 사회구조뿐만 아니라 인간의 뿌리 깊은 습성마저 더 나은 방향으로 개선시킬 수 있다고 주장한다. 종교신념에 예속적이었던 이전 시대의 사람들과는 달리, 이들은 더 이상 신의 하수인도 대변자도 아니다. 그들은 단지 앞서 간 이들을 대체한 새로운 유형의 인간이었던 것이다. 하늘에서 불을 훔쳐 인류에게 선사한 프로메테우스가 그들의 영웅이었다.

이 새로운 유형의 탈종교적인 지식인들의 특징 중 하나는, 어떤 한 종교와 그 주창자에 대해 꼼꼼히 분석해 보려는 열망을 가지고 있었다는 점이다. 이들은 종교체계가 얼마만큼 인류에 기여했으며, 종교지도자들이 청정·정직·자애·자비와 같은 덕목들을 얼마나 충실히 실천하며 살았는가를 검토한다. 그리고는 교회와 성직자 모두에 대해 신랄한 비판을 가한다. 지난 이백 년 간 종교의 영향력이 쇠퇴하면서 탈종교적인 지식인들은 인류의 세계관과 사회제도들을 형성하는 데에 점점 더 큰 역할을 담당해 왔다.

프랑스혁명과 러시아혁명 혹은 중국혁명에 이르기까지, 새로운 세상을 만드는 데에 기여한 여러 명의 위대한 사람들의 행적을 검토한 결과, 나는 그들이 루소, 톨스토이, 브레히트, 버틀란트 러셀, 마오쩌둥 그 누구이든 간에 모두 실패자들이라고 단언하련다. 가령 "우리가 어떻게 살아야 하는가"라는 문제에 도움을 얻고자 그들의 도덕적인 삶의 이력에 관심을 기울여 보면, 그들이 종종 혹독할 정도로 심한 고난의 삶을 살았다는 것을 알 수 있다. 성적인 문제나 금전적인 문제는 말할 것도 없이, 그들의 개인적인 삶이나 가족 친지와의 관계를 보더라도 도저히 그들이 행복을 가져다 주는 열쇠를 발견했다고 믿기 어렵다.

더불어 그들이 이룩해 놓은 사회체제가 과연 역사의 시련을 성공적으로 극복해 냈는지도 살펴보아야 한다. 그들이 아무리 멋들어진 저작을 써 내고 우리의 사유를 세련화하는 데에 기여했다 하더라도, 내가 보기에 그들 모두는 인류의 고통을 증대시키는 데에 일조했을 뿐이다. 결국 탈종교적 영웅들은 모두 실패했다고 할 수 있겠다. 왜냐 하면 앞선 시대의 종교인들과 같이 그들도 에고(ego)에 사로잡혀 비판을 용납하려 들지 않았기 때문이다. 대다수의 경우, 그들은 거리에서 우연히 마주치는 사람들에 대한 구체적인 관심보다는 인간성이 나아가야 할 방향과 같은 추상적인 이념들에 더 중요한 의미를 부여했다. 톨스토이를 제외한 그들 모두는 인간이 인격적으로 변화할 수 있다는 신념을 저버리고 있다.

세상에는 인간의 고통을 완화하거나 불평등을 해소할 목적으로 시도된 계획이나 사회조직, 정당, 정치전략들이 너무나 많다. 사실 우리는 인간의 행동력, 특히 정치행위에 지나치게 큰 기대를 걸고 있다.

사회적 행동주의란 일반적으로 외적인 문제에만 몰두하는 경향이 있다. 행동주의자들은 악의(惡意)와 같은 내면의 부정적 요소가 삶을 어떻게 피폐하게 만드는지에 대한 이해도 없이, 삶의 질곡 모두가 사회제도에서 기인한 것이라고 단정해 버린다. 그들은 개인적인 도덕성도 근본적인 사회제도의 재편을 통해 완성할 수 있다는 가정 아래, 전 인류적 차원의 문제들을 사회공학적 관점에서만 접근한다.

2500년 이상 불교도들을 비롯한 많은 종교인들은, 행동주의자와는 반대로 사회가 근본적으로 변화하기 위해서는 인격적인 차원의 변화를 우선하거나 최소한 함께 진행해야 한다고 생각해 왔다. 사회를 개혁하고자 하는 자는 반드시 개혁을 가능하게 하는 인격적인 측면을 이해해야만 한다. 이것이 바로 종교에서 강조하는 이른바 "인격적 변화"이다. 인격적인 변화를 동반하지 않은 채, 어떤 전통의 유형적 의례를 고수한다는 것은 사실상 별 의미가 없다. 종교적 가치들은 기본적으로 인간의 정신적 깊이나 인격의 문제를 다루어 왔는데, 종교적 체험에 대한 묘사는 개인마다 실로 다양했다. 그러나 이들 모두는, 점점 더 이기적 욕망을 줄여간 사람들의 이야기일 뿐, 특별히 신비스러운 내용은 아니다. 인격적 변화가 진행될수록 남과 사회에 대한 도덕적 책임감이 점점 커짐을 느낄 수 있다. 인격적 변화와 사회구조의 변화는 분리될 수 없다.

현대사회의 소비자본주의는 욕망과 불만족을 자꾸만 자극한다. 강요된 소비형태는 정신적인 발전을 저해하는 크나 큰 장애가 아닐 수 없다.

정신적으로 풍요한 삶을 원하는 사람들은 자신들의 사회적·물질적 환경에 관심을 기울여야 한다. 진정으로 종교적 삶을 산다는 것은 사회를 외면하는 것이 아니라, 사회의 정의와 변혁을 위해서 노력하는 것이다. 종교는 사회변혁의 구심점에 있어야 하며, 사회변혁이란 바로 종교활동의 진수이기도 하다.

2장 사람을 위한, 사람의 불교

불교의 창립자인 부처는 참으로 평범한 사람이었다. 그는 기원전 6세기경 현재 네팔지역인 어느 조그만 왕국의 왕자였다. 그는 삶과 죽음, 고통[苦]의 문제에 대해 곰곰히 생각해 보고 나서, 이 세상 자체가 바로 고통이라는 진리를 터득하기에 이른다.

부처가 말한 고통은 일상적인 의미의 고통이 아니며, 보편적이고 근본적인 의미의 고통이다. 그런데 부처가 말하는 고통의 원인과 극복은 부처가 알아낸 것일 뿐, 부처가 만들어낸 것은 아니다. 즉, 부처는 세상 사람들이 고통에서 벗어날 수 있도록 노력했을 뿐이다. 이러한 측면에서 볼 때, 그는 인류의 상처를 어루만지는 의사라 할 수 있다. 불교의 궁극의 경지인 해탈은 비전(秘傳)의 교리나 고도의 고행을 요구하지 않는다. 그렇지만 부처는 지적인 수련만 가지고서는 삶과 죽음의 절박한 문제를 해결할 수 없다고 생각했기 때문에 지적인 학습뿐만 아니라 엄격한 금욕생활도 요구한다. 부처는 쾌락주의와 고행주의, 그 어느 쪽에도 치우치지 않는 중도(中道)를 가르쳤다.

부처 가르침의 본래 면목은 사성제(四聖諦)* 와 팔정도(八正道)** 이며, 이 두 가지는 지금까지 불교의 어떤 분파에서도 한결같이 받아들여지고 있다. 앞서 말한 것처럼 부처의 가르침은 지적인 이해만으로는 도달할 수 없다. 마치 병 속에 든 약을 연구하여 약 성분을 알아내더라도 질병을 이겨낼 수 없고 병 속의 약을 먹어야만 질병을 치유할 수 있듯이, 부처의 가르침이 생활 속에서 실천되어야만 고통과 무명으로부터 해방될 수 있다.

부처의 가르침에 따르면, 아무리 하찮은 미물(微物)일지라도 모두 고통에 휩싸여 있다고 한다. 불교의 경전과 주석서〔經律論〕는 고통의 근본 원인과 고통의 해결방법에 대한 지침서라 해도 무리가 아니다. 초기 경전은 여러 가지 고통을 조목조목 제시했었다. 그리고 이에 따르면 고통의 해결방법 또한 고도의 전문적인 수련을 요구하는 것도 아니다. 현대를 살아가고 있는 사람들 중에는 고통을 느끼고 있지 않다고 말하기도 한다. 그러나 정확히 표현하면 늘 고통과 함께 하면서도, 자신은 고통스럽지 않다고 강변하거나 애써 고통을 외면하는 것에 불과하다. 실은 텔레비전의 즉각적이고 말초적인 즐거움, 패스트 후드의 간편한 입맛 충족, 대중음악의

---

* 부처가 발견한 세상의 네 가지 근본 모습으로, 모든 존재는 변화하며 고통과 함께 한다[苦諦], 그 고통의 원인은 집착이다[集諦], 고통은 없앨 수 있다[滅諦], 누구나 고통이 없는 완전한 상태에 도달할 수 있다[道諦]가 그것이다. 역자 주
** 고통과 편견의 원인인 무명(無明)을 해소하고 연기(緣起)적 세계관을 인식·체화하는 8가지 수행덕목으로, 올바른 견해[正見], 올바른 사유[正思], 올바른 언어 사용[正語], 올바른 행동[正業], 올바른 생활[正命], 올바른 노력[正精進], 올바른 마음가짐[正念], 올바른 정신집중[正定]을 말한다. 역자 주

가벼운 유쾌함 속에서 삶의 어두운 면과 슬픔을 외면하고 있는 것이다. 우리는 생각해야 할 일도, 해야 할 일도 많아 늘 정신없이 바쁘다. 그러면서도 항상 불안해 한다. 이런 불안감을 극복하지 않는 한, 우리는 결코 자유로울 수 없다고 부처는 말한다. 그리고 부처는 우리를 둘러싸고 있는 불안감을 해소하기 위한 방법을 제시하고 있다.

부처는 빈·부, 귀·천, 행·불행은 늘 인간과 함께 해 왔다고 말한다. 대개 사람들이란 나쁜 것은 거부하고 좋은 것만을 받아들이려 하지만, 부처의 가르침을 따르는 이들은 좋고 나쁜 것을 한꺼번에 다 받아들이고, 세속에 살면서도 이를 통해 끊임없이 마음을 단련한다.

부처의 가장 중요한 가르침은 "있는 그대로 보라"이다. 있는 그대로 보는 것이 깨달음을 얻는 길이다. 마치 환자가 병을 고치려면 자기가 병에 걸렸다는 사실을 받아들여야 병에 차도(差度)가 생기듯이, 괴로움은 어디에나 있다는 사실을 수용하기만 하면 이미 고통에서 벗어나기 시작한 것이라고 부처는 말한다. 사춘기 소년이 자신의 번민은 그 나이가 되면 누구나 으레 겪는 성장과정이라는 사실을 받아들일 때, 그는 이미 고통을 넘어서는 발걸음을 시작하는 것이다. 이렇듯 고통의 인식과 해소의 문제는 보는 관점에 달려 있다.

그런데 고통의 원인은 무엇인가? 부처는 고통의 원인은 무명(無明)에 있으며, 무명을 없애기만 한다면 고통은 사라진다고 말했다. 즉, 부처는 세상을 있는 그대로 인식하기만 하면 고통에서 자유로울 수 있다고 가르친 것이다.

부처의 가르침을 실천하려면, 우리 자신의 몸, 마음, 느낌 그리고 주변 세계에서 일어나는 모든 현상을 주의깊게 살펴야 한다. 말은 쉬운 듯 하지만 실제 수련하려면 용기를 북돋아 줄 수 있는 스승과 동료[道伴]들의 도움이 필요하다. 동료, 즉 도반의 도움은 보살(菩薩)의 구제에 비견될 만큼 엄청난 역할을 한다. 물론 그들은 자신을 보살이라고 생각하지는 않는다. 도반은 자기 중심적이지 않고 자비심과 신념에 차 있는 사람이라면 나이와 상관없이 누구나 가능하다. 스님들 역시 우리가 도움을 요청하기만 하면 흔쾌히 도와줄 것이다. 그래서 스님의 공동체, 즉 상가는 우리와 우호적인 관계를 맺고 있으며, 또한 많은 사람들에게 열린 마음, 사랑, 자기 헌신의 등불과도 같은 역할을 하고 있다.

서구의 많은 사람들은, 불교는 심오한 선정(禪定)과 개인적 자기전이(自己轉移)의 수단일 뿐이지 사회적 참여와는 무관하다고 생각해 왔다. 특히 사회학자 막스 베버는 불교에 대하여 다음과 같이 말했다.

"구원이란 자기 의존적 개인이 전적으로 개인적인 완성을 추구하는 것이다. 그러므로 어느 누구도, 어떠한 사회도 자기의 완성을 추구하는 개인을 도와줄 수는 없다. 그야말로 신비주의의 특성인 비사회적 구원기능의 핵심을 여기에서 볼 수 있다."[1]

또 유명한 인도학자도 오해를 불러일으킬 만한 주장을 했다.

"아라한은 자기만의 구원에 만족한다. 그는 적극적으로 이웃의 평안에 관여할 필요성도 느끼지 못하고 관심도 갖지 않는다. 아라한의 이상은 개인적인 구원에만 몰입하는 이기적인 것이다. 만일 자신이 이 세상에 오랫동안 머무른다면, 세상이 그에게 무거운 짐을 떠맡길지도 모른다는 무의식적인 공포가 그에겐 있다."[2]

이런 식으로 불교를 말하는 것은 부처의 무아설(無我說)이나 연기설(緣起說)을 오해했거나 전혀 모르기 때문이다. 불교란 기본적으로 고립된 자아의 한계를 이겨내는 길이요, 자기만의 운명에 골몰하지 않고 살아있는 모든 생명체들과 함께 하라는 삶의 지침이다. 그러므로 불교 역시 자연스럽게 사회·정치적인 문제에 관심을 갖게 된다. 이 점은 팔리 경전에 기록된 부처의 관심[3]과도 크게 일치한다. 불교가 사회와 담쌓고 있다는 생각은 처음부터 잘못이다. 불교인들이 이 점을 이해하지 못한다면, 사회를 개선하기는커녕 개인적인 이기심을 극복하려는 소박한 수행도 불가능할 것이다. 나는 트레보 링이 "불교는 인간을 새롭게 할 수 있을 뿐만 아니라 사회를 변화시킬 수도 있다"[4]고 말한 취지에 공감한다.

남아시아와 동남아시아의 불교도는 오래 전부터 개인의 해탈과 이상적 사회실현에 관심을 가져 왔다. 이들에게 있어서 종교와 정치는 수레의 두 바퀴와도 같다. 두 개의 수레바퀴 중 정의의 수레바퀴 (Dhammacakka)는 권력의 수레바퀴(Anacakka)에 영향을 미치게 마련이다. 기록에 따르면 불교가 지금까지도 생명력을 지속할 수 있었던 까닭은 오로지 다르마(Dharma ; 法, 불교의 진리)에 따라 국가를 다스렸던 정의로운 통치자의 공덕 때문이라고 한다. 아쇼카(Asoka)왕 이래로 불교국가의 왕은 이런 이상을 실현하려고 애써 왔다. 이런 국가에서 폭력과 같은 사회악을 예방하는 일, 범죄예방을 위해 빈곤을 퇴치하는 일, 그리고 백성들의 신앙생활에 필요한 물자를 넉넉히 공급하는 일 따위는 왕의 몫이었다. 만일 왕이 이런 이상을 실행하지 않으면, 두 바퀴 상호 간의 지지, 즉 종교와 정치의 합일이 깨어져 정치의 바퀴가 부서짐으로써[5] 새로운 지도자에게 왕위를 빼앗기게 된다. 그런데 이런 정의의 바퀴를 이끄는 집단이 바로 승려집단인 상가였다. 비록 상가가 정치권력의 바퀴를 직접 굴리진 않았지만, 권력이 정통성을 부여받는가 그렇지 못한가는 상가에 달려 있었다. 공동체를 정치적으로, 사회적으로 그리고 경제적으로 행복하게 유지하는 데에는 상가의 지원이 반드시 필요했다. 이렇다면 불교가 사회에 무관심해 왔다는 생각은 터무니없는 견해일 수밖에 없다. 결론적으로 말하면, 불교에서는 전통적으로 개인적 구원과 사회적 정의가 상보적인 관계로 상호 중시되었다고 할 수 있겠다.

스리랑카의 사르보다야(Sarvodaya)운동은 불교적인 방법으로 사회를 재건설하는 노력의 일환이었다.[6] 베트남의 존경받는 승려인 탁낱한(Thich Nhat Hanh)은 사회참여를 목적으로 반한(Van Hanh)대학과 청소년학교를 세웠다. 베트남전쟁 동안, 두 학교의 학생들은 용기와 사랑의 크나 큰 힘을 보여주었는데, 어쩌면 이런 이유로 학교의 설립자는 학생들이 집으로 돌아가는 것을 허락하지 않았다. 현대의 불교도들은 이미 여러 해 전부터, 정적(靜寂)과 은신의 상징이었던 수도원을 개방해야 한다고 주장했다. 실제로 현대인들은 반복적이고 일상적인 선정수행만으로는 정신건강을 유지하기 어렵다. 그렇기 때문에 탁낫한 스님은 이웃의 사회적 행복에 관심을 갖고 있는 성직자와 평신도라면 일반인에게 개방된 수도원에서 정기적으로 도피안(避靜)해야 할 필요가 있다고 역설했다. 실제로 자기 내부의 건강성을 거듭 새롭게 다지지 않고서는, 바쁜 현대인들이 외부 세계의 혼란스러움을 견디기는 쉽지 않을 것이다. 또 탁낫한 스님은 특수한 목적을 가지는 불교학 재단을 세우자고 제안했다. 그가 제안한 재단은 추상적인 불교이론을 공부하거나 학위를 따기 위해 공부하는 것을 목적으로 하지 않는다. 그것은 진실하게 불교적 삶을 영위하고자 하는 사람들에게 일거리를 찾아주거나, 이웃과 더불어 함께 하는 창조적인 삶을 모색하는 사람들에게 살아 숨쉬는 공동체를 마련해 주는 것을 목적으로 한다.

오늘날 대부분의 아시아 국가에서 보여지는 것처럼, 가슴 아프게도 불교는 주로 독재자의 정통성 없는 권력을 정당화하는데 기여해 왔다. 불교도들이 보편적인 사랑인 자비에 힘을 쏟으려 한다면, 불교(Buddhism)의 철자를 'b"uddhim으로 쓰기 시작해야 할 것이다. 'b"uddhim으로 쓰자는 제안은 부처 가르침의 참뜻에 주목해야지, 그저 불교를 맹신하거나 불교의 의례절차를 세세하게 따짐으로써 자족해서는 안 된다는 것을 의미한다. 전통이라는 이름 아래 편협하게 자기 중심적인 요소에 집중하는 성향을 배격하고, 부처의 본래 가르침인 인욕(忍辱)과 반야를 삶의 지침으로 삼아야 한다. 그러나 "모든 사람들이 불도(佛徒)가 된다면 좋은 세상이 온다"고 말하는 태도는, 불교적인 방법이 아니다. 바로 이와 같은 독단에서 전쟁과 억압이 나왔다는 사실에 주의해야만 한다.

불교는 해탈이라는 궁극적 목표를 향해 자신들의 사상, 언어, 행동을 몸소 수행하는, 바로 이러한 사람들을 통해서 사회에 참여한다. 불교수행자가 있다는 것은 바로 여기에 지혜, 사랑 그리고 평화가 있다는 것을 의미한다. 대부분의 사회지도자들은 자신의 명예와 이익에 빠져 탐욕, 증오와 기만〔貪瞋癡〕을 탐닉하고 있다. 비유하자면 '눈먼 이가 눈먼 이를 인도하는' 꼴이다. 마음의 평화가 없는 사람들이 어떻게 남을 제도할 수 있겠는가? 불교적 견지에서 "사려깊은 한 사람의 힘은 사회에 엄청난 영향을 미치며, 그렇기 때문에 그 한 사람 한 사람이 매우 중요하다"고 말할 수 있다. 사려깊은 사람이 어떠한 상황에서도 비폭력적으로 대처하는 방법에 대해, 우리는 <공(空)의 행위>나 <행위 아닌 행위>라 부른다. 여기서 중요한 것은 그들이 행위한다는 사실이 아니라, 그들이 존재한다는 사실 그 자체이다. 물론 그들이 행동할 때는 언제나 사랑과 지혜, 평화로 가득 차 있다. 그들이 행동한다는 것은 그들의 존재, 그들의 내적 충만 그리고 그들의 존엄성을 의미한다. 깨어 있는 존재의 비폭력적 행위는 사회에 대한 가장 근본적이고 지대한 공헌이라고 할 수 있겠다.

그리고 덕을 지닌 사람이 있다는 사실이야말로 세계평화의 기반이라 할 수 있다. 이런 신념은 불교뿐 아니라, 거의 모든 아시아의 문명권에서도 공통적으로 볼 수 있다. 한 중국의 성인은 "성인이 나타날 때마다, 강은 더욱 맑아졌으며 나무는 더욱 푸르러졌다"고 말했고, 선(禪) 수행자들은 "언제 어디서나 어떤 일을 하고 있거나 참 사람이다.〔無位眞人〕"고

외쳐댔다.

　　깨친 사람이라고 해서 마음의 동요나 질투가 전혀 없는 것은 아니다. 이들 역시 보통 사람들처럼 숨쉬며 살아가는 인간이기 때문이다. 그러나 깨친 이들의 사고, 언어와 행동은 그 시대의 문제에 대한 그들의 관점을 보여준다. 정신적인 지도자가 진부한 말이나 그 시대와 무관하고 무의미한 언어만을 구사한다면, 종교는 생명력을 잃고 말 것이다. 교회와 사원, 탑 그리고 의식절차는 정신적인 깊이나 개념이 결여된 종교활동의 외화(外化)에 지나지 않는다. 그러나 종교를 이끌어 온 사람들의 깨침은 단지 책이나 전통이라는 외화된 틀에서 얻어지는 것이 아니라, 그들 자신의 수행경험이나 삶의 체험에서 나오는 것임을 확신한다.

　　그런 의미에서 진정한 전문가는 철학자, 과학자, 예술가 그리고 작가라 할 수 있다. 이런 사람들의 자기 분야에 대한 열정은 단순한 지식의 축적에서 나온 것이 아니다. 또한 분파적인 관점이나 이데올로기를 기반으로 한 것은 더욱 아니다. 그들은 자신의 삶의 목적에 따라 살뿐이지, 대중의 취향이나 권력의 결정에 따라 살지 않는다. 그들의 사상, 과학과 예술은 사랑, 지혜 그리고 휴머니즘이라는 특성으로 표현할 수 있다. 그들은 전쟁과 이데올로기 싸움을 거부한다. 그들은 인간의 존엄성을 담아낼 사회를 꿈꾸며 이를 위해 끊임없이 노력한다. 그렇지 않으면 아무리 뛰어난 역량으로 왕성한 저술활동과 창작활동을 하더라도 결코 진정한 학자나 예술가라고 말할 수는 없다. 한국과 중국, 일본, 인도, 스리랑카, 동남아시아, 그리고 티벳의 문화와 시, 회화, 건축물 등등의 예술작품에서, 우리는 동정(同情)과 평온(平穩)의 은은한 향기를 맡을 수 있다. 이들 지역에서는 교사는 물론이고 과학자와 정치가들도 불교의 사상과 예술을 통해서 마음의 빛인 지혜의 덕을 쌓아 왔다.

불교는 내적 심화와 평화에 쉽게 이르는 길이다. 불교가 있다는 것은 단순히 불교도들이 수많은 학교와 병원, 문화단체 그리고 정당을 운영해 왔다는 사실을 의미하진 않는다. 오히려 불교가 있다는 것은 모든 사물이 휴머니즘과 사랑, 인내 그리고 깨침을 매개로 존재하여 왔음을 의미한다. 바로 이 점이 불교가 인간본성의 가장 선한 면을 개발하는 데에 공헌한 바이며, 이것이야말로 불교의 참 정신이라 할 수 있겠다. 진정한 불교와 불교적 사회를 만들려는 노력은 표면적으로는 실패할 수도 있고 성공할 수도 있다. 다만 우리들의 바람은 내적 건강과 도덕성을 회복하고 인간의 잠재력을 개발하여 건전한 사회를 구현하려는 것일 따름이다.

부처 이래로 사회제도 개혁에 힘써 온 불교도가 많다. 이들 중에는 언뜻 보기에 세속에서 한 발짝 물러나 있는 듯하지만, 보통 사람의 행복에 크게 기여한 선정수행자들이 있다. 그들의 삶이야말로 이 세상에 성자의 존재가 의미로움을 증명하는 것이리라. 성자없는 세상을 생각해 보았는가? 성자없는 세상이 여유로울 수 있겠는가? 그리고 성자없는 세상이 서로 사랑하는 세상일 수 있겠는가? 이런 의미에서 선정수행자들 역시 이 세상을 위해 매우 소중하다고 할 수 있다. 세속에 부대끼며 살아가는 사람들은 그들로부터 힘을 얻기도 하고, 때로는 이런 수행자와 함께 수행할 수도 있다. 오늘날과 같은 위기상황 속에서 세상을 살아가는 우리는 폭력과 구조적 부당함에 지칠대로 지쳐 있다. 그러므로 건강한 정신을 회복하여 이 사회에서 주체적이면서 도덕적으로 살아갈 수 있으려면, 적어도 일년에 한 번은 수도원에 들어가야 한다.

　가서 큰스님을 만나 보라. 큰스님들은 샘물이 늘 솟아나는 샘터와 같다. 그 샘물을 저수지에 가득 채워 넣어 땅을 기름지게 하고 모든 동식물이 신선함을 섭취하여 새로운 생명력으로 충만할 수 있게끔 하는 일은, 속세에 사는 우리들의 몫이다. 다시는 봄을 못 만난다고 생각해 보라. 마치 순식간에 물이 더럽혀지듯, 우리의 마음도 걷잡을 수 없이 황폐해지고 말 것이다. 이렇게 되지 않으려면, 적어도 하루에 한 번은 명상을 하거나 기도를 해야 한다. 세속에 부대끼며 살아가고 있는 우리는 너무도 쉽게 오염되기 때문에, 늘 사려깊게 대처해 나가야 한다. 가끔 우리는 증오와 탐욕을 느끼기도 하고, 돈과 권력을 더 많이 잡으려고 발버둥치기도 한다. 이런 자신을 그대로 방치할 수 있겠는가? 참 생명을 얻고 싶은가? 그러려면 자신을 끊임없이 채찍질하면서 정화해 나가야 할 것이다.

　종교에로의 귀의는 바로 오염된 자신을 변화시키겠다는 자신과의 약속이라 할 수 있다. 실제로 우리는 종교의 도움을 받아 이기심을 떨쳐버릴 수 있다. 이렇게 하기 위해서는 자신의 존재와 이를 둘러싸고 있는 사회에 대해 도덕적 의무감을 지녀야 하리라. 이것이야말로 옛부터 오늘에 이르기까지 일관하는 종교의 본질인 것이다.

　불교의 전통은 바로 이점을 실현하기 위한 방법을 탐색하는 데 있다. 불교에서 가장 중요한 요소를 꼽으라면, 선정(禪定)을 들 수 있겠다.

깊이 있는 깨달음은 외부에 대한 수용을 불러오고, 이 수용은 놀랄 만큼 커다란 관대함과 이웃에 대한 열정을 불러들인다. 이렇다면 깨달음을 통해서 더 나은 사회를 만들어 갈 수 있다고 말할 수 있으리라.

오늘날 세계는 점점 좁아져 가고 있다. 다양한 종교와 신념을 가진 사람들이 서로 이해할 수 있고 존경할 수 있으려면, 이데올로기 대신 삶을 선택해야 한다. 그리고 세계를 있는 그대로 봐야 하고, 이런 인식을 전제로 행동해야 한다. 결론을 대신해서 세계불교연대의 회원 켄 존스(Ken Jones)의 말을 요약해 본다. "오늘날 종교에 있어서 가장 중요한 문제는… 내적 깨달음을 사회적 삶에 적절하게 확대 실천하는 길을 찾는 것이다."[7] 내가 보기에, 이 말은 바로 Buddhism이 아닌 "b"uddhim을 실천하라는 뜻이다.

3장 사회변혁을 위한 불교의 다섯 가지 계율

- 불살생(不殺生), 불투도(不偸盜), 불망어(不妄語), 불사음(不邪淫), 불음주(不飮酒)

불교도라면 누구나 다섯 가지 계율〔五戒〕을 도덕적 삶의 지침으로 삼는다. 여기서는 바로 이점을 바탕으로 해서 현대의 제 문제를 다뤄 보고자 한다.

다섯 가지 계율 가운데 첫 번째 덕목은 "생명체를 죽이지 않겠노라〔不殺生〕"고 맹세하는 것이다. 불교도는 살아있는 것을 죽이지 않겠으며, 죽게 하지도 않겠다고 다짐한다. 불살생의 덕목을 통하여, 다른 생명체를 해치는 것은 결국 자신을 해치는 것임을 알 수 있다. 그리고 모든 생명체와의 유대를 느낄 수 있다. 부처는 "나와 남을 구분할지언정 결코 남을 죽일 수 없다"고 말했다. 불살생의 덕목은 모든 생명체에 해당한다. 개체의 크기와 관계없이 생명체를 희생(犧牲)으로 사용할 수는 없으며, 편리함을 추구하기 위해 다른 생명을 해치거나, 먹기 위해 생명을 빼앗을 수도 없다. 즉 이기적인 목적으로 생명체를 해쳐서는 안된다는 말이다.

대승불교에서는 다른 사람을 진심으로 돕기 위해서 자신을 해치기도 한다. 자신을 불사른 베트남 승려는 자신이 쌓는 선업이 조국의 전쟁을 종식시키는 데에 도움을 줄 것이라고 확신했으리라. 잘 알려진 바와 같이 상좌부 불교에서는 청정심(淸淨心)이 지혜와 자비의 원천이라고 본다. 진정한 상좌부 불교도는 살생을 절대로 용서하지 못한다. 심지어 나무를 베는 일과 땅을 개간하는 일 조차, 이들은 살생으로 간주한다.

그러나 대개 사람들은 타협하며 살아간다. 알란 와츠(Alan Watts)는 "나는 채식주의자가 되겠노라. 왜냐고? 채소보다는 소가 크게 울부짖기 때문이다"고 말했다. 보통 대승불교에서는 승려들에게 토지개간과 경작을 허용하였기 때문에, 대승불교 승려들은 채식주의자이기 쉽다. 반면 상좌부 불교 승려들은 전적으로 시주를 통해서만 먹거리를 해결하기 때문에 이들은 무엇이든지 들어오는 대로 먹는다. 물론 고기도 먹을 수밖에 없다. 하지만 시주하기 위해 가축의 생명을 빼앗았다고 생각되면, 이런 고기는 결코 먹지 않는다.

엄격한 불살생과 채식은 농경사회에서는 가능했을 것이다. 그러나 시장경제를 도입하면서 이제는 불살생의 덕목을 조심스레 재검토해 볼 필요가 있다. 산업사회에서는 육류도 다른 상품과 동일하게 취급한다. 짐승의 생명을 고귀하게 여기면서도 육류를 대량으로 생산할 수 있을까? 물론 전 지구적 식량수급을 고려할 때, 육류를 대량생산하는 것은 어쩔 수 없다고 말할 수도 있다. 그렇지만 지구 한켠에서 벌어지고 있는 굶주림이 식량의 절대 부족 때문인가? 사실, 지금 이 지구상에는 인류가 넉넉히 먹을 수 있는 식량이 있다. 그러기에 굶주림은 식량부족 때문이 아니라, 불평등한 경제구조와 권력구조 때문에 생긴다고 단언할 수 있다. 불평등한 경제구조와 권력구조는 식량이 절실하게 필요한 이들에게 전해지는 것을 막을 뿐만 아니라, 식량을 생산한 이들조차 기아에 허덕이게 하는 어처구니없는 문제를 발생시키고 있다.

또한 인류의 평화를 내세우면서 인간을 대량학살하는 온갖 무기를 판매하는 일도 마찬가지이다. 이제 우리는 식량문제, 무기판매 문제 등을 야기하는 죄악에 찬 구조를 거부해야 한다. 이와 같은 살육은 우리 생활 구석구석에 영향을 미치고 있다. 전쟁, 인종분쟁, 도살, 농약남용이 그 예이다. 그렇다면 어떻게 이를 막아내고, 비폭력적인 사회를 건립할 수 있을까? 그리고 어떻게 하면 불살생의 덕목으로 정의와 인정이 가득한 세상을 만들 수 있을까? 도저히 나 혼자서는 대답할 엄두가 나지 않는다. 바람이 있다면, 이런 문제의 원인을 다같이 숙고하고 다같이 해결책을 모색하자는 것이다. 그리고 불살생의 덕목은 새롭게 해석되어야 한다.

두 번째 덕목은 "훔치지 않겠다[不偸盜]"고 맹세하는 것이다. 차카바티 사하난다경(Cakkavatti Sahananda)에는 "옛날에 어떤 왕은 먹을 것이 없어 굶주린 자가 먹기 위해서라면 도둑질을 할 수 있다고 허용했다. 그랬더니 온 나라에 도둑질이 만연했다"고 적혀 있다. 지금 상황은 어떤가? 먹고 싶은 이는 언제나 먹을 수 있는가? 일하고 싶은 사람은 언제나 일할 수 있는가? 너무나 가슴이 아프다. 이제 배고픈 도둑들이 경제활동에 참여할 수 있는 기회를 주어야 한다.

정당한 국제경제 질서와 평화로운 세상은 서로 뗄래야 뗄 수 없는 상호 의존적인 관계이다. 제국주의의 폭력, 특히 문화를 통한 폭력은 자원 착취와 정치력에 의해 뒷받침 된다. 이런 상태를 묘사한 초기 경전이 있다. 부처가 정각을 이룬 지 5년 후에 고향으로 돌아왔을 때, 그는 경악할 광경을 보고 말았다. 어머니의 종족인 꼴리아족과 아버지의 종족인 샤카족이 전쟁을 벌이고 있었던 것이다. 전쟁의 불씨는 로히니강의 사용권에 관한 다툼이었다. 양측 모두 자신들은 로히니강물을 사용하지 못하면 농사를 지을 수 없으며, 상대는 다른 강물을 사용할 수도 있다고 똑같이 주장했다. 농부들이 서로 헐뜯고 군인들이 종족의 명예를 지키고자 분쟁에 개입하기 시작했을 때, 부처가 중재에 나섰다. 부처는 무사들에게 물었다. "싸움의 원인이 무엇이라고 생각합니까?" 무사들은 일순간 혼란스러워하며 대답하지 못한 채, 무기를 내려놓았다. 부처는 다시 물었다. "생명보다도 물이 소중합니까?" 무사들은 대답했다. "생명은 값을 따질 수 없을 만큼 소중합니다." 이에 부처는 말했다. "그렇다면 물 때문에 그 무엇과도 바꿀 수 없는 생명을 해치는 것이 옳은 일입니까?"

  이와 같은 불교의 입장을 보면, 새로운 세상에 대한 희망의 싹이 새록새록 움틈을 느끼지 않는가? 물론 개발모델들의 타당성과 소비 그리고 시장경제, 천연자원의 이용과 파괴에 대해 면밀히 검토하고 동시에 세상의 모든 아픔을 치유하는 방법에 대한 연구도 병행해 나가야 한다. 그런데 좋건 싫건 세계화 경제구조가 확산되는 이 시점에서, 불교도는 과연 어디에 서 있으며 무엇을 하고 있는가? 많은 기독교 단체들은 다국적 기업을 공부하고 세계은행을 연구하고 있는데, 불교 단체는 사회를 바꿔가기 위해 무엇을 해 왔는가? 앞으론 어떻게 할 것인가? 진지한 성찰이 필요한 때이다.

세 번째 덕목은 "건전한 성적(性的) 관계만을 유지하겠노라〔不邪淫〕"고 서약하는 것이다. 이를 지키기 위해서는, 타인을 괴롭히거나 학대하지 말고 일상생활 속에서 수련해야 한다. 더불어 전 세계적인 남성중심 구조와 여성학대 문제도 주시해야 한다. 특히, 탐진치(貪瞋癡)는 가부장 구조의 공격성에 의해 조장되기 쉽다. 마빈 해리스(Marvin Harris)와 에릭 로스(Eric Ross)는 다음과 같은 예를 들면서 설명한다. "몇몇 부족에서 자행되는 여아살해는 부족의 경제적 문제와 연결되어 있다. 이것은 남아도는 남자를 죽이는 문제로 이어지고, 힘으로 남성을 평가하는 문제와 관련되며, 다시 여자아이를 굶어 죽이고 남자아이를 선호하는 문제로 이어진다."[1] 군국주의 역시 가부장제도와 관련되어 있다.

불교수행의 초점은 인간성 구현에 있다. 이 주제와 관련하여 불교의 대안은 무엇인가? 사회적으로 남성적인 면과 여성적인 면을 고루 갖추도록 교육해야 할 것이다. 이것이 가부장문화, 성의 타락, 여성차별을 극복하는 필요조건이다.

네 번째 덕목은 "거짓말을 하지 않겠다〔不妄語〕"고 맹세하는 것이다. 진실은 좀처럼 쉽게 알려지지도, 밝혀지지도 않는다. 불교에서는 선입견과 편견 때문에 세상을 있는 그대로 보지 못한다고 설명하며, 이런 상태를 무명(無明)이라고 한다. 불교도에게 있어서 진실한 삶은, 모든 신념과 선입견을 떨쳐버리고 마음이 흩어지지 않도록 하는 자기 성찰을 기반으로 한다. 그러므로 선정수행을 통해 번뇌가 일어나는 근본을 살핀다면, 어떤 고정관념이나 편견에 집착하지 않는 삶, 즉 거짓없는 삶으로 접근해 나갈 수 있으리라. 유마경(維摩經)에서는, "보살은 '우상에 사로잡힌 세상 어디에서나 자기를 헌신하여 보편적 선을 얻으라' 는 가르침을 받는다"고 말한다. 자기 성찰 수행을 하면 영원한 적(敵)이 없음을 알 수 있고, 탐욕과 증오심이 사라진다.

거짓없는 삶에 접근하는 또 다른 관건은 다양한 정보의 올바른 취사선택이라 할 수 있다. 우선 매스 미디어와 교육 그리고 다양한 정보들을 주목할 필요가 있다. 왜냐 하면 이를 통해 세계를 알 수 있기 때문이다. 이런 점에서 볼 때, 불교도들은 이슬람교도나 기독교도들보다 훨씬 뒤떨어져 있다. 인도네시아의 이슬람 교육기관에서는 전통적인 이슬람 계율을 현대화하여, 세계와 미래에 대한 교육을 실시하고 있다. 그리고 권력과 사회에 대해 올곧은 자기 목소리내기도 중요한 관건이다. 퀘이커교도*들도 "권력에 대해 진실 말하기"를 수련하고 있다. 우리가 소신껏 진실을 말할 수 있다면 구조적으로 만연한 병폐를 퇴치할 수 있으리라고 확신한다.

인간의 존엄성은 소비경제에 의해 조장된 어떠한 가치보다도 중요하다. (그런데 이 소비경제는 사람들이 실제 필요한 것보다 더 많이 소비하도

---

*퀘이커교(Quakers) ;17세기 중엽, 영국의 George Fox의 주도로 설립된 기독교 분파로 "친구들의 모임 (The Society of Friends)"라고도 한다. 성직자를 통한 하나님과의 교류를 비롯한 '외부의 인도 보다 스스로의 내부의 빛' 을 중시한다. 신과의 직접적인 교류를 강조하고, 외부의 권위에 의존하지 않으며, 신앙에 여성과 남성의 차별이 없다. J. Bowker ed., *The Oxford of Dictionary of World Religions*, (New Yok, Oxford Univ. press, 1997) p.359

록 부추긴다.) 소비경제는 상품광고에 의해 떠받쳐지고 있다. 그리고 정치선동 또한 사람들을 현혹시키면서 정치적 이익만을 취하려 한다. 현대사회의 구조적인 폭력의 홍보물인 상품광고와 정치선동의 폭력을 막아 인간의 존엄성을 진리의 지침으로 사용하기 위해서는, 상품광고와 정치선동의 몰가치성에 대한 연구가 진행되어야 할 것이다. 그렇지만 연구만으로 이런 폭력을 막기에는 힘이 부친다. 연구와 더불어 언론과 출판의 자유, 언론의 공정함이 확보되어야 한다. 이렇게 된다면 국가안보와 경제발전이라는 허울 아래 자행되는 거대한 세뇌공작을 극복할 수 있을 것이다.

다섯 번째 덕목은 "정신건강을 해치는 음식을 먹지 않겠노라〔不飮酒〕"고 맹세하는 것이다. 불교에서는 깨끗한 마음을 보석보다도 중히 여긴다. 현대사회에서 알콜중독과 약물남용은 큰 문제이다. 그러므로 알콜중독과 약물남용 문제는 사회정의와 평화에 관한 문제로 다루어 나가야 할 것이다. 유감스럽게도 일부 제3세계 농부들은 헤로인과 코카인를 유일한 수입원으로 재배하고 있다. 그들이 헤로인과 코카인을 재배하는 것은 그들이 사악하기 때문만은 아닐 것이다. 보다 근본적인 문제는 불평등한 경제구조이다. 그들은 쌀과 같은 식량재배만으로는 생계를 유지할 수 없는 경제구조를 갖고 있다. 게다가 무장한 지하조직들의 강요는 지역농민들의 마약식물 재배를 피할 수 없게 한다. 이런 지하조직은 종종 부족단위 게릴라로 성장하기도 하며, 준정부조직(準政府組織) 형태를 갖추기도 한다. 게다가 반정부 세력만이 농민들에게 마약식물 재배를 강요하는 것은 아니다. 우익 정치가의 사군대조직(私軍隊組織) 역시 농민들에게 마약을 재배하도록 압박한다. 이러한 사례는 무수히 많다. CIA는 베트남에서 마약을 퍼뜨렸으며, 버마의 공산게릴라조직과 남아메리카의 혁명조직들도 마약을 퍼뜨렸다. 역사적으로 최대의 마약전쟁이었던 아편전쟁을 살펴보자. 아편전쟁은 한 나라의 정부도 마약무역을 위해 전면 전쟁조차 불사한다는 점을 시사한다. 마약재배를 강요하는 것만큼이나 심각한 문제는 가난한 농민들에게 커피, 차를 단작생산하도록 강요하는 것이다. 또 과도한 광고를 통해 잉여 생산된 담배를 제3세계 소비자에게 떠넘기려는 선진국의 책략도 크나 큰 죄악이 아닐 수 없다.

알콜중독과 약물남용, 그리고 이와 관련한 범죄는 부의 불평등 구조와 실업으로 인해 더욱 세차게 퍼져 나간다. 레이건과 부시가 군대의 물리력을 동원하여 선포한 마약과의 전쟁은, 고르바쵸프가 계몽을 통해 알콜중독 퇴치운동을 펼친 것과 마찬가지로 별 효과없이 실패로 끝났다. 왜냐 하면 그들은 근본적인 원인을 애써 외면한 채, 현상적인 문제만을 해결하려 했기 때문이다. 그렇다면 원인을 치유하는 불교적 대안은 무엇인가? 이 문제를 효과적으로 해결할 수 있는 유일한 길은 바로 인간의 존엄성을 회복하는 것이다.

약물남용에 대해 늘 하던 식의 설교 따위는 아무런 도움도 주지 못한다. 이젠 문제의 근본적인 원인을 살펴보아야 한다. 동시에 주류산업(酒類産業)과 청량음료산업, 제약산업의 사회경제적인 배후를 해부해 보아야 한다.

더욱 더 중요한 것은 윤리적인 교육이다. 이 점에서 오계(五戒)의 정신과 그것을 현대사회에 접목시키는 방법이야말로 우리가 현재 직면한 문제를 해결하기 위한 첫걸음이라 할 수 있을 것이다. 바로 이런 주제에 관한 논의가 앞으로 계속되길 바라며, 그러리라고 믿는다. 다행히도 우리는 우리 삶의 선택에 도덕적 기준을 갖고 있지 않은가?

4장 비폭력 운동과 불교

20여 년 전, 악명 높은 승려가 방콕신문에 다음과 같은 글을 실었다. "공산주의자를 죽이는 것은 죄가 아니다." 그리고 얼마 후, 그는 말을 바꾸어, "공산주의자나 공산주의 이데올로기를 없애는 것은 죄가 아니다"라고 말하였다. 그후 그는 "공산주의자들을 죽이라고 사람들을 부추긴 적은 없다"고 번복했다. 그는 불교교리를 실천하는 것보다 민족주의적 감정을 실천하는 것을 더 중요하게 여긴다고 말하면서, 라오스, 캄보디아, 베트남에서 침략해 오는 공산주의자들을 막기 위해서라면 자신은 기꺼이 승복을 벗어버리고 총을 들겠노라고 덧붙였다. 그리고 이것이야말로 왕과 국가와 불교를 지키는 것이라고 주장하였다. 시암의 젊은이들은 승려가 살인을 정당화하려고 했다는데 놀라움을 감출 수 없었다. 비록 과거에도 몇몇 승려들이 정의롭고 명분있는 전쟁에서만은 살인을 눈감아 주는 예외를 인정하려 했지만, 아무도 이를 뒷받침할만한 불교교리를 찾지 못해 결국 자신들의 생각을 포기할 수밖에 없었다.

이 일화와 관련하여 런던불교회(L.B.S)의 창립자인 크리스마스 험프리스(Christmas Humphreys)가 불교로 개종한 사연을 알아볼 필요가 있다. 기독교인이었던 그는 그의 형이 제 1차 세계대전에 참전하여 조국을 위해 싸우다 전사하자 큰 충격을 받았다. 그런데 그에게 더 큰 충격을 준 것은, 영국의 사제들도 출정하는 병사들에게 신의 가호를 빌었고 독일의 주교들도 전장으로 나가는 병사들에게 신의 이름으로 축복하여, 영국의 사제와 독일의 주교가 똑같은 신의 이름으로 청년들을 같은 전쟁터로 내보냈다는 점이었다. 험프리스는 이에 환멸을 느껴, 불교에 관심을 갖게 되었다고 한다.

고도로 체계화된 종교인 불교가 평화를 강조하는 태도는 꽤나 단호하면서도 동시에 매우 유약한듯이 보인다. 물론 불교가 평화를 강조하는 태도는 도덕적 의미에서는 분명 강점이라고 할 수 있겠지만, 조국이나 불교가 적에게 심각한 위협을 받고 있을 때 과연 불교는 어떻게 대처할 것인지 의문이 남는다. 이런 의문에도 불구하고 불교가 평화를 강조한다는 사실 그 자체에 대해서는 부정할 수 없으리라. 이제 바울 대성당의 딘잉게(Dean Inge)의 아쉬움에 찬 회고를 들어 보자. 그는 이렇게 읊조렸다. "만일 기독교도들이 불교도만큼만 평화를 사랑했다면 그리스, 로마, 팔레스타인 지역의 유물들이 지금까지 온전하게 보존되었을 터인데…"

불교의 평화애호와 이에 따른 현실대응은 다음과 같은 일화에서 잘 드러난다. 베트남전쟁이 채 끝나기 전, 탁낱한 큰스님께 평소 가슴속에 묻어두었던 궁금증을 물어보았다. "불교를 허용하지 않는 공산주의 정권

하에서 평화를 유지하는 것과 남부 베트남전쟁이 승리하여 불교가 살아남는 것 중, 어느 것이 더 좋습니까?" 그러자 스님은 "어떤 대가를 치르더라도 평화가 우선합니다"라고 하였다. 계속해서 스님은 불교가 살아남더라도, 사람들을 희생시켜 가며 불교의 제도나 사원, 의식 등을 보호하는 것이라면 별 의미가 없다고 했다. 나아가 스님은 설사 불교가 사라지는 경우가 발생할지라도, 평화와 자비심 속에서 인간의 생명을 존중하고 인간의 존엄성과 자유가 보장된다면 불교는 인간의 마음속에서 다시 타오르게 될 것이라고 힘주어 말하였다.

이제까지 불교 역사에서는 신성한 전쟁이라는 것이 존재하지 않았다. 분명 불교를 숭상하는 국가의 왕들도 전쟁을 해 왔는데, 그 때마다 그들은 이것이 인류와 불교를 위하는 일이라고 강변하였다. 그러나 그들은 자신들의 주장을 뒷받침할만한 부처의 가르침을 단 한 줄도 인용할 수 없었다. 사실 부처는 폭력에 대해서 아주 단호했다. 부처는 말했다. "승리는 원한을 낳고 패배는 고통을 낳는다. 따라서 현명한 사람은 승리도 패배도 바라지 않는다. … 증오는 증오를 부른다. … 살인자는 살인을 당하게 될 것이다. … 싸움에서 이긴 자도 언젠가는 지게 될 것이다. … 복수는 복수를 낳는다."

이와 같은 부처의 설법에 힘입어 개과천선(改過遷善)한 왕이 있었으니, 그가 바로 유명한 아쇼카왕이다. 그는 수없이 많은 전쟁을 치른 후, 부처의 가르침에 깊이 감동하여 불교로 개종했다고 한다. 결국 아쇼카왕은 후대 왕들에게 귀감이 되었다. 물론 그렇지 않은 경우도 있다. 인도, 중국, 베트남과 그 외 몇몇 나라에서는 불교를 보호한다는 명목으로 무장투쟁을 한 적도 있었는데, 그 이후로 불교는 오히려 퇴락의 길을 걷게 되었다. 이것이 불교의 강함과 약함을 보여주는 본보기라 할 수 있겠다.

  스리랑카를 비롯한 동남아시아 국가의 역사를 보면, 왕이 승려들에게 평화이론의 초안을 작성하도록 요청하는 경우가 많았다. 그리고 이 지역의 승려들은 전쟁에 직접적으로 나서지 않았는데, 그 이유는 살생은 너무나 큰 죄로 살생 즉시 파계당하기 때문이었다. 물론 개인적으로는 승려도 어떠한 전쟁에 대해 동의하거나 반대할 수는 있겠지만, 자신의 견해를 공개적으로 드러내는 것만은 자제해야 했다.

  시암의 역사책을 뒤적이다 보면 우리는 한 용감한 왕의 이야기를 볼 수 있다. 코끼리를 타고 전쟁하던 시절, 그 왕은 비록 버마의 크라운왕자와 싸워 승리하였지만, 아무에게도 호위받지 못한 채 단독으로 적들과 대결해야 하는 상황에 처했던 것에 대해 몹시 노여워했다. 전쟁이 끝난 후, 왕은 몇몇 장수들에게 사형을 명하였다. 그 때 불교계의 원로승려들이 왕을 찾아와 장수들을 용서해 줄 것을 간청하면서, 부처가 깨달음을 얻기 전날 밤에 겪은 이야기를 들려 주었다. 그날 밤 부처는 마구니들에게 둘러쌓여 다양한 모습으로 나타나는 탐욕과 증오와 미혹의 화신들로부터 줄기차게 유혹받는다. 그렇지만 부처는 끝내 마구니의 유혹을 물리쳤다. 이 예화에서 부처가 마구니들의 유혹을 물리친 것은, 홀로 떨어져 있으면서 성욕을 이겨낸 것보다 값진 것으로 여겨진다. 마찬가지로 모든 장수들에게 호위를 받으며 승리하는 것은 이번처럼 혼자 힘으로 버마의 크라운왕자를 물리친 것에 비할 바가 못된다고 말하였다. "황제의 승리는 위대한 부처의 깨우침과도 같은 것입니다." 이러한 비유를 통해, 승려들은 모든 장수들의 목숨을 구할 수 있었다.

순창(Hsuan Tsang)은 유명한 유랑 승려였다. 그는 어느 날 중국의 황제로부터 자신의 군대와 동행해 줄 것을 요청받았다. 그러자 그는 아래와 같이 대답하였다. 여기서 그가 얼마나 불교의 윤리를 잘 깨닫고 있는지, 그리고 얼마나 불교를 현실에 재치있게 적용했는지를 알 수 있다.

"저는 폐하의 군대에 도움이 되지 못한다는 것을 스스로 잘 알고 있습니다. 부끄럽게도 저는 쓸모없는 짐일 수밖에 없답니다. 그리고 무엇보다도 율장(律藏)에서 승려는 군인의 전투나 군대사열하는 것을 보아서는 안된다고 하였습니다. 경건하신 부처님께서 이런 말씀을 하였기 때문에, 저는 감히 황제의 말씀을 따를 수가 없습니다."

비폭력 정신은 이처럼 불교사상 속에 깊이 자리잡아 왔다. 오계의 첫 번째 덕목인 '살생하지 말라'는 불교를 실천하는 모든 행위의 근본이라 할 수 있는데, 이는 남에게 해를 끼치지 않는다는 의미로 확대 해석할 수 있다. 불자를 아힘사(abimsa)라고 하는데, 그 뜻은 인간이 다른 모든 사람들에게 실제로 자비를 베풀어야 한다는 것이다.

부처는 평화보다 더 큰 행복은 없다고 말했다. 불교의 궁극적인 목적은 열반의 경지에 이르는 것인데, 이를 이루기 위해서는 이 세상과 우리들의 마음에 평화로움이 충만하여야 한다. 그러므로 참다운 불자이길 원하는 사람은 무엇보다도 계율을 생활화하여, 자신과 타인을 속이지 않는 마음을 지녀야 한다. 우리가 자기 성찰을 통해 매사 중용(中庸)을 지킬 수 있다면, 마음의 평화를 얻음은 물론이고 사회의 평화도 이룰 수 있다. 그렇게 해서 우리는 깨달음을 얻고 만물의 참 모습을 볼 수 있는 통찰력과 지혜를 가질 수 있다. 불교도들은 이러한 경지를 해탈이나 득도(得道)라고 표현한다.

어느 날, 어떤 종교의 교주가 부처를 찾아와 "만일 당신을 따르면 하루를 어떻게 보낼 수 있습니까?"라고 물었다. 그러자 부처는 "걷고 서고 앉고 눕고, 먹고 마시며 하루를 지낼 수 있습니다"라고 했다. 이 말을 괴이하게 여긴 교주는 다시 "이 말에 특별한 뜻이라도 있습니까?"라고 묻자 부처는 이렇게 대답했다. "만일 이치를 깨달은 사람이라면 걸으면서 자신이 걷고 있다는 사실을 알 것이며, 먹으면서 자신이 먹고 있다는 사실을 알 것입니다." 부처의 이 말은 면밀하게 살펴서 주의깊게 행동하라는 뜻이리라. 몸과 마음을 다스림에 조심스럽지 못하면, 사람은 자신의 번뇌망상에 사로잡히고 자신의 감정에 이끌리는 대로 즐거움을 느끼기도 하고 괴로움을 느끼기도 한다.

비폭력을 실천하기 위해서는 자신을 성찰하는 태도를 몸에 익혀야 한다. 주위가 조용하고 평화롭다면, 이를 좀더 쉽게 익힐 수 있을 것이다. 그러기 위해서는 우선 적당한 시기를 골라 아무런 방해를 받지 않고 명상에 전념할 수 있는 장소를 찾아야 한다. 그리고 나서 제일 먼저 편안한 자세를 취해야 하는데, 앉거나 서거나 눕거나 혹은 걷는 자세 등 어떤 자세라도 좋다. 만일 가부좌가 편하다면 가장 이상적이다. 그리고 등을 꼿꼿이 세운 후, 머리를 똑바로 들고, 눈을 반쯤 감은 상태로 손은 무릎 위에 둔다. 그리고 나서 호흡을 고르게 하고 정신을 집중한다. 만일 명상을 하는 동안에 노여움이나 다른 감정이 일어나면, 자신에게 노여움이 일어나고 있다는 사실을 느낄 수 있게 된다. 자비심에 대한 명상도 이와 마찬가지로 쉽다. 인내와 기쁨을 늘여가야 하며, 원하는 것과 원하지 않는 것, 피하고 싶은 것 등을 분별하여 행동하지 말아야 한다. 이렇게 모든 것을 있는 그대로 받아들이고 흘러가는 것은 내버려 두어야 한다.

모든 원한을 없애고 정신적인 힘을 기르는데 초석이 되는 인내심을 키우면, 곧 자비심을 기를 수 있다. 부처는 명상을 하기에 적당한 마음을 갖는데 도움을 주는 많은 가르침을 남겨 놓았다.

만일 누군가가 자신을 욕하고 때리고 압박하거나, 자신의 물건을 훔쳐갔다고 생각한다면 증오는 사라지지 않는다. 그러나 그런 마음을 가지지 않는다면 증오심은 사라질 것이다. 원한은 원한으로는 풀릴 수 없고 비폭력적인 방법으로만 풀릴 수 있다.

"사람들은 언젠가는 우리 모두가 죽으리라는 생각을 미처 하지 못한다. 만일 그렇게 생각하기만 한다면, 이 땅에서 불화(不和)는 즉시 해결할 수 있으리라."

"사람은 노여움을 버리고 자존심을 버려야 한다."

"사람은 자비심으로 노여움을 다스리고, 선으로 악을 쫓아내고, 관대함으로 탐욕을 없애며, 진실로 거짓을 이겨내야 한다."

"증오에 사로잡혀서는 안된다. 오직 진실을 말할 수 있어야 한다."

"세상에 죄 없는 사람은 없다."

"사람은 말로 저지르는 죄로부터 자신을 보호할 수 있어야 한다. 말을 삼가하고 마음으로부터 우러나오는 덕을 쌓아야 한다."

"자신의 몸과 마음과 언행을 잘 다스리는 사람이야말로 현명한 사람이다."

"만족과 평화를 느끼기만 하면 타인에게 자비를 베풀 수 있다."

"모든 이가 불안에 떨지 않고 건강한 마음을 갖게 되어 행복해지기를 바란다. 살아있는 모든 것들은 그것이 약하든 강하든, 작든 크든, 허약하든 건강하든, 가난하든 부유하든, 이미 태어난 사람이든 앞으로 태어날 사람이든 간에, 모두 행복을 누릴 수 있기를 바란다."

명상에 잠겨 앉아있노라면 몸과 마음의 긴장이 풀린다. 마음은 평화롭고 행복해지며, 조심스레 늘 깨어있게 된다. 명상은 도피의 수단이 아니라, 진실과 만나는 평화로움 그 자체이다. 가족 중 한 명이라도 명상에 들면 가족 모두에게 이로울 것이다. 왜냐 하면 자비심이 가득한 사람과 살고 있다는 사실을, 가족구성원 모두가 항상 떠올릴 것이기 때문이다. 불교

공동체를 이루기 위해서는 모든 사람에게 평화로운 분위기를 느끼게 할 수 있는 명상을 경험해 본 사람이 적어도 한 명은 필요하다. 그는 공동체의 좋은 본보기로서, 사람들이 마음을 다스릴 수 있게끔 달콤함을 나누어 주고 영양을 공급해 줄 것이다. 그러므로 명상은 이 시대 사람들에게 너무도 중요하다 아니할 수 없다.

우리는 매일매일 사소한 불편에서부터 심각한 위기상황에 이르기까지 많은 갈등을 느끼고 사는 자신을 발견한다. 가장 기본적인 가족관계로부터 아직 잘 알지 못하는 사람들과의 사이에서 갈등이 발생하는 관계는 다양하다. 사람들이 서로 도덕이나 종교, 정치적 차이를 극복하지 못하면 갈등은 물론이고 많은 희생이 따른다.

그러나 갈등이 언제나 부정적인 결과를 낳는 것은 아니다. 갈등은 변화의 길을 열어주고 도전의 기회를 제공한다. 갈등은 그 때마다 매번 해결될 수는 없지만, 잘만 대처한다면 갈등을 자신과 타인에 대해서 좀더 알 수 있는 기회로 이용할 수도 있다. 격앙된 상태에서 벌이는 논쟁은 금물이다. 이런 상태에서는 감정에 치우쳐 욕설을 내뱉거나 걷잡을 수 없는 상황으로 빠지기 쉽기 때문에 매우 위험하다. 그 위기를 잘 넘기지 못하면 정상적인 행동을 상실하기 쉽다. 그래서 극단적인 행동을 염두에 두고 있다가 어느 한 순간 행동으로 옮기는 것은 분명히 잘못된 해결방법이다.

갈등에 어떻게 대처하느냐에 따라 긍정적이고 건설적인 결과를 만들 수도 있고, 부정적이고 파괴적인 결과를 만들 수도 있다. 대부분의 불교도들은 모든 것이 영원하지 않고 변화한다는 사실을 잘 알고 있다. 그러나 불행히도 갈등이 일어나는 많은 경우에 이를 잊고 자신의 입장만을 내세우면서, 문제의 책임을 상대방에게 떠넘기려 든다.

존재는 변화하게 마련이라는 불교의 진리를 깨달으면, 문제의 해결점을 남다르게 볼 수 있어서 보다 쉬운 길을 택할 수 있다. 나아가 이를 통해 투쟁의 괴로움을 이해의 즐거움으로 바꿀 수도 있다. 그렇지만 말만큼 쉬운 일이 아니어서, 이렇게 하려면 특별한 기술을 연마해야 한다. 이 특별한 기술을 불교에서는 방편(Upaya, 지혜로운 방법)이라고 한다. 갈등을 극복하고 상대를 이해하기 위해서는 방편을 일상사에 적용시킬 수 있도록 노력해야 한다. 아울러 투쟁과 혼란, 긴장, 오해, 불안 따위는 삶의 극히 작은 일부에 지나지 않음을 염두에 두어야 한다. 언제나 갈등을 피할 수 있을 것이라는 생각은 잘못이다. 할 수 있는 최선의 방법은 갈등을 예상하여 건설적인 방향으로 해결하는 것이다. 결국 갈등해결의 관건은 존재는 변화한다는 사실을 깨달아 상호 이해의 관점에서 문제를 바라보는 것이다.

갈등해결의 첩경은 갈등을 기회로 보고 여기에 적절히 적용할 수 있는 방편을 찾는 것이다. 일반적으로 갈등에 대해 사람들은 단지 세 가지 결과만을 생각한다. 승리, 패배 그리고 합의가 바로 그것이다. 불교도의 견지에서 볼 때, 갈등 이후의 결과보다는 갈등을 다루는 방법이 더 중요하다. 부처가 갈등을 어떻게 다루었는지를 보여주는 이야기는 꽤나 많은데, 여기에서는 두 가지만을 소개해 보겠다.

첫 번째 사건은 두 스님이 수도원의 규정에 대해서 사소하게 의견

차이를 보인 것에서 비롯한다. 공교롭게도 두 스님은 서로 다른 분야의 대가였기 때문에, 각기 따르는 사람들이 많았으며 두 무리는 상대 쪽을 이해할 수 없었다. 그래서 갈등은 더욱 깊어지고 점점 더 많은 사람들이 이 논란 속에 빠져들고 말았다. 얼마 지나지 않아 두 세력은 자신들도 모르게 마음이 혼란스러워져서 상대방이 잘못했다고 확신했다. 부처는 수도원을 찾아가 그들에게 제자리로 돌아가 상대방에게 사과할 것을 권고했고, 그리고 나서 얼마 후, 그들은 부처의 권고를 실행했다. 이후로 그들은 서로 조화를 이루며 살 수 있었다. 부처는 그들에게 자그마한 오해가 극도의 혼란을 불러일으킬 수 있음을 보여주기 위해 몇 가지 이야기를 해 주었다.

첫째 이야기는 다른 나라의 침략을 받은 어느 왕과 왕비의 이야기였다. 그들은 어린 아들에게 복수심을 버리고 원수를 용서해야 한다는 말을 남기고 죽었다. 어린 아들이 적에게 사로잡혀 왕실의 종으로 지내던 어느 날, 숲 속에서 부모의 원수와 단 둘이 남게 되었다. 그러자 아들은 단검을 빼어들었다. 하지만 부모님의 유언이 떠올라 행동으로 옮길 수 없었다. 죽음을 간신히 면한 왕은 종의 손에 쥐어진 칼을 보고 사태를 추리하여, 그간의 모든 사실을 알았다. 왕은 모든 것을 용서하고 한때 왕자였던 종을 자신의 딸과 결혼시켜 왕위를 계승토록 하였다.

이 이야기는 불교사회에서 비폭력으로 갈등을 해결하기 위해 자주 언급하는 예화이다. 부처는 논쟁 당사자인 승려들에게 위의 이야기를 했지만 별 효과가 없었다. 부처는 그들이 어떠한 변화도 보이지 않자, 홀로 숲 속에 머물렀다. 얼마 후, 신도들이 승려 간의 분쟁을 알고 나서 아무런 시주도 하지 않자, 오랫동안 굶주린 승려들은 그 때서야 자신들만의 관점을 버리고 서로 수용함으로써 이성을 찾았으며 부처에게 존경을 표하고 용서를 빌었다.

다른 이야기는 부처가 직접 전쟁에 개입했던 이야기이다. 코살라 왕은 부처와 친척이 되고 싶어 샤카 공주에게 자신의 왕비가 되어 달라고 요청했다. 샤카의 일족들은 폐쇄적인 카스트제도를 고수하고 있어서 자신들과 신분이 다른 사람이나 외부인과의 혼인을 거부하였다. 그래서 공주 대신 하인의 딸 중, 한 처녀를 코살라 왕에게 보내 왕비로 삼도록 하였다.

훗날 왕과 새 왕비는 한 명의 아들을 낳았고, 새로 태어난 아들은 왕위를 계승할 세자가 되었다. 왕비는 자신의 본래 신분을 철저히 감추었고, 왕과 왕자는 여왕이 왕족이 아니라는 사실을 알 리 만무했다. 그러나 어린 왕자가 자신의 친척이라고 여긴 샤카 일족을 방문했을 때, 사태는 걷잡을 수 없는 방향으로 펼쳐졌다. 사람들은 왕자를 경멸에 찬 시선으로 바라봤다. 이런 분위기에 왕자는 적잖이 당황했고, 당황한 왕자는 사태를 추국하기에 이르렀다. 결국 왕자는 그의 할머니와 어머니가 노예였으며, 샤카족이 부친과 자신을 기만했다는 사실을 알게 되었다. 왕자는 너무나 화가 나서 복수심을 키워갔다. 왕자는 샤카 일족을 모두 죽여버리겠다고 복수의 칼날을 갈았다. 왕자는 왕위를 물려받자 샤카를 향해 진군했다. 부처는 이 사실을 듣고, 복수의 화신이 된 왕을 멈추게 하기 위해 두 나라의 국경으로 갔다. 부처는 원한과 복수심으로 가득 찬 왕의 마음을 달래기 위해 세 번이나 설득했지만, 원한과 복수심에 이글거리는 왕은 거의 모든 샤카인들을 죽이고야 말았다. 그러나 전쟁을 끝내고 되돌아가는 도중에 왕은 자신의 군대와 함께 강물에 빠져 죽었다.

우리는 이 이야기로부터 많은 결론에 도달할 수 있다. 샤카가문 출신인 부처는 사람들에게 카스트제도와 계층 간의 마음의 벽을 허물도록 가르쳤지만, 샤카가문 사람들은 자신들의 카스트에 대한 입장을 포기하지 않았다. 그 결과 자신들보다 강한 코살라가문을 속였고, 끔찍한 대가를 치룬 것이다. 복수의 화신이 된 불행한 왕도 자신의 부정적인 생각 때문에 엄청난 일을 저질렀고, 자신도 역시 비극적인 생애를 마쳤다.

불교도임에도 불구하고 폭력을 써서 승리하려는 사람은, 불교의 가르침에 따르면서도 폭력적으로 판단하고 행동했던 불행한 왕이나 사캬 일족과 다를 바 없다. 거꾸로 불교도가 아니면서도 자비심이 있고 상대방을 이해하려는 마음이 가득한 사람도 많이 있는데, 그들이야말로 진정한 불교도라 할 만하다. 오늘날 세상의 복잡한 문제들을 해결하려면 불교, 힌두교, 기독교, 유대교, 이슬람교, 마르크시즘을 비롯한 현대의 종교와 사상이 모두 함께 상대방을 비난하지 않으면서 폭력과 부조리를 해소하기 위해 머리를 맞대야 한다. 그리고 방편과 인욕(忍辱)을 통해서 세상의 많은 갈등들을 비폭력적으로 해결할 수 있으리라 믿어 본다.

이와 관련하여 유마경(維摩經)의 한 부분을 소개한다.

"싸움이 일어나더라도,

마음에 자비심을 불러일으켜
싸우려는 의지를 버리고
살아있는 사람들에게 도움을 주도록 하여라.
다툼이 있는 곳에서는
너의 온갖 능력을 발휘하여
두 편의 힘이 같아지도록 한 후,
갈등을 화해시키도록 하여라."

티벳의 경우야말로 불교가 갈등에 대해 어떻게 대처하는가를 보여주는 좋은 본보기이다. 중국인들이 자신들에게 폭력적이고 잔인하게 침략해 오더라도, 달라이 라마는 중국인들에 대해서 결코 해로운 말을 하지 않는다. 그는 언제나 티벳사람들에게 중국인들과 무력으로 대항해서는 안된다고 가르친다. 1989년, 라사(Lhasa)에서 발생했던 유혈사태 얼마 후에 유사한 사건이 발생했다. 바로 북경 대학살이다. 그 때 중국정부는 티벳사람들을 자국민과 똑같이 잔인하게 다루었다. 그러나 망명 중인 정신적 지도자들 중 그 누구도 중국의 우익세력에 협조하라고 말한 사람은 없었다. 티벳의 불교도들은 언제나 중국에 대해 자비를 베풀었으며, 근간에 일어났던 사태의 해결을 티벳의 문제에서 찾을 수 있기를 바라고 있다. 그러니 어찌 이들의 태도를 존경하지 않을 수 있겠는가? 그들이 비록 30년이 넘는 망명생활을 해 왔지만, 그들은 아직도 너무나 긍정적이고 희망에 차 있으며 진실하다. 그들이 가르치는 자기각성, 의미있는 공동체의 개발, 그리고 환경에 대한 지대한 관심들은 이 세상에서 언제나 긍정적인 모습으로 다가오고 있다.

　티벳사람들은 자신의 처지를 이해하기 위해 불교를 활용해 왔다. 자신이 갈등에 빠져있음을 자각한 사람들 대부분은 문제를 외부에서 찾지 않고 내부에서 찾으면서 자기 성찰을 준비하고 있다고 생각한다. 따라서 다음과 같이 제안한다. 그대가 지금 갈등을 느끼고 있다면, 그대에게 가장 심한 고통을 주고 있는 사람을 가만히 떠올려 보라. 그대가 가장 혐오감을 느끼는 모습을 떠올려 보고, 그들이 평소에 고통을 준 행동에 대해 생각해 보고, 그대가 너무나 부당하다고 여기는 것을 되새겨 보고, 어째서 그들이 그렇게 하게 되었는지 이해해 보라. 그들의 동기와 열망을 하나하나 따져 보고 그들이 갖고 있을지도 모르는 선입견이나, 편협한 생각, 증오·노여움의 대상을 생각해 보라. 그대의 마음속에 이해와 자비심이 일어날 때까지 이런 식으로 계속 명상한다면, 그대의 노여움과 불쾌함이 사라짐을 느낄 수 있으리라. 그대가 다른 사람을 이해하여 마음이 풀어질 때까지 똑같은 사람에 대해 이 과정을 반복해야 할지도 모른다. 이는 갈등과 노여움을 해결하는데 이용될 수 있는 많은 명상법 중에 하나이다. 또 하나는 똑같은 방법으로 자신에 대해 곰곰히 생각해 보는 것이다. 혹시 지혜의 부족이나 집착 때문에 고통을 받고 있는 것은 아닌지를 따져 보아야 하리라.

　갈등 속에서 비폭력은 비폭력적으로 해결하기 위한 수단이면서, 동시에 바람직한 목적 자체이다. 불교도들은 자기 성찰과 정념(正念)수련으로 갈등을 해결해야 한다. 한 사람 한 사람이 비폭력을 생활 속에서 실천할 수 있다면, 그것이 바로 사회의 비폭력이라는 씨앗이 싹트도록 물을 주는 것이라고 생각해 본다.

5장 여성과 불교

불교의 등장은 여성의 사회적 지위에 어떤 영향을 미쳤을까? 불교는 여성을 중시하는 사상일까? 그 반대일까? 불교가 있기 전에 인도에서 여자란 매우 하찮은 존재였고, 딸은 부모에게 걱정거리일 뿐이었다. 만약 딸에게 신랑감이 없다면 부모의 체면은 말이 아니었으며, 결혼한 여자는 아들을 낳기 위한 도구에 불과했다. 여자의 일생은 남편과 시부모를 위한 헌신적인 봉사로 일관되었으며, 가족 내에서 여성의 권위는 찾아볼 수 없었고 공식적인 활동은 꿈도 꿀 수 없었다. 남편이 죽으면, 아내는 시아버지나 아들의 소유로써 보잘것없는 삶을 이어 나가야만 했다. 여성이 인정받을 수 있는 유일한 경우는 아들을 낳았을 때뿐이었다. 그런데 이런 상황은 비단 인도뿐만 아니라, 아시아 전역에서 벌어지고 있었다.

그러나 부처가 나타나면서 인도사회에 변화가 일기 시작했다. 부처의 가르침을 따르던 일부 남성들은 일상생활에서 헌신, 자기 희생, 용기, 인내를 끊임없이 보여준 여성들을 높이 인정하였다. 실제로 부처는 남녀를 구분하지 않았으며 남녀 모두에게 가르침을 주었다. 당시로서는 매우 놀라운 일이었다. 부처는 지식인 계급인 브라만이 갖는 절대적인 권위에 정면 대결해 나가면서, 카스트의 높은 계급에 있다고 해서 윤리적인 면에서도 반드시 뛰어난 것은 아니라고 주장하였다. 부처는 남자와 여자를 동등한 위치에 두었다. 결과적으로 여성은 평등과 존경, 그리고 이전과는 비교할 수 없는 권위를 가질 수 있었고, 그들의 사회적 지위도 향상시킬 수 있었다. 여성들 자신도 사회에서 종족을 번식시키는 일 말고도 생산적인 활동을 할 수 있다고 스스로 깨닫기 시작했다.

  이제 어린 소녀들은 더 이상 골칫거리가 아니었으며 부모들은 여자아이를 낳았다고 해서 실망할 필요가 없었다. 그리고 여성들에게 보다 많은 자유가 주어져, 결혼만이 삶의 유일한 목적으로 여겨지지 않게 되었다. 따라서 결혼하지 않는다고 해서 부끄럽게 생각하지 않았고, 굳이 어린 나이에 결혼해야만 한다는 강박관념이 사라졌으며, 부모가 선택한 남자를 거부할 수도 있었다. 아내로서의 여성은 가정에서 어느 정도의 권위를 가질 수 있었고, 세상사나 정신적인 문제에 대해서도 남편과 동등하게 대화를 나눌 수 있는 상대가 되었다. 특히 어머니로서 여성은 이전과 비교할 수 없을 만큼 존중과 공경을 받았다. 부처는 최고 계급인 브라만과 깨달은 사람인 아라한에게, 자신의 어머니를 최고의 스승으로 삼으라고 가르쳤다. 만일 과부가 되더라도 그녀는 재수없는 여자라는 멍에를 짊어지지 않았고, 재산을 상속받아 자립할 수도 있었다. 이렇듯 여성들이 자신의 삶을 마음껏 누릴 수 있게 된 것은 불교의 공덕이라 해도 과언이 아니다.

여성들의 삶에 가치를 부여하자는 의지가 일어나면서, 이러한 삶을 살고자 하는 여성들은 보다 독립적인 삶을 찾아 나섰다. 불교 초창기부터 부처의 가르침에 충실했던 평신도 여성들 중에는 이미 수도원생활을 통해 구도의 길을 걷고자 하는 여성들이 있었는데, 이들이 마하파자파티(Mahapajapati)와 그의 숙모와 대모가 이끄는 여성단체였다. 그러나 이들은 부처가 깨달음을 이루고 난 후 5년이 지나서야 부처를 만날 수 있었다. 부처는 그들의 요구를 세 번이나 거절했는데, 부처의 사촌이자 제자인 아난은 부처의 정의감과 진실함에 호소하여 이 여성들의 요구를 받아들이게끔 하였다. 아난의 호소가 부처의 생각을 바꾸게 하였는지, 부처는 여성도 남성처럼 신앙생활을 하면서 구도의 길을 걷는 것을 허락하였다. 구도의 길을 여성들에게 제한하지 않았다는 것은 그 이전의 다른 종교양태와 비교할 때 혁명적인 수용이라 해도 과언이 아니다. 율장(律藏)에는 부처가 아난에게 강한 어조로 여성구도의 중요성을 말하는 구절이 있다.

"아난아! 만일 여래가 여성들이 출가하여 여래의 인도(引導)하에 진리를 추구하며 수도하는 것을 허락하지 않았더라면, 전통적인 가르침은 조금도 흔들림 없이 지속될 것이다. 그리고 그 가르침은 천 년 동안 탄탄히 자리잡을 수 있었을 것이다. 그러나 여성들이 이러한 허락을 받아낸 지금, 그런 가르침은 그만큼 지속할 수는 없을 것이다. 이제 그 가르침은 오백 년이 지나면 흔들리게 될 것이다."

이 말은 크나 큰 오해를 불러일으킬 수 있다. 잘못 해석하면 여성승단에 치명적인 피해를 입힐 수도 있다. 그렇지만 부처가 여성승려들을 반대했다는 뚜렷한 증거는 없다. 만일 위 인용문을 주의깊게 새겨본다면, 부처는 여성들의 깨달음에 대한 서원을 높이 평가했음을 알 수 있다. 부처는 남성만의 천 년보다는 여성과 남성의 오백 년이 값지다고 판단한 것이다. 부처의 가르침이 상가를 오염시키지 않고 가능한 원형대로 오랫동안 지속하기를 바랐음에도 불구하고, 가르침의 원형이 훼손되는 것을 감내하면서 여성들에게 구도의 길을 허락한 것은 여성들에게 진리의 길을 갈 수 있는 기회를 제공하는 게 훨씬 더 중요하다고 강조한 듯하다.

남성승단과 여성승단의 교류는 남성승려와 여성승려를 성적인 유혹에 노출되게 하였고, 이전보다 더 큰 자기 절제가 필요하게 되었다. 유혹을 느끼고도 이를 이겨냄으로써 자아발전을 이룬 사람들은 한번도 유혹을 느끼지 못한 사람들보다 더 높은 경지에 다다를 수 있다. 이러한 정신적인 갈등과 극복은 아무런 문제없이 단조롭게 수양하는 것보다 더 잘 여문 열매를 거둔다. 실제로 부처 자신도 유혹을 받고 이겨냈었다. 그런 체험으로부터 그는 해탈의 경지에 다다를 수 있었다. 그러므로 유혹을 겪는 것은 궁극적 해탈을 추구하는 사람들에게 좋은 예비수행으로서, 열반의 경지에 다다르기 위한 노력에 있어 상당한 가치를 지닌다.

부처는 여성들에게 자유의 역사를 개척하는 한줄기 빛을 선사했다. 그리고 그 과정 속에서 여성의 자유를 끊임없이 향상시켜 왔다. 비록 불교의 역사를 주도했던 남성승려들이 여성들을 거부하거나 경시하기도 하였지만, 불교에서 여성의 공헌은 결코 무시할 수 없다. 부처의 신성한 가르침을 받은 대다수의 여성은 남신도의 어머니와 부녀자, 딸들이었다. 그들은 충실함과 관대함으로 여신도들의 세력을 공고히 했다. 불교도가 되려는 결심과 계율을 지키기 위한 노력은 그들 자신과 다른 여성들의 자유를 향한 의미있는 발걸음이었던 것이다.

불교에서는 열반에 들 수 있는 능력은 여성이든 남성이든 선천적으로 동일하다고 선언한다. 테리가타(Therigatha)에 담겨진 시들 중 하나를 쓴 소마 테리(Soma Theri)는 이 같은 확신에서 여성의 평등에 대한 분명한 호소를 시에 담았다.

"여성으로 태어났다고 해서
무엇이 해롭다는 것인가?
정신을 집중하여
밝은 통찰력을 얻는 때는 언제인가?

'이러한 것을 이루는 순간
내가 남자인가 여자인가?' 라고
내가 스스로 묻는다면,
나는 마라의 이야기를 하련다."

---

* Samyutta Nikaya 2권 Susan murcott, 『최초의 여성 불교도 ; Therigatha에 대한 번역과 감상』, (Berkeley, Parallax Press, 1991) 159-160쪽. 마라는 불교신화에 나오는 유혹의 화신이다.

언젠가 부처는 담마딘나 테리(Dhammadinna Theri)의 답변에 관해 자신의 생각을 다음과 같이 이야기한 적이 있다. "위대한 지혜에 관한 가르침은 담마딘나의 말에 모두 담겨있다. 만일 그대가 나에게 묻는다 해도, 나는 그녀와 똑같이 답변할 것이다. 그녀의 답변은 정확했다. 그러므로 그대는 담마딘나의 말을 명심해야 하리라." 부처는 카란잘리 테리(Kalanjali Theri)가 평신도에게 행한 설법에 대해서도 똑같은 방법으로 칭송했다. 또한 부처는 다른 여신도들에게도 다양한 비유로 칭송했다. "다른 신도들의 마음을 측정하기 위한 척도", "가장 위대한 설교자", "천상의 식견을 가진 최고의 지위", "해탈에 이른 사람들 중에서도 가장 뛰어난 사람", 그리고 "높은 경지의 깨달음을 얻은 사람들 중에서도 최고" 등등이 그 예이다.

부처가 살던 시대로부터 3백 년 후 아쇼카왕의 시기까지, 여신도들의 활동은 성공적이었으며 남성들처럼 세상 사람으로부터 존경과 추앙을 받았다. 아쇼카왕도 그의 아들 마힌다(Mahinda)와 그의 딸 상가미타(Sanghamitta)를 성스런 수도원에 보냈는데, 그후 그의 딸은 스리랑카에 불교를 전파한 유명한 법사가 되었다. 불교의 절정기에 이르러서는 여신도들의 수도 상당했었을 것이다.

아쇼카왕 시대 이후 여신도들의 지위가 스리랑카에서는 계속 상승해 나간 반면, 인도에서는 왕실의 후원이 사라지면서 차츰 떨어지게 되었다. 부처는 불교적 사회를 이루는 네 가지 요소가 남성승려인 비구, 여성승려인 비구니, 남성재가신도, 그리고 여성재가신도라고 분명히 말했었다. 그러나 세월이 흐르면서 평신도들이 상가에 물질적 도움을 주지 못하자, 평신도들은 부처의 가르침을 더 이상 승려들과 함께 배울 수 없게 되었다. 그 결과 승려와 평신도 사이의 공생적 관계는 유지될 수 없었다. 이것이 인도에서 불교가 쇠잔하게 된 주요 이유 중 하나이다. 이후 이슬람교도의 침략으로 불교의 쇠잔은 더욱 가속화되었다. 비록 스리랑카에서 출가승려와 재가신도의 신앙은 오랫동안 남아있었지만, 끝내 여성들의 지위는 실추되었다.

오늘날 스리랑카와 동남아시아 지역에 널리 퍼져있는 상좌부 불교의 전통에 따르면, 한번 수도회가 소멸하면 다시 설립할 수 없기 때문에 여성승려들의 수도회를 되살리기란 불가능하다고 한다. 반면 대승불교에서는 여성승려의 계보가 여전히 지속되어, 한국과 중국, 티벳, 베트남에는 현재에도 비구니들이 많이 있다.

1959년, 티벳여성 한 명이 시암에서 여성승려 수도회를 되살리고자 했다. 그녀는 타이완에서 수계를 받고 약간의 공식적 지원을 받아, 여성승려 수도원을 설립하기 위해 시암으로 왔다. 그러나 시암에는 상좌부 불교만이 국가종교로서 인정되었기 때문에, 그녀가 대승불교를 믿고 실천하는 것은 개인적인 일로 간주되었다. 이것은 시암에서 이슬람교와 기독교에 보여준 정부의 공식적인 입장과 다를 바 없다. 30년이 더 지난 지금, 그녀는 타이의 유일한 비구니로 남았다. 정부와 상가는 그녀가 가난한 사람들을 위해 헌신하고 있다는 것을 안다. 특히 고아원 운영을 비롯하여 사회복지 분야에 크나 큰 공헌을 하고 있다는 것을 알고 있으면서도, 그녀를 공식적인 승려로 인정하지 않고 있다. 시암에서 칠백 년이 넘게 이어져 온 상좌부 불교 외에 다른 불교를 신봉한다는 사실을 그들로서는 이해할 수 없기 때문이다.

여성재가신도는 사회를 위해 좋은 일을 할 수 있고, 효과적으로 신앙생활에 전념할 수 있다. 시암과 버마, 스리랑카에서는 여성재가신도가 머리를 깍고 흰색과 붉은색의 승복을 입음으로써 수계를 받는다. 그러나 그들은 전문적 지식의 부족으로 비구니라는 더 높은 성직을 임명받지는 못한다. 비구니의 계보는 끊어졌고 한번 끊어진 계보는 다시 되살릴 수 없게 되었다. 이 때문에 동남아시아 불교국가의 남성신도들 대부분은 승려의 명맥을 지속시키기 위해 일시적이나마 비구가 되려는 의무감을 갖고 있기도 하다.

스리랑카와 동남아시아에서 수계를 받은 여성신도들은 재가신도로부터 존경받지 못한다. 신앙생활을 하는 여성들의 지위는 남성신도들에 미치지 못한다. 부분적으로는 여성신도 수도원이 타락했기 때문이기도 하지만, 또 다른 측면에서 보면 신앙생활을 하는 여성들을 올바로 조직하지 못했기 때문이기도 하다. 비극적인 것은 이 지역에서 여성수도원은 삶을 실패한 여성들을 위한 도피처로 받아들여지고 있다.

최근 시암에서는 수계받은 여성재가신도들 사이에 새로운 움직임이 일고 있다. 자신들의 조직을 타이여성불자회(Thai Buddhist Sisters)처럼 불전연구와 명상수행을 지원하는 곳으로 개편하려는 시도가 그것이다. 또한 그들은 전통적 남성승려사회인 상가와 다른 방식으로 새로운 사회사업을 시도하고 있다. 이것이야말로 가장 중요한 발전 중의 하나라 할 수 있다. 그들이 정신적·지적으로 높은 경지에 오른 것처럼, 문화적·사회적으로도 자신들을 끌어올릴 수 있다면, 많은 사람들로부터 존경을 받을 수 있고 사회적으로도 인정받을 수 있을 것이다. 그리고 이것이 바로 부처의 가르침을 역행하고 있는 성차별의 문제를 부처의 가르침대로 되돌리는 일이다.*

60여 년 전, 붓다다사 비구(Buddhadasa Bhikkhu)는 "해탈의 정원(Wat Suan Mokh)"을 승려뿐만 아니라 남녀 평신도들을 위해서도 개방하였다. 그러나 여전히 여성들은 자신의 어머니만큼 존경받을 만한 일을 담당하지 못하고 있다고 느낀 그는, "해탈의 정원" 60주년을 맞아 여성을 존중하는 운영형태로 개편했다. 이처럼 매우 실험적인 시도를 목도하면서, 모든 상좌부 불교 국가에서 여성승려 계보가 회복될 수 있으리라는 희망을 갖는다.

여성승려가 대승불교 국가에서 여전히 존재하고 있다는 사실은 대단한 일이다. 하지만 그 곳에서도 역시 여자승려들의 지위는 남자승려보다 낮다. 단언하건데, 이는 불교의 진면목이 아니다. 율장에 따르면, 부처가 남자승려가 여자승려보다 우수하다고 가르친 것은 사실이다. 하지만

---

* 이러한 발전의 완전한 논의는 Chatsumarn Kabilsingh의 『타이여성의 불교』(Thai Woman in Buddhism; Berkeley: Parallax Press, 1991)를 보라.

이 말은 부처가 그 당시의 관습에 국한해서 말한 것임을 명심해야 한다. 부처는 남녀가 깨달음을 얻을 수 있는 능력이 선천적으로 같은 것처럼, 비구와 비구니 역시 평등하다고 말했다. 이러한 부처 가르침의 참 정신을 바로 새겨야 할 것이다.

불교국가에서 부처의 삶과 가르침을 제대로 연구한다면, 오늘날의 수많은 선입견과 편견, 무지는 줄어들 것이다. 시암에는 약 250,000명의 승려가 있고, 유감스럽게도 그 두 배의 매춘부가 있다. 이것은 국가제도가 기능장애를 일으키고 있음을 대변하는 것이다.

따라서 이제는 이러한 국가제도는 맨 밑바닥에서부터 재검토 되어야 한다. 마지막으로 한마디 말하자. 이런 여러 문제를 해소하려면 반드시 아시아 불교 전통을 되살려야 한다. 아시아 불교 전통 속에 경건하고 역동적인 삶의 모델을 재창조할 수 있는 단서가 있음을 확신하기 때문이다.

6장 사회변혁을 위한 불교의 대안

불교사상의 핵심 이론은 존재와 존재, 인식·행위 주체와 대상 간에는 "상호 의존적[緣起的] 상관관계"가 있다는 것이다. 불교에서는 "일원적(一元的) 근거"에 의한 존재의 발생을 설정하지 않는다. 대신에 심리, 문화, 경제 그리고 정치·사회 구조를 포함하는 "수많은 원인과 조건들"을 중시한다. 불교에서 말하는 까르마(Karma, 業)는 개인적인 것인 동시에 사회적인 것이다. 따라서 불교는 주도적인 심리규범(prevailing psychological norm)과 이에 길항적인 심리규범(counter-psychological norm)을 균형있게 전체적으로 조망하라고 가르친다. 마찬가지로 주도적인 문화, 경제, 정치·사회 구조와 군사·산업 정책과 이에 길항적인 문화, 경제, 정치·사회 구조와 군사·산업 정책을 균형있게 전체적으로 조망하라고 가르친다.

주목할만한 길항문명으로서 하나의 실험적인 사례가 바로 불교의 상가이다. 상가는 어떤 특정한 시기에 만들어진 것은 아니다. 상가는 기본이념인 협동과 무소유, 그리고 만민평등 민주주의를 이천 오백 년 이상 지키고 있으며, 심지어 구체적인 의식주 방식이었던 가사와 바루까지도 그대로 보존하여 왔다. 그들은 사회를 향하여 평화와 안정을 전파하면서, 그들의 추종자가 비폭력적 윤리와 사회적 복지를 지향하도록 인도했다.

부처가 열반에 든 후, 여러 상가집단이 국가권력의 경제적 후원을 받으면서 차츰 중앙집권화, 귀족화되어 갔다. 그렇지만 부처 가르침의 근본인 무소유의 정신과 자기 성찰은 오늘날에도 면면히 이어져 불교공동체 발전에 매우 중요한 역할을 하고 있다.

불교의 오랜 역사를 살펴보면, 언제나 상가는 왕을 선도해 왔음을 알 수 있다. 인류의 미래를 전망하기 위해서는 지난 역사를 반추해 보는 일이 필요하다. 예로부터 분쟁이 발생했을 때 비폭력적이고 민주적인 방법으로 해결하는 정치관을 갖춘 왕은 선정을 베풀었고, 그런 왕은 칭송받아 왔다. 평소 선정을 베푼 왕의 주위에는 도덕적인 정치 엘리트의 도움이 있었던 것은 두말할 나위도 없거니와, 상가가 적절히 도움을 주었던 것도 결정적인 뒷받침이 되었다. 이제 우리는 지배와 속박으로부터 벗어나 지역공동체의 자주(自主)를 지향하는 운동을 적극 지지해야 한다. 현대적 상가는 부처의 노선을 따르려 하는 모두를 감싸안아야 하며 비구에게만 기회를 주어서는 안된다. 초기 경전에서, 부처는 불교적 사회를 이루는 네 요소로 비구, 비구니, 남성재가신자 그리고 여성재가신자를 들었다. 이로 미루어 보면 상가는 품행이 좋은 사람이라면 누구든지 포용한다고 말할 수 있겠다.

불교적 사회모델을 만들기 위해서는, 불교가 지향하는 사회질서와 사회정의는 무엇인가에 주목해야 한다. 이를 위해서는 우선 세속통치력에 대해 언급한 불교문헌을 검토하는 작업부터 하는 것이 바람직하다. 통치자 자신이 통치자와 사회와의 관계에 대해 언급한 이야기는 수도 없이 많다. 예를 들어 전륜성왕에 대한 이야기도 그 중 하나이다.

초기 불교에 의하면, 왕은 열 가지 의무를 다해야 했다. 이 중 두 가지는 외교에 관한 것으로 평화협정과 전쟁방지이고, 나머지 여덟 가지는 국민들에 관한 것으로 정직, 관용, 준엄, 자기 헌신, 자비, 인내, 외적으로부터 백성의 보호, 국민의지의 존중이 그것이다. 이미 초기 불교 당시에 사회정의와 평화는 정부가 얼마나 원대한 이상을 가지는가와 밀접히 관련되어 있다는 사실을 명확히 천명했다.

다음의 두 이야기는 불교적 이상사회 모델이 무엇인가를 보여준다. 디가 니까야(Digha Nikaya)의 한편인 아가냐 수타(Agganna Sutta)는 무위(無爲)의 이상세계를 묘사하는 것으로 시작한다. 생명력으로 충만한 존재는 기쁨 속에서 살며 선과 악의 극단적인 대립도 없고, 부자와 빈자, 지배자와 피지배자 간의 대립도 없다. 세상은 부드럽고 달콤한 먹거리로 꽉 차 있다. 그렇지만 슬프게도 이런 황금시대의 이상은 점점 아득히 멀어져 갔고, 세상 사람들은 탐진치(貪瞋癡)에 빨려 들어가 버렸다. 그리고 끝내 세상은 혼돈에 빠지고 말았다. 이윽고 사람들은 질서를 회복하기 위하여 왕을 뽑기로 했다. 사람들은 머리를 맞대고 의논하여 왕을 선출했다. 여기서 선출된 왕은 군주로서의 맡은 바 임무를 다했고, 선출한 이들은 왕에게 양식을 대주었다. 이 이야기에 의하면 선출된 왕의 존재는 혼돈과 탐진치를 예방하는 일종의 장치라 할 수 있다. 왕은 군림하는 지배자일 수는 없었다. 따라서 지배자인 왕과 피지배자인 백성들 사이에 일종의 사회적 계약이 존재했다. 물론 그 계약질서를 유지하기 위해서 백성들은 왕을 존중했다.

두 번째 이야기는 "우주왕"의 전설이다. 이 이야기의 전거는 디가 니까야의 시하난다 수타(Sihananda Sutta)이다. 이 이야기도 황금시대를 묘사하는 것으로 시작한다. 이 시기에 사는 사람은 누구나 무척 매혹적인 신체를 가졌고, 모두 팔만 년을 산다고 한다. 이 황금시대는 우주왕인 달하네미(Dalhanemi)의 선정(善政)으로 유지되었다. 다만 첫 번째 이야기의 왕과 다른 점이 있다면, 우주왕은 무엇이 선인가를 알고, 다르마에 따라 통치했기 때문에 매우 적극적인 역할을 담당했다는 것이다. 따라서 이 시대에는 가난, 악의, 폭력, 악행 따위는 존재하지 않았다.

전통적으로 우주왕은 32가지의 표식과 7가지 보석 그리고 신분을 나타내는 휘장들과 함께 묘사되어 비범한 존재임을 과시했다. 이 중 가장 중요한 상징은 커다란 수레바퀴이다. 달하네미의 통치기간 초창기부터 그의 머리 위에는 바퀴가 떠 있어 바퀴의 인도에 따라 동서남북의 네 대륙을 바다 끝까지 정복했다고 한다. 바퀴가 굴러가는 곳마다 왕은 아무런 저항도 받지 않았는데, 마지막으로 바퀴는 왕을 세계의 한복판으로 인도한 후, 왕궁이 공중에 떠서 왕권을 상징했다고 한다. 평화스러운 그의 통치시기가 끝나면 바퀴는 내려앉기 시작했다고 전해진다. 바퀴가 땅속으로 완전히 모습을 감춘 후, 왕은 아들에게 왕위를 물려주고 숲 속으로 들어가 성자로 살았다고 한다.

이 이야기에서 주목할만한 점은 다르마의 바퀴[法輪]가 다음 왕에게 자동으로 이어지는 것이 아니라는 사실이다. 달하네미의 아들이 정통성을 인정받기 위해서는 자신의 노력으로 바퀴를 불러내야만 했다. 그런데 유감스럽게도 다르마의 바퀴는 지금까지 보이지 않고 있다. 그리고 이 이야기는 훗날 세상이 타락할 것을 암시라도 하듯, 씁쓸한 여운을 남기고 있다.

이후 공중 위로 바퀴를 불러낼 수 있었던 왕은 불과 몇 세대뿐이었다. 몇 세대의 우주왕이 이어지다가, 다시는 바퀴가 나타나지 않았다. 사람들은 당시 왕의 통치에 잘못이 있었다는 것을 알았고, 왕의 통치에 반기를 들었다. 이야기는 더욱 재미있게 꾸며져 사람들의 입을 통해 구전되었는데, 그 당시의 상황을 경전에서는 다음과 같이 그리고 있다. "가난한 이들에게 먹을 것을 주지 않으니 가난이 홍수처럼 퍼져 나갔다. 가난이 퍼져 나가니 도둑질이 잡초처럼 만연했다. 도둑질이 만연하니 폭력이 불길처럼 번졌다. 폭력이 번지니 살인이 밥먹듯이 흔해졌다. 살인이 흔해지니 인간의 존엄성은 헌신짝처럼 내버려졌다."

이야기는 더 진행되어, 인간의 존엄성은 땅에 떨어지고 무정부 상태에까지 이르는 것으로 그려지고 있다. 두 이야기에는 공통점이 있다. 만일 지도자가 이상대로 살지 않을 경우, 감당 못할 혼란이 초래된다는 것을 경고하고 있다는 점과 지도자는 엄청난 책임의 짐을 지고 있다는 사실이다.

반면에 두 이야기에서 다른 점을 발견할 수도 있다. 전자의 선출된 왕은 세상의 붕괴를 막으려는 목적으로 임시로 옹립한 왕이므로, 필요 있을 때만 존재 가능하며 황금시대에는 어떠한 왕도 요구되지 않는다. 그러나 후자의 우주왕은 황금시대를 지키는 핵심역할을 담당한다. 그가 없으면 황금시대는 불가능하다. 그가 있으므로 해서 평화와 번영이 보장되는 것이다. 또 법륜이 구르는 한, 그는 정통성을 부여받고 선정을 베풀 수 있는 것이다.

남아시아와 동남아시아의 왕들은 이 두 이야기로부터 지대한 영향을 받아왔다. 법륜을 굴리는 우주왕의 정형으로서 역사상 실재했던 통치자로는 고대 인도의 아쇼카왕을 들 수 있다. 그는 바른 통치로써 거의 모든 인도대륙을 통치했다. 그 밖에 실론과 버어마, 시암의 왕들도 "다르마를 따르고 법을 통치의 기준으로 삼아 복지를 증진시키고 백성들을 보호하기"에 최선을 다하였다.

불교에서는 지도자가 지녀야 할 덕목과 의무의 하나로 빈곤의 퇴치를 드는데, 이 점은 특기할만하다. 빈곤은 인류발전의 장애물이며, 범죄와 무질서의 원천으로 간주되었으며, 반면 경제적 자립은 개인의 행복과 사회안정에 선결조건으로 간주되었다. 따라서 통치자는 국민의 경제적 자립을 자신의 임무로 삼아야 했다.

흔히들 불교는 빈곤의 문제를 욕망의 문제로 환원한다고 생각한다. 즉, 많은 사람들이 빈곤을 검소나 절제처럼 지켜야 할 덕목으로 생각하는 듯하다. 그러나 사실은 그렇지 않다. 부처가 빈곤을 높게 평가한 적은 한번도 없었다. 정작 부처가 중요하게 여긴 문제는 어떻게 돈을 버는가와 어떻게 쓰는가 하는 문제였다. 부처는 재물을 모으는 일에 집착하지 말라고 했다. 왜냐 하면 재물에 대한 집착은 더 큰 집착과 고통을 잉태하기 때문이다. 따라서 부처는 부정한 방법으로 돈을 모으거나 헛되이 낭비하는 것은 죄악이라고 단호하게 경고했다.

    다음은 불교에 귀의한 어느 존경할만한 신자의 이야기이다. 이야기의 주인공은 정당한 방법으로 부를 축적하려고 노력했으며, 다른 사람들과 자신의 행복과 선행을 위해 돈을 쓰려 애썼다. 그리고 이 신도는 많은 재화를 상가와 가난한 이들을 위해 바쳤으며 이를 통해 정신적인 자유를 얻었다고 한다. 이 이야기를 통해서 소유의 위험을 자각하고 정신적 해방의 본질을 엿볼 수 있다.

    정직하고 효율적인 정부가 있는 이상적인 불교사회에서는, 빈곤이 있을 리 없다. 아니, 이 사회에서는 누구라도 경제적인 충족감을 누릴 것이다. 다만 예외가 있다면 승려들이다. 이들은 풍족한 생활을 원치 않는다. 이들은 자신들의 뜻에 따라 시주에 의해서만 생필품을 공급받는다. 과거에 이야기되었던 이런 이상사회는 실제로 존재하지는 않았을 것이다. 그러나 적어도 불교국가에서는 이상사회를 꿈꾸며 불교의 덕목과 교리를 실현하려고 애쓴 왕들이 있었음을 알 수 있다. 또 백성들은 불교의 덕목들을 기준으로 삼아, 왕과 지도자가 잘 통치하고 있는가를 가늠할 수 있었다.

시암의 몽쿠트(Mongkut)왕은 자신의 통치권 시효는 백성들이 자신을 인정하는 시점까지만이라고 천명했을 뿐만 아니라, 백성들은 자신의 통치권을 소추할 수도 있다고 말했다. 그 이후로 시암의 모든 왕은 취임할 때 "나는 공평무사하게 통치하겠노라"고 선언한다. 불교적 관점에서 보자면, 공평무사한 통치자가 아니라면 그 사회는 존립할 수 없다. 몽쿠트왕의 아들인 출라롱콘(Chulalongkorn)왕은 그의 왕세자에게 다음과 같은 글을 전했다.

"재산을 모으려 하거나 자신의 목적을 위해 타인을 짓밟으려 하는 자는 왕이 될 수 없다. 또 원한에 사무친 이나 안일한 삶을 살려는 이도 왕이 될 수 없다. 왕이 되려는 이는 가난해야 하며, 행복과 고통에 직면하여 참을 줄 알아야 하며, 태만을 물리쳐야 하며, 애착과 증오- 설사 이런 감정이 자신의 마음속에서 일어난 것이든, 다른 사람들의 압살에 의한 것이든-를 자제할 수 있어야 한다. 왕이 되려면 죽음이라도 무릅쓸 수 있는 명예와 백성들을 고통으로부터 지켜내는 사명감을 먼저 간직해야 한다. 이 두 가시 기본 원칙은 마음속 깊이 어떤 것보다도 소중히 간직하고 있어야 한다. 이런 마음가짐 없이 왕이 되려는 것은 실로 가소로운 일이다."

불교적 이상사회에서는 일반 시민도 의무를 부여받는다. 반면 사회는 백성들이 정직하고 도덕적이면서, 관대하고 인내심 많은 신념을 지닐 수 있도록 도와 주어야 한다. 백성들이 좋은 환경에서 좋은 사람들과 교류하면서, 생기있고 재기발랄하며, 건설적이고 균형잡힌 생활을 할 수 있도록 만드는 것은 더 없이 중요하다. 거꾸로 사람들이 사회에 대해 해야

할 일도 물론 있다. 누구라도 다른 이들과 좋은 관계를 유지하면서, 다른 이들의 행복과 안락에 기여해야 하는 것이다.

지도자들은 자신의 행복과 다른 이들의 행복을 위해서, 그리고 탐진치가 소멸된 사회를 이루기 위해서, "지혜로운 방법〔方便〕"을 사용해야 한다. 물론 공평정대함과 도덕성은 기본이다. 이와 관련한 부처의 말을 보자.

"왕이 공평정대하면 신하들이 본받고 브라만과 왕족이 뒤따르며 시민들과 촌부들도 뜻을 이어 받는다. 이는 마치 해와 달이 스스로의 궤도를 가는 것과 같다. 또 별자리와 별들이 스스로의 궤적을 가는 것과 같으며, 낮과 밤, 보름과 그믐, 사계절이 주기적으로 반복하는 것과 같다. 또한 바람이 계절에 따라 반복해서 부는 것과 같다. 이렇게 사는 사람은 탈없이 유복하게 오래 살 것이며, 질병에 걸리지 않고 건강하게 살 것이다."[1]

더불어 부처는 이상적인 사회에 대하여 다음과 같이 말하고 있다.

"사람들이 정직하고 사려깊다면, '무명(無明)의 해소'를 삶의 지침으로 삼을 수 있을 것이다.

사람들이 이렇게 산다면, 이상사회는 멀지 않다. 비구들이여! 바라나시(Varanasi)에 케투마티(Ketumati)라는 작은 왕국이 있었다. 이 왕국은 곡식이 풍족하고 부유하여 발전일로에 있었으며, 인구는 점점 늘어갔다. 비구들이여! 잠부드비파(Jambudvipa)에 있던 팔만 사천 여 개의 도시들은 모두 케투마티를 모델로 삼으려 했다. 공평정대한 우주왕이 태어난다면, 사람들은 어느 곳에서나 평화와 정의 속에서 살 수 있을 것이다."[2]

대다수 불교도들의 뇌리 속에는, 우리 시대에 이런 이상향을 건설하기는 어렵지만 미륵불 시대에는 반드시 도래하고야 말 것이라는 꿈이 있다. 경전 시대 이후 어떤 지침서에서는 부처의 가르침은 오천 년 이상을 지속하지 못할 것이라고 경고하고 있다. 게다가 부처 사후, 이천 오백 년 이후부터 부처의 가르침은 현실적으로 생명력을 상실해 간다고 한다. 이런 경고를 문자 그대로 받아들이고 역사적 추세를 눈에 보이는 그대로 이해한다면, 앞으로의 상황은 좋아지기는커녕 갈수록 나빠지기만 할 것이다.

과거에 어떤 통치자가 정통성을 상실했을 때, 불교는 은유적인 예언으로 부패한 권력의 전복을 부채질했다고 한다. 이 말에 대한 증거를 제시할 수 있다. 13세기경 동남아시아의 조그만 나라가 독립할 수 있었던 예가 그것이다. 당시에 그 지역은 크메르의 혹독한 지배를 받고 있었다. 그 때에 크메르에서는 통치 엘리트와 봉신(封臣)의 이익을 위해 대승불교와 힌두교를 함께 믿고 있었다. 사람들은 이에 저항했고, 마침내 독립을 이룰 수 있었다. 드디어 새로운 사회가 건설되었는데, 이 사회에서는 불교의 상가가 공평한 민주주의와 자유, 만민평등사상의 모델로 채택되었다.

지금의 상황도 이와 다르지 않다. 비통하게도 현대의 통치자들-심지어 불교국가의 통치자마저도-은 모두 실패했다고 평가해야만 한다. 그럼에도 불구하고, 아니 어쩌면 이런 까닭 때문에, 불의에 항거하고 부정을 종식시키려는 종교의 선각자 역할이 되살아나고 있는 것인지도 모른다.

불교가 세계평화와 사회정의 회복에 기여할 수 있으려면, 현존하는 불의와 폭력의 구조에 대해 면밀히 파고들어야 한다. 나아가 뜻이 같은 다른 종교나 이데올로기와도 협력해야 한다. "우리는 지나칠 정도로 많이 생산하고 그렇게 유능한데, 모자란 곳을 돕는데는 왜 그다지도 인색하고 추하게 구는가?"라는 질문을 끊임없이 던지면서 말이다.

과연 재화가 부족한가? 세계평화와 사회정의를 이룰만한 재화는 충분히 있다. 하지만 끝없는 탐욕을 채우기에는 재화는 너무 부족하다. 그렇다면 지금 현실은 어떤가? 소중한 자원들이 무기제작과 사치품제작, 마약밀매에 엄청나게 쓰여지고 있지 않은가? 그러면 어떻게 해야 하는가? 개인적으로는 자원을 아껴 써야 하고, 사회적으로는 여러 사람들과 힘을 합쳐 이런 구조를 올바른 방향으로 바꾸어 나갈 수 있도록 노력해야 한다.

여기서 불교도라고 자처하는 사람들의 숫자는 특별하게 중요한 문제가 아닐 수도 있지만, 불교윤리와 불교수행 그리고 불교적 통찰력은 기본 전제이다. 그러나 우리가 진정 개인 간의 혹은 국제 간의 분쟁을 해소하고자 하고, 인간과 자연을 위한 정의와 평화를 원한다면, 불교뿐만 아니라 다른 종교와 이데올로기를 통해서도 좋은 친구를 사귀어야만 한다. 이러기 위해서는 신뢰할만하고 대화가 가능한 국제기구 마련이 필수적이다. 이런 맥락에서 국제연합은 진정한 세계정부로 거듭 태어나야 한다. 새로 태어난 국제연합은 세계 모든 국민과 문화를 대표할 수 있어야 하며, 소수에 의해 지배되어서는 안된다. 또한 좁은 의미에서의 민족주의는 소멸되어야 마땅하며, 인류 모두를 위해 서로 관심을 갖는 일이 무엇보다도 시급하다.

이제 선진국의 적지 않은 시민들도 자기 나라가 얼마나 부당하게 행동하고 있는지를 깨닫기 시작했다. 나아가 어떤 부류는 자기들 나라의 정부에 맞서 투쟁하기까지 이르렀다. 미국, 영국, 일본 등등에서의 평화운동은 그들의 나라가 전쟁준비에 혈안되어 있음을 역설적으로 보여준다. 강대국뿐만 아니라 강한 영향력을 지닌 각종 협약체제들도 세계에 많은 문제를 야기시키고 있다. 이에 진보적인 이들은 강대국의 독단과 폭거에 반기를 들기 시작했다. 그렇지만 슬프게도 후진국의 진보적인 이들에게는 정권과 외부의 폭력에 항거할 기본권마저도 주어지지 않고 있는 것이 현실이다. 선진국에 살아서 빈곤으로부터 자유로울 수 있는 행운을 누리는 이들은 지금부터라도 새로운 작업을 착수하여야 하리라. 이 새로운 작업을 통해서 이제는 힘이 강한 나라가 저개발국가를 착취하지 못하도록 해야 하며, 저개발국가끼리의 분쟁을 충동질하여 무기를 팔아먹지 못하도록 해야할 것이다. 다시 말해 이제는 선진국의 시민도 세계의 문제에 관심을 가질 때라는 것이다. 개인적 이기심을 전체에 대한 관심으로 전환할 수 있을 때, 조화로운 세상은 오고야 만다. 어떤 문제도 세상 전체의 문제로 이해되어야 하며, 이 문제들은 전체의 집약된 힘으로 해결되어 나갈 것이다.

인간의 탐욕이나 증오, 무지로 인해 야기된 사회문제들을 새로운 반전(反轉)의 기회로 활용할 수도 있다. 그러한 문제들을 해결해 보고자 시도함으로써 보편적 자유를 찾는 기회를 잡을 수 있기 때문이다. 인간이 쌓아온 노력[業力]이 현실과 곧바로 연결되지 않는다면 아무것도 기대할 수 없다. 관념 속의 이론정립과 개념구축만으로 얻을 수 있는 것은 별로 없기 때문이다. 암울한 세계정세도 국가 간의 공정한 질서확립을 위한 범세계적인 노력을 통해 바꿀 수 있다. 따라서 나는 아래와 같이 제안하고자 한다.

- **자본의 세계화에 대한 범 세계적인 대응**

세계경제는 점점 하나로 통합되는 추세이다. 오늘날의 거대 기업은 전 세계적 차원에서 운용되는데, 정치제도는 경제적 현실을 쫓아가지 못하고 있다. 이제 새롭고 힘있는 정치제도가 절실하다. 초국가적 거대 기업들의 활동을 조절하고 세금을 부과할 수도 있어야 한다. 또한 자본의 세계화에 따른 최대의 피해자인 저개발국가 노동자의 기본권 확보에 주목해야 한다. 그리고 활동무대를 전 세계로 넓힌 자본가들을 상대해야만 하는 노동자들을 대변할 수 있는 국제기구를 만들 필요가 있다.

- **저개발국가 간의 정치·경제적 유대강화**

경제정의 실천없이는 세계평화라는 것도 요원한 일이다. 자본의 세계화 시점에서는 더욱 그러하다. 따라서 저개발국가 간의 유대강화는 세계평화의 확립을 위해서 필수불가결한 조건이다. 아프리카 단결 기구,

비동맹 운동, G8과 같은 현존하는 정치기구와 상업 카르텔을 뛰어넘어, 저개발국가의 역량을 결집할 수 있는 새로운 차원의 강력한 제도적 뒷받침이 요구된다.

● 군축협상, 분쟁해소, 안전보장

국가 간의 경제적 상호 의존이 세계적 차원의 경제질서를 위해 당근을 마련하는 것이라면, 그 이면에는 인류공멸을 재촉하는 준비경쟁이 도사리고 있다. 21세기의 세계질서는 세계 군수산업의 내적 모순을 필연적으로 반영하는데, 이에 대한 대비를 늦출 수 없다. 군비경쟁을 채찍질하는 자본의 내적 모순을 직시하고, 군비경쟁과 분쟁을 억제하기 위한 인류적 노력이 절실하게 필요하다.

● 소비주의에 대한 제동

하나의 신앙처럼 소비주의는 인간의 탐욕, 증오, 자기 기만을 부추긴다. 소비지상주의를 몰고 온 근대화와 성장의 이면에는 짙은 그림자가 드리워져 있다. 사람들은 근대화와 성장이라는 이름으로 토착적이고 자족적인 문화를 너무도 가볍게 여겼다. 소비와 물질지상주의 추세에 저항함을 삶의 목표로 삼을 필요가 있다.

● 민주주의, 인류 평등주의, 그리고 이를 구현하기 위한 국제기구

초기 불교도들은 지방분권화와 평등과 민주를 지향하는 사회구조

가 개인이나 사회의 해방을 위해서 가장 좋다고 보았다. 승가공동체와 관련된 문제에 대해 의사를 결정할 때엔, 승가구성원이 모두 모여 직접투표로서 결정하였다. 오늘날 불교도의 국제적 연대는 특정 국가의 이익이 아닌 인류 전체의 이익을 대변하는 조직과 제도를 꿈꾸고 있다. 지금의 국제연합은 국가 간의 연합기구라는 현재의 위상에서 벗어나, 세계 시민들이 직접선거로 구성하는 세계의회로 탈바꿈하여야 한다. 이를 통해 국제연합은 진정 인류 전체의 이익을 대변하는 기구로 자리잡을 수 있을 것이다. 그렇게 되면 현재의 국제연합 총회는 일종의 상원처럼 운영될 수도 있다. 그리고 인구 1,000만 명 당 한 명의 대표를 뽑아, 선출된 500여 명으로 일종의 하원을 구성할 수 있을 것이다. 물론 이 생각은 선진국의 진보운동이 힘을 발휘하여, 이 구상의 현실적 필요성을 부각시킬 때에만 실현가능해질 수 있을 것이다. 일단 새로운 UN기구를 창설하자는 결정이 정당성을 획득하면, 우리는 국제분쟁해소기구를 건립하고 강화할 수 있다. 새로이 만들 기구는 소분과로 네 개의 위원회를 설치한다.

- 세계군비축소집행위원회 : 이 위원회는 국제적인 인공위성 시스템을 이용하여 무기비축을 감시 모니터링할 것이다. 감시 모니터링에 따라 규약위반 사항을 처리하고 군비축소 협약을 중재할 것이다.

- 국제사법재판소 : 국제법 위반을 재판하고, 위반에 대해 제재를 부가한다. 이렇게 되면 강대국들이 약소국에 대해 지금처럼 이중 기준을 멋대로 적용하여 힘을 행사할 수 없을 것이다.

- 국제평화보장위원회 : 군사 억제력을 독자적으로 보강하여, 전

세계적으로 보급시킨다.

　　● 세계인권선언위원회 : 전 세계적인 인권선언을 통해 모든 사람이 평화와 자유 속에서 살 수 있는 기본권을 누릴 수 있게 보장한다.

　　오늘날 대부분의 국가는 명목상으론 모든 사람이 기본권을 가지고 있음을 인정하지만, 실제로는 보장하지 않는다. 자유에는 상호 연관된 세 단계가 있다. 첫째는 건강할 자유이다. 인간은 누구나 가난, 질병, 기근에 시달리지 않는 기본적 자유를 누려야 한다. 이 기본권이 확보되지 않는 한, 나머지 기본권은 생각할 수도 없다. 둘째는 사회적 자유이다. 이 자유가 결여되면 가장 기본적인 자유마저도 침해당할 수 있고 모든 것을 상실할 수도 있다. 셋째는 내적 자유이다. 즉, 탐진치(貪瞋癡)로부터 벗어나는 자유이다. 이 단계의 자유까지 달성할 수 있으면, 건강과 행복은 확보되고 사회적 자유는 한 단계 더 보장되는 것이다.

　　또한 평화에는 외부적 평화와 내부적 평화라는 상호 연관하는 두 단계가 있다. 외부적 평화는 싸움, 폭력, 나아가 크게는 전쟁을 없애는 것이다. 내부적 평화는 심적, 정신적인 평화이다. 이 내부적 평화는 공포, 분노, 정신적 혼란으로부터 벗어나는 것이다. 세 가지 자유와 두 가지 평화는 서로 연결되어 있다. 이와 같은 세 가지 자유와 두 가지 평화가 없으면, 우리의 노력은 무의미해질 것이다.

　　싯다르타 왕자는 노인, 병자, 시체, 유랑 승려를 보고 나서, 해탈을 위해 길을 떠났다. 그리고 마침내 부처 즉 깨달은 자가 되었다. 오늘날 전 세계에 걸친 죽음과 파괴와 같은 모든 고통을 이겨내기 위해서는 우리 모두가 함께 머리를 맞대고 문제를 해결해 나가는 인류애를 부활시켜야 한다.

고통을 완화시키기 위해서, 고유의 정신적 깊이- 세상을 바로 보기 위한 방편적 물러남, 선정(禪定)을 통한 자기 성찰을 복구하여야 한다. 이것이 바탕이 되지 않는 한, 세상을 개혁하기란 거의 불가능할 것이다. 세상을 착취하고 세상을 어지럽힌 자들을 미워하기는 쉽다. 그렇지만 우리는 명심해야 한다. 세상에 "나 아닌 남"은 없다는 것을. 인류는 모두 한 가족이다. 진정 극복해야 할 것은 사람이 아니라, 탐진치이다.

이 점을 명확히 깨달을 때, 모두는 좋은 세상을 만드는 길을 손에 손을 잡고 함께 갈 수 있을 것이다. 이것이 바로 부처의 가르침이다. 그리고 나는 이를 나의 삶 속에서 실천해 나갈 것이며, 사회를 변혁하기 위한 활동 속에서 꾸준히 진행시킬 것이다. 그러나 동지(同志)가 없으면, 아무것도 할 수 없다. 전 세계 동지들이 사랑과 평화로 굳건히 연대한다면, 우린 어떠한 난관도 물리칠 수 있으리라.

2부
근대화의 빛과 그림자

불교적 발전의 궁극 목표는 평등과 자유, 속박에서 벗어남 그리고 사랑이다. 어떤 사회에서든지, 만약 그 구성원이 이기심을 줄이기 시작하면 불교적 발전은 이룰 수 있으리라. 그렇게 하기 위해서는 두 가지 깨달음이 필요하다. 하나는 욕망, 분노, 어리석음(貪瞋癡)을 해소하는 내적인 깨달음과 다른 하나는 개인의 욕망, 분노, 어리석음이 사회에 어떤 해악을 미치는가에 대한 성찰인 외부적 깨달음이다.

7장 소비자본주의라는 이름의 현대 종교

오늘날 소비자본주의는 세상에서 가장 영향력 있는 일종의 종교라고 할 수 있다. 도시의 밤거리에는 형형색색의 광고판이 사람들을 자극적으로 유혹하고 있다. 도로에는 값비싼 자동차, 현란한 옷차림으로 가득하다. 차 주인은 비싼 차를 타고 있다는 것만으로 잔뜩 허세를 부리지만, 도시는 자동차가 뿜어내는 매연으로 검게 찌들어가고 있다. 한창 때의 젊은이들은 그들이 살고 있는 터전이 병들어가고 있다는 현실을 아는지 모르는지, 그저 고급 자동차를 탄 이들을 부러워한다. 젊은이들은 최신 청바지와 향수, 보석 따위로 외모를 꾸미면서 자신의 삶에 의미를 찾는다. 사람들은 가진 돈이 얼마인가에 따라 그 사람의 가치를 평가한다. 바로 이러한 현상들이 소비자본주의라는 현대 종교의 기도문이다.

시암은 서양의 식민지가 된 적은 없지만, 여러 가지 면에서 드러나지 않는 힘에 의해 본래의 모습을 잃어가고 있다. 1855년, 시암에 도착한 영국의 존 보우링(John Bowring)경은, 표면적으로는 외교관계를 수립하자고 내세우면서 실질적으로는 무역을 위한 개항을 강요했다. 영화 "왕과 나"로 유명한 몽쿠트(Mongkut)왕은 26년 동안 불교 승려로 살았다. 왕은 영국의 요구를 들어주지 않을 경우, 시암이 식민지로 전락하고 만다는 것을 짐작했다. 따라서 그는 영국의 요구를 수용하면서 스웨덴, 프랑스, 독일도 함께 받아들이는 정책을 썼다. 그들끼리 서로 견제하게 되었고, 그런 틈에 시암은 정치적 독립을 유지할 수 있었다. 그러나 방콕에 살고 있던 상류층 사람들이 서양의 생활양식과 사고방식을 흉내내기 시작하면서부터 문화적 식민화가 진행되었다.

몽쿠트왕의 아들 출라롱콘(Chulalongkorn; 1868년에서 1910년까지 재위)은 아들들을 해외로 유학보냈다. 그들은 부모로부터 물려받은 불교와 타이문화를 간직하고는 있었지만, 다른 한편으로 서양의 생활양식에 너무나 매료된 나머지 서양의 교육과 의학, 기술, 행정제도들을 시암에 소개하기 시작하였다. 그 때까지 교육과 문화의 보급을 담당했던 사람들은 승려들의 공동체인 "상가(sangha)"였다. 승려로서는 이해하기 어려운 서구의 문물들이 무차별적으로 전해지면서부터 전통적 불교식 교육방법은 점점 정부의 지지를 잃어갔다. 그 뒤로 불교는 영국의 성공회 교회처럼 단순히 종교적 목적에서만 존재가치를 인정받았다.

오늘날 국가 원수에게 자문을 해 주는 사람들 중에서 승려 출신은 더 이상 찾아볼 수 없다. 여전히 승려들은 여전히 국가의 안녕을 기원하는 의식을 치르고 있지만, 그 내용은 당면한 사회문제와는 아무런 관련이 없다. 그나마 정치지도자들이 중요시하는 주제는 정신적 위안에 도움이 될 만한 것에 국한된다. 현재 자문위원들은 하버드대 경영학과나 플레쳐 법학과·외교학과, 런던대학 경제학과 출신들이다. 비록 그들 대다수가 불교나라에서 태어났지만, 그들은 부처의 가르침을 바로 이해하지 못하고 있다. 심지어 미얀마의 어떤 경제학자는 자국의 경기불황이 불교 때문이라고 주장하기도 하고, 태국의 어떤 정신과 의사는 태국인의 정신병이 불교의 선정수행에서 비롯됐다고 말하기도 한다. 하지만 이들은 모두 외국에서 교육을 받았기 때문에, 불교에 대해 깊게 생각해 볼 수 있는 기회가 없었던 사람들이다.

오늘날 방콕지역의 1/3은 서구도시처럼 변모했다. 온갖 물건을 전시해 놓은 백화점에는 방문객의 발걸음이 끊이지 않는다. 멋진 청바지를 입고 콜라를 즐기는 젊은이들에게는 불교사원보다도 백화점이 더 매력적인 곳이다. 한편 개발이라는 명목으로 도시 사람들이 지방의 땅을 사들이면서부터 더 이상 그 땅에서 살 수 없게 된 농민들은 방콕의 빈민가로 모여들었다. 이는 개발지상주의가 가져온 병폐의 한 단면이라 할 수 있다. 돈 많은 도시인들은 점점 더 많은 산림을 사들여 황폐화시키고 있다. 이들에게 개발이란 욕망의 완곡한 표현일 뿐이다.

영국과 프랑스 식민통치기에는 남아시아와 동남아시아의 환경은 최소한 겉으로나마 균형을 유지했다. 그 때는 미래에 예상되는 목재수요를 대비해서 나무를 심기도 하였던 것이다. 그러나 제2차 세계대전이 시작되자 미국은 앞뒤 가릴 것 없이 우리의 천연자원을 개발하기 시작했다. 그 결과 방콕은 급속히 변해 갔고 소비문화가 번성하기 시작했으며, 서구

자본주의의 퇴폐문화 또한 널리 퍼지게 되었다. 매춘이나 폭력, 약물남용 등이 그 실례이다.

교육은 어떠한가? 급작스레 바뀐 교육제도는 젊은 학생들로 하여금 도시생활과 대기업에 취업하는 것을 선호하도록 만들었다. 그 결과 뛰어난 인재들은 모두 농촌을 떠나고 있다. 요즘 농촌에 가 보면 노인들만 남아있을 뿐이다. 야망이 있고 학식이 있는 젊은 사람들은 모두 대도시로 몰려들고 있다. 경쟁력이 없는 사람들은 중동아시아로 나가서 막노동을 하거나 일본이나 독일, 홍콩 등지에서 매춘에 종사하기도 한다. 다시 말해 소비자본주의라는 새로운 종교가 젊은이들의 몸과 마음을 황폐화시키고 있는 것이다. 이렇게 현대 시암은 서서히 부패해 가고 있다.

전통적으로 아시아 문화는 공동체적 가치와 정신세계의 깊이를 중시해 왔다. 개인이 발전하려면 사회가 발전해야 한다고 생각했다. 사람은 물론이거니와 동물과 식물도 존중하도록 배웠으며, 다른 사람을 희생시켜 성공한 사람은 지탄의 대상이었다. 다른 사람을 착취하거나 서로 경쟁하기보다는, 협동하며 사는 조화로운 공동체를 추구해 왔던 것이다. 부유하거나 권력을 가진 사람들은 다른 사람들에게 친절을 베풀고 존중하는 마음으로 대하는 것이 미덕이었다. 전통 사회에서 부자들은 특별한 경축일에만 자신의 부를 드러낼 뿐, 평소에는 다른 사람들처럼 검소하게 살았다.

불교철학의 주요 원리 중 하나는 받기보다는 베푸는 것을 더 귀하게 여기는 것이다. 옛 사람들은 자신이 할 수 있는 것이면 무엇이든지 베푸는 자비를 실천하였다. 또 그들에게 공동체적 조화는 최상의 가치였다. 만일 개인과 가족 사이에 문제가 발생한다거나 가정과 마을 사이에 문제가 생기면, 언제나 작은 단위가 큰 공동체의 조화를 위해 양보하게 마련이었다. 인도에는 "의로운 통치자(dhammaraja)"라는 말이 있는데, 이 말 속에는 백성의 존경을 받는다는 의미가 있다.* 중국과 인도의 사회계급에는 부나 권력을 축적하지 않고 단지 자신의 왕국을 올바르게 다스리는 일에 매진하는 제1계급인 왕과, 그 아래로 사회문제를 보다 고귀하게 다루는 학자나 승려계급, 제3계급으로 상인이 있었다. 지난 세기와 마찬가지로 최근까지도 대부분의 왕실사람이 죽을 때 그의 남은 재산은 보통 은화 천 냥 정도가 고작인데, 이것은 왕실의 보물을 불교사원의 유지비로 사용했기 때문이다. 불교, 힌두교, 이슬람교 그리고 도교와 같은 아시아의 종교들은 역사적으로 볼 때, 사회의 이상을 설정하는데 중요한 역할을 해 왔다.

아시아에는 모든 자연현상을 신성시하는 생명존중 사상이 발달했다. 이 역시 평화와 사회정의를 실현하고자 했기 때문이다. 우리는 나무나 바다를 돌보는 신을 받들어야 한다고 배웠다. 음식을 먹을 때도 과식하거나 버리지 않으며, 여러 가지 음식을 만든 인간의 노력과 자연의 존귀함을

---

* 아시아 정치체제가 가지는 부정적인 측면으로 관리임용이 공정하게 이루어지지 않는다는 점을 들 수 있겠다. 지방의 하급관리는 민주적인 방법으로 채용되었지만, 이미 계급이 구분되어 있는 고급관리일수록 그렇지 못했다. 왕은 종종 신성시되었고, 왕은 사람들을 출신성분에 따라 멸시하기도 했다. 신과 신성시 된 통치자 때문에 백성들은 우민화의 나락에 떨어지기 쉬웠고 사교(邪敎)가 우후죽순처럼 번성하기도 했다. 그럼에도 불구하고 대부분의 경우에 백성들은 왕을 존경했다. 이러한 역사적 잔재로 오늘날에도 아시아에서는 독재자들에게 이해할 수 없을 정도로 관대하다.

되새기기 위해 신에게 감사를 드린다. 이렇듯 땅에게 바치는 전통적인 의식을 비롯한 제사나 축제는 공동체 의식을 고취시켰으며, 개인의 부유함보다는 공동의 윤택함이 훨씬 더 중요한 가치임을 깨닫게 했다. 만일 어떤 가정에서 쌀이나 옷가지, 농기구, 약재를 필요한 양보다 많이 생산하였다면, 필요없는 나머지는 사원으로 보내거나 가난한 사람들에게 나누어주었다.

시암의 전통적인 세계관은 일과 놀이를 똑같이 삶의 일부로 여긴다. 시암에는 "사누크(sanuk)"라는 말이 있는데, 이 말의 의미는 "함께 일생을 편안히 즐긴다"라는 뜻이다. 이런 말이 있는 것만 봐도 경쟁보다는 협동을 중시하는 가치관이 보편적이었음을 알 수 있다. 승려들은 덕망을 지니면서 도덕적인 삶을 영위했다. 사원은 사회적 삶과 종교적 삶의 중심일 뿐만 아니라 생태학적으로도 중요한 곳이었다. 사원의 땅에서는 동물들이 보호를 받았고, 사원 관할의 강이나 수로에서는 낚시가 금지되었다.

전통적인 농촌사회와 그 가치를 지나치게 미화하고 싶지는 않다. 지난날 농촌 사람들은 지금보다는 훨씬 어렵게 살았지만, 선조들의 지혜를 받들어 서로를 존중하며 살았다. 타이의 모든 마을에는 절이 있었는데, 사람들은 그 곳을 정신수양과 교육, 사회생활의 중심으로 여겼다. 이러한 모습은 700년 이상을 이어오고 있으며, 그보다 더 오랜 역사를 가진 나라도 있다.

지금 그러한 가치들은 거의 모두 붕괴되고 있다. 소비자본주의의 거센 물결이 그 사회의 자기 정체성을 파괴하고 있는 것이다. 이제 "과연 소비자본주의라는 것이 이렇게 훌륭한 가치들을 사라지게 할 만큼 대단한 것인가?"라고 반문하고 싶다.

　　　불경에는 세 가지 독해〔三毒〕에 관한 내용이 있는데, 탐욕과 증오 그리고 어리석음〔貪瞋癡〕이 그것이다. 이 세 가지 독해는 모든 불행의 원천이다. 만일 이 중 한가지라도 가지게 되면 그러한 마음은 점점 더 커지고야 만다. 소비자본주의는 이 세 가지 독을 키우는 배양처이다. 물건을 사야만 충족되는 욕망은 점점 더 많이 사게 만든다. 사람은 마음속에 욕망의 씨앗을 가지고 있다. 문제는 소비자본주의가 그 씨앗의 싹을 쑥쑥 자라나게 한다는 점이다. 소비자본주의의 해악은 이것으로 그치지 않는다. 소비자본주의는 증오심, 공격성, 분노를 무기로 해서, 정치·경제적 기득권층의 이익을 옹호한다. 현대의 자본주의적 교육제도는 영악함만을 조장할 뿐 지혜를 권장하지 못하는데도, 사람들은 영악함이라는 끈적거리는 달콤함에 빠지면서 그것을 지식이라고 부른다. 현대의 학교는 장차 고소득을 획득하기 위한 준비수단으로서만 의미가 있다. 영혼의 숭고한 가치를 가르치지 않고 욕망충족의 수법만 가르친다면, 학교는 자본주의의 응원대장이나 광고대행사에 불과하다. 사람들은 더 빨리 그리고 더 많이 소비하는 삶을 동경하면서 자기 도취에 빠져들고 있다. 보라! 우리는 자신의 영혼과 환경을 너무나 많이 혹사시키고 있지 않은가? 지금과 같이 많은 사람들이 소비자본주의의 부정적인 면을 애써 모른 척한다면 상황은 더욱 악화될 것이다. 우리 마음속에 있는 탐욕과 증오와 어리석음을 없애야만, 소비자본주의라는 종교의 유혹에서 벗어날 수 있다. 만일 그렇게 하지 못한다면, 행복은 영원히 사라지고 상처만 남을 것이다.

그렇다고 서구문화를 모두 없애고 전통적인 소박한 농경사회로 돌아가자고 주장하는 것은 아니다. 산업화된 현대사회에서 발생하는 문제들을 해결하기 위해서 전통을 깊이 돌이켜보아야 한다는 것이다. 우리가 가지고 있는 전통을 희생시키면서 그리스로마철학과 기독교 전통에서 유래한 서구의 가치에 무작정 빠져들기보다는, 전통과 서구문명의 바람직한 점을 함께 받아들이는 "중도(中道)"의 길을 지혜롭게 찾아야 할 것이다. 대부분이 제 3세계 국가인 아시아에서 서구화 과정은 거침없이 진행되었다. 서구물질주의는 아시아의 전통문화를 압도하고 파괴시켰다. 이러한 역사적 사실은 서구물질주의가 아시아의 고유문화와 융화되기 어렵다는 사실을 역설적으로 보여준다.

예전의 좋은 시절로 되돌아 갈 수는 없을 것이다. 그러나 회한에 젖어 주저앉아 있을 수만도 없다. 그러면 어떻게 해야 하는가? 전통을 현대의 시각으로 주시하여 발전의 가능성을 찾아보고 지금의 문제에 적용할 수 있다면, 진정 살만한 세상을 만들 수 있으리라.

8장 강대국을 향한 고뇌의 찬 권유

    1960년대 후반 일본이 경제대국으로 진입하기 시작할 즈음, 남아시아인들은 일본인을 "경제동물"이라고 불렀다. 일본인들은 후진국에서 많은 돈을 벌어가면서 후진국의 복지나 사회정의에는 전혀 관심이 없었을 뿐만 아니라, 그 사회의 복지와 사회정의를 퇴행시켰다. 일본인이 개발이라는 명분 아래 권력자들과 밀착하는 경우가 빈번했는데, 이는 가난한 이들을 더욱 더 가난하게 만들 뿐이고 정치는 정치대로 부조리를 더욱 심화시킬 뿐이었다. 일찍이 1970년대에 나는, 일본이 지금과 같은 행태를 고치지 않는다면 미국이 당했던 것처럼 거센 저항의 표적이 될 것이라고 경고한 적이 있다. 실제로 1972년 11월, 태국학생들은 일본상품에 대해 불매운동을 전개했으며 다나까 수상의 마닐라와 방콕 방문을 반대했었다.
    일본은 남아시아에 막대한 영향력을 가진 것처럼 보였지만, 자세히 살펴보면 그 영향력이란 경제분야에 한정되었을 뿐이다. 이는 미국의 독점적인 정치군사력의 보호막 속에 일본경제가 성장했기 때문이다. 이런 점에서 볼 때, 일본은 미국의 그늘에서 자라난 음지식물에 불과하다. 일본은 미국의 영향력 아래에 놓여 있다는 나쁜 인상을 지우려 애쓰고 있는 듯하다. 하지만 일본이 아무리 노력한다고 해도 남아시아인들의 뇌리에는 제2차 세계대전의 악몽이 여전히 꿈틀거리고 있기 때문에, 일본에 대해 정치·군사적으로 좋은 감정을 가지고 있지 않다. 일본을 심하게 비판하는 이면에는, 일본의 경제적 성공과 물질적 풍요에 대한 질시가 있다는 점도 인정한다. 가난한 사람은 부자를 시기하게 마련인데, 이러한 태도는 옳지 않다고 생각한다. 지금 우리가 고려해 봐야 할 문제는 일본의 성공 이면에 대한 것이다. 일본이 경제성장을 이룩하면서, 그 성장의 뒤안길에서 지불한 대가는 없는지? 일본의 정신적 문화가 상실되지는 않았는지? 이런 점에서 일본을 무조건 쫓아가기 전에 반드시 해야 할 일이 있다. 바로 일본이라는 모델을 꼼꼼히 살펴보는 일이 그것이다.

  1887년 9월, 일본과 시암은 외교관계를 수립했다. 당시에 시암은 다른 아시아 제국과는 아무런 공식적 관계를 맺지 않았었다. 이유는 다른 이웃 국가들이 식민지로 전락했기 때문이다. 한때 부러움을 살만큼 막강한 권력을 누렸던 중국황제까지도 힘을 상실한 처지였다. 이와 같은 주변 상황에서 일본은 아시아에서 특별한 나라로 인정받을 수 있었다. 이런 상황을 고려할 때, 아시아 식민시대 역사에서 일본과의 외교관계 이면에 깔린 역학관계는 매우 미묘하고 흥미진진한 이야기 소재이리라.

  1853년, 서구제국은 일본을 향해 코모도 메츄 페리(Commodore Matthew Perry)호를 앞세워서 항구를 개방하고 외교관계를 맺으라고 강요했었다. 그리고 1855년, 존 보우링(John Bowring)경은 똑같은 방식으로 시암을 압박해 왔다. 일찍이 서양 상인과 선교사들이 해안지역에 나타날 때마다, 우리는 즉각적으로 대응해 왔다. 그러나 19세기 중엽부터는 상황이 달라졌다. 이 무렵 서구는 과학기술을 바탕으로 막강한 군사력을 보유하고 있었다. 그들은 힘을 바탕으로 자기들 마음대로 약소국들을 다루려 했다. 즉 "군함외교"가 만연하게 된 것이다. 아시아 국가가 그들의 요구를 거절하기만 하면, 그들은 군함을 앞세워서 항복을 요구했다. 처음에 아시아 사람들은 서구의 무력에 저항했지만, 얼마 못 가서 식민지의 나락으로 떨어지고 말았다. 하지만 일본과 시암은 서구제국의 압력에 적절히 대응했다. 그렇지만 결코 대등한 관계라 할 수는 없다. 우리는 "치외법권"을 그들에게 줄 수밖에 없었다. 서양인이 죄를 짓고 기소되더라도, 그들은 자기네 대사관에서만 사건을 다루었다. 아마 그들은 우리 법정이 미개하다고 생각한 것 같다. 이른바 자유무역이란 것도 자국의 이익을 위한 것이었지, 결코 우리를 위한 것은 아니었다. 우리는 독립성을 지키려 노력했건만, 그들의 요구를 들어 줄 수밖에 없는 운명에 처해 있었다.

  그러면서도 일본과 시암은 서구로부터 평등이념과 정치·교육·사회·문화 방면에 관한 많은 것을 배우려고 노력했다. 일본은 곧바로 서양을 따라잡으려 발버둥쳤다. (일본은 역사적으로 이미 한국과 중국에 대해서도 마찬가지 방법을 사용했다. 처음에는 모방하고, 그런 다음에는 경쟁하고, 나중에는 넘봤다.) 그리고 일본은 러일전쟁(1904~1905)에서 승리함으로써, 적어도 군사적으로는 서양과 견줄 수 있다는 사실을 대외적으로 과

시했다. 그 시절 일본의 정치적, 사법적, 교육적, 사회적 개혁은 유럽과 미국의 관심을 끌기에 충분했고, 마침내 서양은 일본을 동등한 상대로 인정하기 시작했다.

반면에 시암은 달랐다. 보우링조약에 의해 영국은 최혜국 대우를 요구했었다. 그러나 우리는 특정 한 나라와의 외교관계에만 우리의 운명을 의탁할 수 없는 처지였다. 그 때에 우리의 남쪽과 서쪽으로는 말레이반도와 버마 그리고 인도를 삼킨 영국이 버티고 있었다. 또 동쪽으로는 라오스와 캄보디아 그리고 베트남을 점령한 프랑스가 국경을 맞대고 있었다. 이런 상황에서 우리는 독립을 유지하기 위해 영국뿐만 아니라 프랑스, 미국, 벨기에, 덴마크, 그리고 네덜란드와 외교관계를 수립했다. 그들 사이의 팽팽한 힘의 균형 덕분에, 어떤 나라도 우리의 주권을 함부로 침해하지 못했다.

동시에 행정개혁 프로그램과 새로운 교육제도를 시행했기 때문에, 서구제국은 시비의 빌미조차 찾지 못했다. 이전에 인도에서는 이런 저런 핑계를 대면서 갖은 시비를 걸었지만, 우리에게는 그렇게 할 수 없었던 것이다. 한편 우리는 근대적인 군대도 갖추었는데 이는 외세에 대응하기 위한 것이 아니라, 중앙정부의 개혁정책에 저항하고 모반을 꾀하는 국내의 저항세력을 억누르기 위한 것이었다. 이전에 시암에는 체계적인 행정조직이 없었고, 다만 여러 원칙들이 자치적으로 운용되었을 뿐이었다. 그런데 영국은 이러한 자치행정을 악용하여 주권을 침탈하려 했다. 영국은 우리 영역의 말레이지방을 병합시켰고, 프랑스는 우리의 바탐방

(Battambang)과 시암리에프(Siamriep)를 빼앗아 인도차이나에 병합시켰다. 이런 상황에서 우리는 주권을 지키기 위해 중앙집권을 더욱 강화해야만 했다. 이와 같은 일련의 자위책은 외국에서 공부한 엘리트들이 주도하였으며, 이 과정에서 많은 외국인이 고용되었다. 그렇지만 최고결정권은 여전히 국왕이 갖고 있었다. 다시 말해 그 시절 왕의 최고통치권은 어느 누구에게도 의심받지 않는 절대적인 것이었다.

반면 일본은 서구제국에 둘러쌓여 있지 않았다. 그 때 시암정부는 일본의 힘을 서구제국의 그것과 동등하게 인정했다. 시암정부는 여러 분야에서 일본인 전문가를 고용했다. 젊은이들은 서구제국뿐만 아니라 일본에도 유학했다. 마침내 1887년에는 일본과 외교관계를 맺어 양국의 관계는 한층 긴밀해졌다.

한편 중국과의 관계는 상당히 미묘했다. 오랫동안 동남아시아의 여러 나라들은 중국에 공물을 바쳐왔다. 그 즈음과 같은 근대화 시기에도 동남아시아의 여러 나라들은 중국을 서구제국과 같이 힘을 가진 나라로 대우했었다. 그러나 시암정부는 이를 거부했다. 중국은 이에 대응하여 시암에 살고 있던 많은 화교들을 소환했다. 시암이 중국을 예전처럼 인정하지 않았던 공식적인 명분은 중국의 황제가 오랑캐인 만주족(청나라)이라는 이유였다. 실제로 시암은 제2차 세계대전까지 중국을 인정하지 않았다.

1887년에서 제2차 세계대전까지 시암은 일본과 줄곧 우호적인 관계를 유지했고 교역규모도 점점 커졌다. 시암에 살고 있던 일본인들- 외교관, 상인, 일반 시민- 은 시암사람들과 서로 호감을 갖고 지냈으며, 일본에서 공부하던 태국 유학생들도 마찬가지였다. 시암과 일본의 관계에서 볼 때, 실제 상대국에 살고 있던 인구수는 많지 않았지만, 교류의 의미는 매우 건설적이었으며 미래지향적이었다.

몇몇 정치지도자들은 일본의 발전모델을 보다 많이 채택해야 한다고 주장했다. 그들도 시암이 일본의 군사력을 따라잡을 수 없음을 잘 알고 있었다. 그렇지만 적어도 민주적인 정부형태- 왕을 견제할 수 있는 의회제도만이라도 본받으려 했고, 일본의 교육제도를 모방하려 했다.

시암을 서구적 사회로 개혁한 왕은 몽쿠트 라마 4세(Mongkut Rama Ⅳ; 1851-1868 재위)였다. 이를 계승하여 그의 아들인 출라롱콘 라마 5세(Chulalongkorm Rama Ⅴ; 1868-1912 재위)는 시암의 근대화를 적극적으로 추진하였다. 시암국민은 출라롱콘 라마 5세를 매우 존경했다. 하지만 그의 한계는 분명했다. 그는 민주적인 정부수립에 대해서는 단호히 거부했다. 왕위를 이어받은 그의 아들 역시 민주개혁을 추진하지는 못했다. 이런 일련의 과정은 시암의 근대화의 희망과 한계를 그대로 드러낸 것이다.

제1차 세계대전 동안, 시암과 일본은 승전국인 연합국편에 가담했었다. 그런 공로로 아시아 국가로서는 극소수만이 국제연맹에 가입할 수 있던 시기에, 두 나라는 국제연맹에 가입할 수 있었다. 1930년대 일본이 중국을 침략했을 때, 국제연맹은 일본의 만행을 대대적으로 비난했다. 이때 회원국 중 시암만이 비난 결의에 기권했었다. 이에 일본정부는 지대한 사의를 표현하면서 시암이 자주권을 수호하는데 협조하겠다는 서약까지 했다. 일본은 국제연맹의 군사력 팽창 감시노력을 계속 무시했고, 이런 일본의 처사는 국제연맹의 와해를 유발시켰다. 이와 같은 일련의 사태는 제2차 세계대전 발발로 이어졌다.

시암의 왕들이 국민에게 민주주의를 선사하지 못했기에, 1932년 일단의 청년장교들과 시민세력은 쿠데타를 통해 절대왕정을 붕괴시키고 입헌군주제를 도입했다. 쿠데타의 배후 지도자는 프랑스에서 공부한 프리디 바노뭉(Pridi Banomyong)이었다. 그와 그의 동지들은 시암을 민주적, 사회주의적, 자주자위적 그리고 중립적으로 개혁하려 했다. 그는 탐마사트(Thammasat)대학을 세워 국민이 직접 국가운영에 참여할 수 있도록 교육하였다.

한편 시암은 국제연맹의 결의에 기권했기 때문에, 서구의 많은 국가들로부터 배척을 받았다. 그렇지만 사실, 그 기권은 일본의 침략을 비난하는 것도, 칭송하는 것도 아니었다. 프리디 바노뭉은 자주권 수호를 위해 중립을 지킨 것일 뿐이라고 항의하기도 했다. 이는 일본과 유럽에 대해 어떤 선입관이나 감정도 가지지 않았음을 천명한 것이기도 하다. 또한 그는 기술적으로 외교정책을 펼쳐서, 일본을 포함한 외국에 부여한 치외법권을 회수했다. 이로써 시암은 국제사회에서 주도적 위치에 있던 다른 나라들과 동등하게 인식되어지기 시작했다.

프리디 바노뭉의 라이벌은 육군원수 피불 송크람(Lung Pibul songkram)이었다. 두 사람은 프랑스에서 함께 공부하였으며, 왕정을 종식시키기로 함께 결의하기도 했었다. 그러나 피불은 민주주의를 믿지 않았다. 그는 나치즘과 파시즘 그리고 일본의 군국주의에서 해결책을 찾으려 했다. 피불의 배후세력은 군부였음에 반하여, 프리디는 새로운 내각과 의회의 지지를 받고 있었다. 피불은 일본이 대만과 한국, 중국을 차례로 집어삼키는 것을 목도하고, 시암도 일본처럼 될 수 있다고 생각했다. 그는 독일의 나치를 모델로 하여 타이민족을 아리안족처럼 최우등 민족이라고 여겼으며, 국호도 타이랜드(Thailand)로 바꾸었다. 그리고 프랑스와 영국에 빼앗긴 영토의 반환을 요구하면서, 베트남, 라오스, 캄보디아, 버마, 중국에 사는 모든 타이민족을 그의 영도력안에 통합하여 대 타이랜드제국을 건설하는 꿈을 꾸고 있었다.

　　　1940년까지, 프랑스는 독일과의 전쟁으로 인해 극심한 쇠퇴를 맛보았다. 이를 기회로 피불은 19세기에 빼앗긴 프랑스령 인도차이나를 되찾기 위해 프랑스와의 전쟁을 일으켰다. 일본은 이 전쟁에 개입하여 중재자의 역할을 자처했다. 마침내 우리는 토요쿄오협상에서 바탐방, 시암리프, 라오스지역을 되찾을 수 있었다. 그 때, 우리는 승리를 자축하면서 오늘날까지 방콕의 명소로 남아 있는 전승기념관을 짓기도 하였다.

　　　그러나 프리디는 이 전쟁을 반대했었다. 그는 군사적 힘이 아닌 국제재판소를 통해 프랑스로부터 영토를 되찾을 수 있다고 주장하면서, 비폭력 방법으로 문제를 해결할 수 있는 가능성을 보여주기 위해 영화까지 제작하였다. 그는 일본이 동아시아에서 동남아시아에 이르는 군국주의 야망을 펼치게 될 것이라고 예견하기도 했다. 그럼에도 불구하고 그의 선각자적 애국심은 민족주의라는 힘에 쓰러지고 말았다.

일본은 우리의 독립과 중립을 존중한다고 말했다. 그러나 일본이 1941년 12월 8일 진주만을 공격한 후, 한 일본외교관은 영국이 점령중인 말레이지아, 싱가포르, 버마지역을 공격하기 위해 시암에 자국의 군대를 상주시킬 것이라고 각료회의에서 공표하였다. 한 술 더 떠, 만일 시암이 이를 반대한다면 일본은 시암을 공격할 것이라고 덧붙였다. 그날 저녁, 울분에 찬 시암인들은 곳곳에서 일본인들과 주먹다짐을 벌렸다.

시암의 집권내각은 시암이 일본의 요청을 거절하면 시암은 그들의 총칼에 짓밟힐 것이라고 판단하여, 일본군의 시암 주둔을 승인하였다. 나아가 시암은 일본에 협력하면서 영국과 미국에 선전포고하기에 이르렀다. 이 때 프리디는 일본군의 주둔은 영토점령이라면서 처음부터 반대하였다. 그는 프랑스의 드골이 찰스 왕정에 대항하기 위해 영국에서 활동하였듯이, 시암인들도 망명정부를 세워 일본과 싸워야 한다고 주장했다. 하지만 그의 주장은 기각될 수밖에 없었고, 급기야 그는 내각에서 축출되고 말았다. 그가 내각에서 축출된 배후에, 일본의 공작이 있었던 것은 물론이다.

하지만 국민들이 프리디를 강력하게 지지하였기 때문에, 그는 다시 섭정의회를 맡을 수 있었다. 그 때 약관의 아난다 마히돌 라마 8세(Ananda Mahidol Rama VIII)는 스위스에서 유학 중이었기 때문에, 프리디가 실질적인 최고 통치자였다. 그는 재임기간동안 연맹국들과 연합하여, 일본의 점령에 대항하기 위한 자유시암운동(Free Siamese Movement)을 국내외 수많은 동포들과 펼쳐 나갔다. 이 운동으로 인해 시암은 전후

패전국가에게 내려진 처벌을 피할 수 있었다. 전쟁이 끝난 후, 연맹국들은 육군 원수 피불 송크람과 그의 동료들을 일본의 전쟁재판소에서 재판하려 했지만, 프리디는 방콕에서 그들을 재판한 다음 석방하였다. 그리고 프랑스로부터 바탐방과 시암리에프를 환수받았다. 이로써 프리디는 연맹국들로부터 나라를 구한 민주주의의 아버지이며 국가영웅으로서 추앙받았다. 시암은 영국과 미국에 선전포고를 했음에도 불구하고, 전후에 국제연합에 가입할 것을 연합설립 시기부터 요청받은 나라 중의 하나였다.

프리디는 동아시아에 대한 영국의 지배가 곧 미국의 신제국주의의 지배로 바뀌리라는 것과 인도와 중국이 독립하여 강력한 국가로 발전하리라는 것을 예견하였다. 그리고 동아시아 국가들이 살아남기 위해서는 독립과 동시에 강대국에 의지하기보다는 중립적인 국가 블록을 형성해야 한다고 생각했다. 따라서 그는 진보적 발전의 모델로 베트남, 라오스, 캄보디아 그리고 인도네시아의 자유운동 단체를 주목했다. 그리고 미국이 동남아시아에서 너무 강력한 힘을 갖는 것을 바라지 않았지만, 미국이라는 존재가 영국과 프랑스의 방파제 구실을 하리라 여겼다. 이런 노력에도 불구하고 1947년말, 프리디는 피불에 의해 권좌에서 물러났다. 당시 연맹국들은 프리디를 도우려 했지만, 피해 당사자인 프리디는 물론 많은 민족주의자들이 외국의 개입을 원하지 않아 어쩔 수가 없었다. 이렇게 상황이 반전되자 연맹국들은 파렴치하게도 프리디를 제거하려 했고, 전범으로 재판을 받기까지 한 피불을 지원했다. 아마도 미국은 피불이 연맹국들과 손잡으리라고 판단한 것 같다. 한편, 프리디는 1982년 프랑스에서 생을 마칠 때까지 35년간 망명생활을 계속했다.

그 사이 한국전쟁과 베트남전쟁이 발발했고, 일본은 이 두 전쟁을 기회로 정치적·경제적으로 회생할 수 있었다. 피불은 독재권력을 점점 강화했다. 피불이 독재권력을 강화할수록 그의 권력은 미국에 맹목적으로 종속되어 가기만 했다. 그는 늦게나마 중화인민공화국을 인정하고 중립노선을 취하려 했지만, 그 때는 이미 미국이라는 그늘 속에 깊숙이 빠져 버린 뒤였다. 1957년 마침내 미국은 피불의 정치적 경쟁자인 육군 원수 사리트 타나라트(Sarit Thanarat)를 사주하여, 그의 권력을 빼앗았다. 피불도 1964년, 죽기 전까지 일본에서 망명생활을 하였다. 사리트 타나라트는 근대화와 경제개발이라는 명목 하에, 미국과 일본에 아부를 일삼던 부패한 독재자였다.

군부통치가 정치적 전통으로 답습되자, 이제 국민들은 민주정부 수립을 주장했다. 그리고 마침내 우리는 의회선거를 통해 주변의 공산국가와는 반대로, 소위 자유세계라 불리는 민주주의 국가의 모습을 이루었다. 이에 대해 미국은 적어도 외견상으로는 매우 만족하였다. 그러나 우리는 여전히 군부의 폭압적인 통치를 받으며 살아야 했다.

제2차 세계대전 이후, 일본과의 관계는 주로 경제분야에 집중되었다. 도시와 농촌에는 수많은 일제 자동차, 라디오, TV, 그 외 다양한 사치품들이 넘쳐 났다. 일본과의 만성적인 무역적자에도 불구하고, 정부는 이에 대해 어떠한 조치도 취하지 않았다. 이에 편승해서 일본회사는 계속해서 우리의 노동력을 착취하였다. 그렇다고 단지 일본만을 비난할 수는 없다. 우리의 정치가들이 국민을 위한 정책을 펴나가려 했다면, 이러한 일은 발생하지 않았을 것이다. 수입규제는 자국이 필요로 하지 않는 상품에 대해 정부차원에서 취할 수 있는 일반적인 수단이다. 그러나 일본의 무역회사는 동남아시아 국가의 정치가와 관료들이 부패에 젖어있다는 사실을 이용하여, 이들에게 뇌물을 주면서 자신들의 이익을 챙겼다. 너무나 비윤리적이고 근시안적인 작태가 아닐 수 없다.

일본인들이 장사를 할 때, 그들이 생각하는 것은 오로지 가능한 최대의 이익뿐이다. 그들은 눈앞의 이익만을 얻으려 할 뿐이고, 앞으로 어떤 상황이 펼쳐질 지에 대해서는 관심갖지 않는다. 그래서 그들은 상품을 팔 때, 일본에서 만들어서, 일본 배로 운송을 하고, 일본회사에 보험·광고·판매대행 계약을 체결한다. 일본인들은 극소수의 타이 소매상과 지방도시의 하급관료를 고용하여, 그들을 매몰차게 쥐어 짠다. 그러나 돌이켜 생각하면 이 모든 것은 전적으로 우리의 잘못이다. 노동조합을 공산주의와 동일시하는 우리 나라에서는, 값싼 노동력이야말로 최고의 이윤을 추구하는 기업가에게 크나 큰 유혹이 아닐 수 없다. 거대한 일본 주식회사는 그들의 이웃인 아시아의 여러 국가들에 대해 동정심이라고는 털끝만큼도 갖지 않는다. 일본에서 기술을 배우는 타이학생들에 의하면, 일본의 주요 회사에서 대학에 보내는 취업의뢰서에는 외국학생들은 채용하지 않는다는 내용을 한결같이 기재하고 있다고 한다. 그리고 다른 아시아 국가들의 유학생들도 역시 이와 비슷한 말을 했다.

우리 세대의 타이인들은 우리가 아시아인들 중에서는 가장 우수하고 서구인들이 우리보다 더 우수하다고 생각하는 문제점을 가지고 있다. 시암과 일본이 식민화되지 않은 이유는 서구의 생활양식, 사고방식, 도시화 과정을 본받으면서 그들에게 인정받으려 했기 때문이다. 왜 우리는 아시아인들과 비교하고 있는가? 도대체 누가 식민지의 속박을 받았고, 누가 자유를 누렸는가? 우리는 랑군, 프놈펜, 마닐라와 비교할 게 아니라, 런던, 파리, 워싱턴과 비교해야 한다. 우리 타이인들은 아시아에서는 일본인만을 높게 평가한다. 일본이 경제적으로 성공한 것은 단지 그들이 서구적 파라다이스인 물질주의적 이상을 쫓았기 때문이다. 일본인들은 다른 아시아인들을 대할 때, 자신들은 선진국가에 살고 있다는 자부심을 은연중 내보인다. 하지만 실제로 그들은 아시아에서 후진국가라 할 수 있다. 40년 전 그들은 우리를 정치 · 군사적으로 지배했고 지금은 경제적으로 이용하고 있지만, 오히려 그들은 아주 중요한 교훈을 깨닫지 못하고 있다.

현재 일본의 발전형태는 본질적으로 물질주의를 주장하는 서구 경제이론에 지나치게 의존하고 있다. 일본이 이러한 방법을 계속 유지하는 한, 동남아시아와의 관계에서는 별 이득을 얻지 못할 것이다. 그들은 물질적 이득만을 얻으려 하기 때문에, 우리의 공기와 하천을 오염시키고 천연자원을 지나치게 소모시켰다. 게다가 그들의 원조계획은 자신들의 이익을 증대시키기에 급급했다. 미국은 개발도상국들에게 보조금이라는 형태로 원조를 해 주었지만, 일본은 상품을 팔면서 상품대금의 일부분을 차용해 주는 방법을 사용한다. 이것은 곧 우리 돈으로 그들의 장사를 지원해 주는 꼴이 되고, 결국 일본기업은 우리의 시장을 더 넓게 점유하게 되는 결과를 낳는다.

　일본은 이제 부자(富者)의 딜레마에 빠져 있다. 국제기구나 지역 기구에서 지도적 역할을 맡아야 한다는 압력을 받고 있지만, 그들은 무엇을 해야 할 지 몰라 난감해 한다. 왜냐 하면 그들은 자신들이 쌓은 부에 대한 책임으로, 무언가 이 세상을 위해 기여해야 한다는 이유를 이해하지 못하고 있기 때문이다. 일본 여행단들은 우리 나라를 비롯한 다른 가난한 나라를 찾아가서는, 일본이 저지른 인간성 말살과 자연훼손에 대해서는 별로 신경쓰지 않는다. 일본이 다른 아시아 국가들과 긴밀한 관계를 유지하기 위해서는, 그들의 정신적인 면에서나 생활양식적인 면에서 상당한 변화가 필요하다. 이것은 아시아뿐만 아니라 전 지구를 살리기 위해 필수적인 것이다. 이제 일본은 무엇을 하든지 도덕적, 생태학적 결과를 인식해야만 한다. 예를 들어 젓가락을 버릴 때는 동남아시아와 남아메리카의 숲이 사라져 간다는 사실을 염두에 두어야만 하고, 낚시를 즐길 때도 일본의 수요를 공급하기 위해 끼니를 걸러야 하는 아시아의 가난한 어부들을 생각해야만 한다.

　일본이 경제적 관점으로만 상황을 판단하려 든다면, 결코 이러한 교훈을 깊이 새길 수 없다. 그들은 자연과 조화를 이루면서 평온을 찾는 정신적으로 성숙한 전통을 되새겨야 한다. 도덕적으로 타락한 나라가 GNP만 세계 최고 수준이면 무슨 소용이 있겠는가? 일찍부터 불교에서는 서로 의존하고 있다고 가르치고 있다. 자신의 운명만을 따로 분리시켜 생각할 수는 없다.

나는 일본이 일본 고유의 위대한 정신문화를 깊이 성찰하여 정신적 깊이를 회복할 수 있기를 바란다. 이러한 자의식을 가진다면 일본은 이기적으로 행동하지 않고, 아시아와 세계를 위해 뭔가 기여하는 새로운 지도적 위치에 설 수 있을 것이다. 그렇게 한다면 일본은 국제적으로도 중요한 역할을 하는 셈이 된다. 서구인들에게는 정치·경제적인 문제를 처리함에 지혜와 동정심이 필수적이라는 점을 가르칠 수 있을 것이고, 거의 150여 년 동안, 정치·경제·문화 식민지로 고통받아 온 아시아의 국가들에게는 실질적인 도움을 줄 수도 있을 것이다. 하루빨리 그러한 날이 오기를 손꼽아 기다려 본다. 일본과 아시아 국가 모두를 위하여.

9장 개발의 논리, 착취의 논리

– 외형 부풀리기 경제개발의 빛과 그림자

아시아의 엘리트들은 대부분 서구에서 공부했다는 공통점을 가지고 있다. 그들이 지닌 또 다른 공통점은 서구사회의 초기 발전모델을 보지 못했다는 점이다. 그리고 그들은 사회 전체를 고르게 발전시키는 개발모델을 꺼린다는 또 다른 공통점을 가지고 있다. 왜 그런가? 평등을 표방하는 사회에서는 엘리트들을 특별한 존재로 우대하지 않기 때문이다. 그들은 우수한 발전모델이란 국민총생산지표(GNP)로 표시하는 외형적 경제성장에 근거해야 한다고 주장한다.* 이런 외형적 경제개발 모델을 시행하면, 소수의 엘리트 계층만 부유해질 뿐 대다수 국민들은 점점 더 가난해지기 쉽다. 단작농업 육성 위주의 농산물산업 정책으로 농토는 황폐해지고

---

* 저자는 이런 개발모델을 "Think-Big" 개발전략(TBS, "Think-Big" Stratage of Development)이라고 부른다. 역자 주

시장경제에 익숙하지 않은 사람들은 먹고 살기 조차 힘들게 되었다. 젊은 이들은 일자리를 찾아 도시로 향하지만, 매춘부나 마약밀수꾼 아니면 막노동꾼 신세가 되기 쉬우며, 그마저 어려우면 거리의 부랑자가 되고 만다. 이들 가운데 그 누구도 스스로 가난과 폭력, 부랑자 신세를 원하지는 않았을 것이다. 단지 외형 부풀리기 경제개발 정책이 그러한 상황으로 몰아갔을 뿐이다.

그렇다면 그런 정책을 통해 우리가 얻은 것은 과연 무엇인가? 보통 사람들은 돈에 관심을 많이 갖는다. 아마도 경제적으로 넉넉해지기만 하면 남은 여생을 편안히 보낼 수 있으리라는 생각이 널리 퍼져 있기 때문일 것이다. 또한 동남아시아 국가들은 국제 경제기구에 자신의 운명을 내맡기거나, 내키지 않는 정치·군사 동맹에 마지못해 가입하면서까지 산업발전을 위해 필요한 자금을 구걸하기도 한다. 한 술 더 떠 마침내, 자신들의 전통적인 가치들을 무시하거나 비난하면서까지, 외국인을 최고의 조언자로 믿으려 하는 경향이 있다. 이에 따른 결과로 산업화와 그에 따른 공해는 우리의 여유로운 시골을 망쳐버렸으며, 아름다운 땅은 거대한 산업용지로 바뀌었다. 또 농촌에서 도시로의 이주가 가속화되었고, 살아가기에 부적합한 도시들이 속속 탄생했다. 그런 개발정책을 지속한다는 것은 제 무덤을 파는 꼴이다. 이제 진정, 변화가 필요하다. 제일 먼저 정치·경제적 삶의 안정을 위해 노력하고, 그 이후에 변화를 일으킬 수 있는 방법을 모색하여야 하리라.

천연자원은 반드시 자연의 자체 조절능력의 속도에 맞춰서 사용해야만 한다. 과도한 개발은 자연의 순환주기와 생태계에 불균형을 초래한다. 잘 알다시피 자연은 파괴당할수록 항상성과 자기 복귀능력을 상실한다. 생물학자들은 매년 같은 작물을 재배하는 것은 위험하다고 경고한다. 우리가 이 지구상에 오랫동안 생존하기 위해서는, 이러한 사실을 명심하고 자연에 치명적 손상을 가하는 폭력적 개발은 재고되어야 한다.

개발정책의 목적 중 하나는 국민의 자유를 보장하는 것이다. 그런데 정작 정책수립을 위한 법제정 과정에서부터 국민의 참정권은 제한되거나, 심지어 무시되기도 한다. 개념적으로 법은 어떠한 경우에도 따라야만 하는 절대신성한 대상은 아니다. 그러나 진정으로 법을 수호하기 위해서는 전 국민의 참여를 보장하지 않는 법에 대해서만은 반드시 반대해야 한다. 국민이 동의하고 지지하는 법만이 훌륭하게 집행될 수 있다. 국민의 자유를 권력에 의해 유보해서는 절대로 안된다. 그러므로 자유를 억압하는 법이 국민의 저항을 받게 되는 것은 당연한 일이리라.

개발정책은 인간의 가치를 얼마나 존중하는가에 따라 평가받아 마땅하다. 그러므로 어떤 사회를 평가할 때에는 시장가치나 기술발달 정도보다도 인간의 가치를 우선해야 한다. 이렇게 해야만 삶의 질을 향상시키고 인간의 존엄성을 지킬 수 있다. 이러한 가치에서 벗어난 계획은 보다 근본적인 문제에 직면하게 마련이다. 즉 소수의 이익만을 위한 정책은 다수 국민의 고통을 수반하는 비인간적이며 부도덕한 모순만을 초래할 뿐이다.

식민지였던 나라에서 발생하는 빈부 격차와 선진국과 후진국 간의 문제인 남북문제 사이에는 직접적인 관련이 있다. 인구밀도가 높은 아시아국가들이 자국의 산업을 육성하기 위해 선진국의 개발모델을 모방하는 것은 이치에 맞지 않다. 이것은 대외 경제의존성을 높일 뿐만 아니라, 자국의 실정에 맞고 전망있는 경제발전을 이룰 수 있는 기회를 박탈하기 때문이다.

그러므로 자신의 발전 정도에 맞는 개발모델을 계획하고 운용해야 한다. 이런 계획을 이룩하기 위해서는 고유의 문화적 가치와 역사를 올바르게 이해하고 평가할 줄 알아야만 한다. 또한 고유의 민족문화와 지역 전통에 대해 자부심을 가져야 한다. 이것은 국수주의가 아니라 진정한 애국심의 발로이다.

수잔 조지는 『왜 인류의 절반은 죽어 가는가? ; 굶주림의 진정한 이유』라는 책에서 생각해 볼만한 문제를 제기한다.

"지금 세상의 정치·경제적 질서는 19세기 유럽에 비유할 수 있다. 그 당시에 사회는 계급에 따라 통치되었는데, 지금의 제3세계가 그 시대의 노동자계급의 역할을 담당하고 있다. 이제 와서 과거의 사실을 돌이켜 보면, 참을 수 없는 역겨움과 분노에 몸서리가 쳐진다. 그런데 놀라운 것은 공포스럽던 예전의 상황이 지금도 똑같이 아시아, 아프리카, 라틴아메리카에서 재현되고 있으며 갈수록 악화되고 있다는 사실이다. 무려 5억이 넘는 인구가 '절대 빈곤' 상황에 처해 있다. 지난 해, 기업주들은 어떠한 개혁도 극렬하게 반대하면서, 만일 8세 이하의 어린이들이 공장에서 일하는 것을 금지한다면 경제에 절망적인 위기가 닥칠 것이라고 위협했다. 가진 자들은 요즘도 굶주림에 허덕이는 가난한 사람들을 착취하면서,

부와 가난의 이분법적 세계를 고착시키려고 몸부림치고 있다.[1]"

그러면서 수잔은 가난은 하늘이 내린 천벌이 아니라 사회적인 병폐라고 덧붙인다.

지구상에서 굶주림을 없애기 위해 헌신하고 있는 이상주의 단체인 기아해소 프로젝트(Hunger Project)를 살펴보자. 이들이 발간하는 『빈곤의 종식』[2]이라는 간행물에서 밝히는 지구상의 굶주림은 너무도 끔찍해서, 양심이라고는 다 닳아빠진 가진 자들에게도 심한 충격을 주고 있다. 여기, 몇 가지 내용을 소개한다. 농업기술의 발달로 한 해에 거둬들이는 식량생산량의 증가율은 인구증가율을 앞지르고 있지만, 여전히 하루에 약 4만여 명이 굶어 죽어 가고 있으며, 그 중 아이들이 75%를 차지한다. 또 지구상 인구의 1/5인 10억의 인구가 영양결핍에 시달리고 있다. 그러나 설사 우리의 자원을 그 곳에 퍼부어서 지구의 모든 기근을 뿌리뽑기 위해 노력할지라도 제3세계가 진정한 발전을 이루기 전까지는 영양결핍이라는 치명적인 결과는 사라지지 않을 것이다.

굶어 죽는 것보다 더 끔찍한 재앙은 없다. 제 1 · 2차 세계대전 동안 죽은 사람보다 더 많은 사람이, 매 2년마다 굶어 죽어 가고 있다. 1976년 중국에서 지진으로 25만 명이 숨졌을 때, 전 세계 사람들은 진심으로 애도를 표시했다. 그러나 매 7년마다 이보다 더 많은 사람들이 죽어 가고 있다. 이 굶주림의 지역은 동남아시아에서 인도대륙을 거쳐 중동, 아프리카, 라틴아메리카의 적도지역까지 이어져 있다. 그리고 그 가운데 절반이

인도, 방글라데시아, 파키스탄, 인도네시아, 나이지리아에 집중해 있다.

동남아시아는 믿을 수 없을 정도로 비옥하고 풍부한 천연자원을 가지고 있다. 그런데 왜 시암의 대다수 시골 아이들은 영양실조에 걸려 고생하는가? 그리고 말레이반도의 해안에 사는 어부들은 왜 먹고 살기 어려운가? 무엇이 인도네시아의 수많은 농부들을 자카르타의 빈민굴로 이주하게 하는가? 그리고 왜 필리핀 사람들은 고향을 떠나 중동 등지에서 이민노동자로 전락하는가?

시암에는 "들판에는 쌀이 있고 강물에는 물고기가 있다"는 속담이 있다. 이 말은 식민지가 되기 전에 동남아시아의 어느 마을에서나 볼 수 있었던 풍요로움과 자급자족하는 여유로운 삶을 묘사한 것이다. 그 시절에는 누구나 자신의 땅에서 농사를 지었고 손수 옷을 지어 입었다. 그리고 그들은 관습에 따라 스스로를 통제하고 보호했다. 가정과 마을공동체에서는 연장자 순으로 서열을 정하는 전통이 있었으며, 계급과 빈부의 차이는 고정된 것이 아니었다. 사람들은 각자 자신의 기술을 가지고 자연과 조화를 이루며 행복하게 살았다. 그 때에는 경쟁보다는 협동이 중시되었고 자연을 보존하려는 마음이 있었다. 또 부와 권력이 최상의 가치가 아니었으며, 정신적 가치를 얻기 위해 귀한 물건일수록 멀리 하는 것을 미덕으로 여겼다.

이러한 삶이 곧 고통과 착취가 없는 이상사회라고 말하려는 것은 아니다. 물론 여기서도 재앙, 전염병, 전쟁, 여성착취 등 많은 문제가 산재해 있었으며, 토지소유권도 왕에게 있었고, 전쟁이 일어나면 징집되어야 하고 부역에도 나가야 했다. 그 외에도 어려움들이 많았지만, 농촌은 전적으로 자치적으로 운영되었으며 마을마다 각각 독립성을 유지하였다. 그런데 서구의 기술과 식민지정책은 지방자치와 환경에 대한 생각을 극적으로 바꾸어 놓았다. 일용품을 사고 파는 형태가 확산되자 전통적인 지방 수공업이 쇠퇴했으며, 사람들은 스스로 소비하기 위해서가 아니라 시장에 내다 팔 목적으로 작물을 선택하여 농사를 지었다. 자급자족 형태의 촌락은 차츰 사라지고, 지역주민이 통제할 수 없는 시장경제 형태가 확산되었다. 그 결과 상당한 양의 토지가 지방관료나 외국기업의 소유가 되었고, 소작농이나 노동력을 파는 사람들이 차츰 늘어나기 시작했다.

지난 50년 동안, 식민지의 정치적 종속은 근대화라는 명목 아래 경제적 종속으로 이어졌다. 식민지에서 벗어난 정부는 자국의 천연자원을 외국기업에 내다 팔았고, 외국투자자들에 의해 자금이 풍족해지자 서구식 광고에 자극받은 사람들의 소비욕구는 날로 커져가고 있다. 잘 살아보겠다는 기대를 갖게 하는 것은 본질적으로 나쁘지만은 않다. 하지만 예전과 달리 어떤 특정한 물건을 가져야만 행복할 수 있다고 생각하게 만든다면, 이는 해악이고 폭력이다. 아직도 굶주림과 영양실조로 허덕이는 사람들 앞에서 고급 가전제품의 편리함을 선전하는 것은 너무나 비도덕적이지 않은가? 삶의 질이 향상되면 될수록, 필수품뿐만 아니라 사치품도 사고 싶어한다는 것은 분명한 사실이다. 하지만 GNP 증가율을 통계내어 선전하고 그 허위적인 기대치에 허풍떨 듯 과소비를 조장하는 것보다는, 식량위기나 에너지위기 때에 절약을 강조하듯이 적절한 소비생활을 유도하는 것이 중요하지 않겠는가? 거짓된 방법으로 탐욕을 채우지 않고서도, 기쁨을 만끽할 수 있도록 애써야 한다.

환경보존이라는 말속에는 인간이라는 환경도 포함된다. 진보의 과정에서 인간의 존엄성은 희생되어야 할 필요도 없으며, 그래서도 안된다. 개발전략은 이러한 중요한 전제에 진지해야 한다. 지난날 우리는 손님에게 한 잔의 빗물을 받아 주는 것을 자랑으로 여겼다. 그러나 이제는 자신의 일당으로 코카콜라나 초이스커피를 사 줄 수 있어야 스스로 만족스럽게 여긴다.

수출작물재배 증진에 주력하는 농촌개발정책은 농민들에게 옷이나 기계, 심지어 물조차 시장에서 구입하도록 강요하고 있다. 농민의 평균 수입은 증가하였지만 예전에는 지역여건상 사용할 필요가 없었던 소비재들을 너무나도 많이 구입하여야 하기 때문에, 전체적으로는 매우 부정적인 결과를 가져왔다고 평가할 수 있다.

아울러 농업근대화는 천연자원의 대규모 손실을 가져오고 있다. 산림은 황폐해지고 수많은 생물이 삶의 터전을 잃어가고 있다. 농토를 비옥하게 만들고 농민들에게는 풍부한 식량원이기도 했던 물고기나 식용개구리는 화학비료나 살충제로 인해 사라지고 있다. 또한 대형 트롤망은 어족을 고갈시켜 소규모 어업종사자의 생계를 위협하고 있다. 이렇듯 천연자원의 지나친 사용과 생태계의 균형 파괴는 일본이나 서구 선진국 그리고 극소수의 동남아시아 엘리트 계층의 이익으로 돌아갈 뿐이다.

인구증가, 자원고갈, 시장의존도의 증가는 농민들의 생계유지를 더욱 어렵게 만들었다. 지금 농민들은 뚜렷한 희망도 없이 농사를 짓는다. 또 그들은 농사지을 목적으로 빌린 빚을 갚기 위해, 농작물의 시장가격을 따져볼 겨를도 없이 농작물을 내다 팔아야 한다. 그리고 결국에는 먹고 살 것도 남겨 놓지 못해, 빚을 내서 식량을 산다. 이러한 문제는 가뭄이나 홍수를 만나면 더욱 심각해진다. 잉여생산물을 생산할 수 있는 대지주들만이 생산방식을 현대화하거나 정부보조금을 받아 은행 빚을 갚을 수 있고 이윤을 얻을 수 있다. 이런 여건에서 대지주들은 농산물 사업을 위해 외딴 지역까지 손을 뻗치고 있다. 그들은 가난한 농민에게 생계비를 대 주며 농사를 짓게 한 후, 추수 때에 그 비용을 공제한 뒤 농작물을 사들이는 방식으로 자신들의 농장을 경영한다. 극소수의 농민들은 이런 식으로라도 생계를 유지하지만, 이러한 방식은 자본의 농업독점을 초래할 수 있다.

현재 농촌상황은 절박하다. 가족들이 간신히 먹고 살만한 토지를 소유한 농민과 그것조차도 없어서 수확물의 절반을 토지임대료로 떼어 주어야 하는 소작농과 날품파는 사람들이 현재의 농촌을 이루고 있다. 이제 그들은 점점 더 살기 힘들어지리라는 것을 스스로 알고 있다. 그런데도 그들은 시장가격이나 임대료, 세금의 문제에 관여할 수 없다. 생산비는 형편없는 수입에도 불구하고 계속 증가하고 있다. 농민들은 엄청난 이자를 감내하면서 사채업자에게 돈을 빌려야만 한다.

산더미 같은 빚을 진 동남아시아의 수많은 농민들은 차츰 땅을 빼앗기고 생존을 위해 도시로 이주해 가고 있다. 예를 들어 방콕의 경우, 1980년대 초, 3년 동안 인구의 60%인 5백만 명이 증가하였다. 그러나 도시로 이주한다고 해서 가난이라는 문제를 해결할 수 있는 것은 아니다. 도시노동자 중에는 다행스럽게 생존기반을 잡은 사람도 있고, 드물게는 꿈에도 그리던 가족들에게로 돌아갈 수 있을만한 돈을 번 사람도 있다. 하지만 만연된 실업상태는 범죄의 온상이 되기도 한다. 안타깝게도 성인남자들도 저임금 노동에 시달려야 하며, 어린 소녀들은 공장에서 일하거나 서비스업이나 매춘을 강요받기도 한다. 심지어 어린아이들조차 열악한 조건의 소규모 가게에서 불법으로 일하고 있고, 어떤 아이들은 외국으로 팔려 나가기도 한다.

농촌상황의 악화는 마침내 지역 내 지하혁명운동 조직의 성장을 가져왔다. 그들은 자신들의 문제에 필사적일 수밖에 없다. 정부는 이에 대해 계엄령이나, 영장·재판없는 감금, 검열 등 인간의 기본권을 침해하는 강압수단을 사용하여 탄압했다. 동남아시아는 대부분 군사정권이거나 그들의 꼭두각시 정부의 지배하에 있으며, 농민들은 그들의 잔악함에 고통받고 있다. 농협이나 농민단체들은 심한 통제를 받고 있다. 우스꽝스럽게도 대지주의 이익을 위해 봉사하는 농민단체도 있다.

농촌에서 노동력의 절반을 제공하는 여성들은 전통적으로 문화적 억압에 시달려왔다. 그러나 오늘날 여성들은 최저임금을 받으며 가장 고된 일을 해야할 만큼 경제적 압박에 시달린다. 가정부나 매춘부로 일하는 수많은 여성들은 절반의 급료밖에 받지 못한다. 동남아시아의 매춘시장은 전 세계적으로 유명하며, 많은 여성들이 유럽, 홍콩, 일본 등지로 팔려 가고 있다.

동남아시아를 좀더 깊숙이 들여다 보면 지구 전체의 모습을 한눈에 볼 수 있다. 개발로 인한 황폐함과 가난은 제3세계 전역에 퍼져 있다. 강대국들과 아프리카, 남아시아 국가들 사이의 간격은 더욱 벌어지고 있다. 심지어 아시아의 성공담에 낄 수 있는 시암에서도, 농촌의 빈곤과 도시집중 현상이 통제할 수 없을 정도로 계속해서 나타나고 있다.

어떤 사회에서건 정의와 평화는 분배의 문제와 밀접하게 관련되어 있다. 정치가 부(富)와 기회의 불균등을 낳는다면, 복지사회는 요원할 뿐이다. 동남아시아에서는 근본적인 변혁이 절실하다. 유일한 대안은 현재 진행중인 외형확대 경제개발정책을 재고하는 길 밖에 없다. 그렇지 않으면 오직 재앙만이 기다릴 것이다.

10장 개발의 狂氣

− 개발과 파괴

시암에서 뭇 사람들의 존경을 한 몸에 받고 있는 붓다다사 비구(Buddhadasa Bhikkhu)는 불전에서 언급하는 '발전(development)'이라는 단어는 '무질서'나 '혼돈'이라는 뜻을 내포하고 있다고 말한 적이 있다. 그러기에 불전에서 언급한 '발전'이라는 단어는 진보(progress)와 퇴행 둘 다를 의미한다고 덧붙였다. 같은 맥락으로, 이반 일리치(Ivan Illich)는 영어의 'progress'의 어원인 라틴어 'progressio'는 "광기(狂氣)"를 뜻하기도 한다고 말했다.

물질주의자의 개발이론에 따르면, 발전 정도는 물질적 결과로 평가된다고 한다. 예를 들어 수입 액수와 학교, 공장, 병원의 숫자 등이 발전 정도의 척도라고 본다. 그들은 수익이 높아지면 삶의 외형뿐만 아니라 삶의 질도 향상되리라 믿는다. 그러나 질적인 발전을 엄격히 따지고자 한다면, 물질적인 개발뿐만 아니라 인간의 내면적인 개발과도 관련지어 인류의 현실을 생각해 보아야 한다. 그 어떠한 자유도 보장되지 않은 상태에서 먹을 것만 풍족하다면, 그 사회는 과연 온전한 발전을 이룬 사회라고 할 수 있겠는가?

　　　　기본적인 의식주 문제해결은 단지 목숨을 연명하는 역할을 할뿐이다. 인간에게 내면적인 충만 역시 필수적이다. 종교적인 의미로 본다면 인간에게는 적당함이 아니라 충만함을 위해 나아가려는 특성과 신성함이 있다. 대부분의 사람은 '발전'이라는 말을 들으면 언제나 인간의 존엄성이라는 문제를 떠올리게 마련이다. 즉, "인간이란 무엇인가?", "인간은 무엇이 되어야 하는가?"라는 근본적인 의문을 떠올리는데, 이는 우리가 생활의 기본적인 요소를 중히 여기지 않아서가 아니라, 인간의 존엄성 역시 삶을 영위하기 위해선 필수적인 것이기 때문이다. 그러기에 우리는 의식주 문제만을 해결하려 하기보다는 인간성을 충만하게 하여 삶의 질을 향상시키기 위해 노력해야 한다.

　　　　하지만 이러한 접근은 쉽지 않다. 왜냐 하면 정책기획자나 행정가의 자질과 도덕성이 부족하기 때문이다. 동서양을 막론하고 정책기획자들은 인간존재라는 복잡한 문제를 연구하는데 투자하기를 꺼리기 때문에, 그 문제는 보통 사람으로서는 이해할 수 없거나 말할 수 없는 형이상학적이고 종교적인 부분이라고 둘러댄다. 게다가 일부 철학자, 신학자와 종교 지도자들은 보통 사람으로서는 이해하기 힘든 언어를 사용하거나 종교를 믿지 않는 사람들을 멸시하는 태도를 보여, 대중들의 비난을 자초하기도 한다. 이러한 정신적 지도자들은 보통 사람들의 관심사와는 관계없는 문제를 토론하는 데에 많은 시간을 소비한다. 그 결과 '발전'을 둘러싼 문제들은 전문가의 손에 맡겨진 운명에 있다.

발터 바이스코프(Walter Weisskopf)는 『소외와 경제』[1]라는 책에서, 인생에서 가장 절실하게 느끼는 문제는 경제문제가 아니라 실존의 문제라고 말했다. 이 문제는 여가, 명상, 사랑, 공동체, 그리고 자아실현과 관계있다. 아시아의 신세대가 이 말을 체감할 수 있도록 하기 위해서는 인생과 경제의 문제를 가치중심으로 설명하는 체계가 필요하다. 아울러 경제를 사회적, 생태학적 상황을 고려하여 설명할 수 있어야 한다. 21세기의 경제문제는 다양한 측면에서 접근해 나가야 한다. 경제학자만이 문제를 해결할 수 있다는 편견으로는, 우리의 밝은 미래를 기대할 수 없다. 지금은 소수의 특별한 전문가와 더불어 다수의 관심이 있는 사람이 필요한 시기이다.

현재의 경제이론은 미래에 대한 전망과 삶의 질에 관한 문제들을 고려하지 않고 단순하게 결과물만으로 발전 정도를 평가한다. 그리고 교육학자들은 어떤 교과과정이 학생들에게 도움이 되었는가가 아니라 학생과 학교 수, 그리고 교과과정이 얼마나 증가되었는가에 따라 교육제도를 평가한다. 보건학자들도 의사와 병원의 수나 공공복지 예산의 규모를 따지기에만 급급하다. 문제는 질적 측면과 내용으로 평가하지 않고, 양적 측면과 외형으로 평가하는데 있다. 지금 세계 각국에서 심장이나 신장이식, 그 외 여러 가지 질병에 관한 예방법들이 근대의학의 성공 업적으로 높게 평가받고 있다. 그러나 이런 업적에도 불구하고 선진국 국민들 대부분은 한가지 이상의 질환에 시달리고 있다. 그들은 자신을 스스로 돌볼 수 없기 때문에 전적으로 의사에게 의존해 살고 있다. 사람들은 가벼운 두통이나 미열이라도 있으면 곧장 병원으로 달려가고, 부부사이의 문제도 정신과 진료를 받는다. 종교전문가조차도 종교의 발전 정도를 평가함에 있어 교회의 수, 교회의 수입, 신자의 수 내지는 종교출판물의 수를 중요한 척도로 삼지, 신자의 근본적 인성변화나 자기 희생, 이웃사랑 따위는 고려하지 않고 있다.

현재 개발의 추진은 전적으로 정치가나 경제학자의 몫이 되었다. 그들은 보통 사람들을 단순히 소비자와 노동력 제공자로 인식할 뿐이다. 또 삶의 질의 추락, 환경오염, 착취, 폭정 등의 문제는 어쩔 수 없이 발전에 수반하는 부산물 정도로 치부해 버린다. 예를 들어 개발도상국가에서 어떤 산업시설을 건설한다고 가정해 보자. 외국자본을 도입할 테고 현대식 기계도 수입할 것이며, 외국인 전문가도 초청할 것이다. 한편 지역노동자들은 저임금을 받으며 힘든 일에 종사할 것이고, 공장에서는 밤낮으로 산업폐기물이 흘러나올 것이다. 개발에 따른 이익은 누구의 몫인가? 노동자들은 가난에서 벗어날 수 있는가? 사회적, 경제적 평등을 이룰 수 있는가? 평화로운 세상이 왔는가? 사회복지의 목표를 달성하고 있는가? 딱하게도 이러한 의문을 품는 것 자체가 개발의 장애로 간주된다. 실제 개념과는 반대로 소위 개발이라는 것은 건강한 인간사회를 만드는데 장애일 수 있으며, 전통문화나 삶의 질을 파괴하는 괴물일 수도 있다. 하지만 정치가들이나 경제학자들은 이러한 문제에 대해 전혀 생각하지 않거나, 아주 조금 밖에 고려하지 않는다. 그들은 실제로는 국민복지에 대해 기여한 바가 없음에도 불구하고, 마치 자신들이 그것을 위해 지대한 관심을 가지고 있었던 것처럼 떠들어댄다. 좀 과장해서 말하면 공장의 유일한 기능은 외국투자가들이나 극소수의 지역투자가들이 돈을 벌 수 있도록 도와 주는 것일 뿐이라 할 수 있겠다. 일부 지역투자가들은 지역주민들의 정치적 권리 행사를 방해하고, 이들을 괴롭히면서 자신들의 영리만을 추구하고 있다.

경제학자나 정치가는 실증적인 경제지표로써 GNP의 증가를 즐겨 사용한다. 만일 GNP가 몇 년 동안 계속 증가한다면, 경제학자는 지속적인 성장의 기반을 이루었다고 말할 것이다. 실제로 이런 식의 계산은 로스토우(Rostow)의 경제 도약이론*에 근거하고 있으며, 실제 이 이론은 많은 개발계획을 뒷받침하고 있다.

그렇지만 이 이론이 정당한지를 의심해 보아야 한다. 왜냐 하면 인구의 10%가 부의 80%를 차지하는 경우도 발생하기 때문이다. 이러한 현상은 주로 개발도상국가에서 나타나는데, 말 그대로 부익부 빈익빈(富益富 貧益貧) 현상을 가속화한다. 일부 경제학자들은 균등한 부의 분배는 애당초 이루어질 수 없으므로, 분배의 공정함이나 경제적 균등은 고려할 가치조차 없다고 주장한다. 그리고 만에 하나 그러한 상태가 이루어진다

---

* 그의 이론에 따르면, 가난한 사회가 근대적인 경제성장을 이루기 위해서는 도약이 필수적이며, 이에는 적어도 3가지 필요조건이 충족되어야 한다. 그가 제시한 필요조건은 다음과 같다. 국민총생산의 5-10%를 생산설비에 재투자할 것. 적어도 한 가지 이상의 제조업 부문이 경쟁력을 확보하여 다른 부문을 선도할 것. 경제성장을 유도·촉발할 수 있는 정치·사회·제도적 구조가 이미 존재하거나 곧 마련될 것. 실제 그의 이론은 개발도상국의 경제개발을 이론적으로 뒷받침하는데 널리 사용되었다. 그러나 그의 이론에 따라 경제도약을 계획하던 남미의 경제성장이 한계에 빠지자, 이에 대한 비판이 제기되었다. 이에 따라, 개발도상국이 선진국으로 도약하는 것은 불가능하다는 주장이 한때 유행하였다. 이런 비판이론이 바로 종속이론이다.
이에 관한 자세한 논의는 w.w.Rostow, *Stages of Economic Growth*, 2nd ed.(New York;cambridge Univ. press, 1971)를 보라. 역자 주

면, 더 이상의 경제성장은 이루어질 수 없고 자립할 수 있는 기반이나 도약점(跳躍占)에 다다를 수 없을 것이라고 하며 꺼려한다. 실제로 한국, 싱가포르, 시암, 말레이지아처럼 성공한 나라들에서도 진정으로 동등한 기회는 주어지지 않고 있다. 이들 나라에서도 소수의 사람들은 편하게 살지만 대다수의 국민들은 가난하다. 일부 경제학자들은 이런 상태를 불가피한 것으로 본다. 왜냐 하면 노동비용이 낮게 유지되어야만 외국인의 투자가 계속되기 때문이며, 이러한 상태는 GNP가 꾸준히 상승하는데 도움을 주기 때문이다.

자본가들은 최대한의 이익을 확보하는 방법으로 투자한다. 그들은 천연자원의 고갈 따위는 생각하지 않는다. 수많은 사람들이 생필품을 구하기 위해 몸부림치지만, 자본가들은 별 효용성이 없는 사치품을 생산할 수도 있다. 지구 한편에서 옥수수나 밀을 초과생산하면, 생산자들은 가격을 올리기 위해 기꺼이 그것을 태워 없앤다. 선진국에서 시장을 통제하기 때문에, 개발도상국가는 농업이나 생필품제조업보다는 호텔산업, 관광산업에 우선 순위를 둘 수밖에 없다. 그리고 개발도상국의 부유층은 호텔과 관광지에서 돈의 즐거움을 만끽한다.

자본주의는 이윤을 목적으로 하지 공공복지를 목적으로 하지 않는다. 자본주의 국가에서 기업이 자선사업에 참여할 수는 있으나, 기업의 주요 목적은 이윤추구이기 때문에 가질 수 있는 최대한의 이익을 노동자와 소비자로부터 빼앗으려고 한다. 부유한 나라일수록 노동조합의 힘이 강하고 공무원들은 정직하며 소비자들도 자치적인 조직을 가지고 있기 때문에, 생산자들도 이에 따라 보다 높은 윤리의식을 가지고 있다. 하지만 가난한 나라에서는 이와는 거리가 멀어 부정과 착취가 만연한다.

자본주의 사회에서 대중매체는 실제 필요하지도 않은 물건에 대해 구매욕구를 자극한다. 자본주의는 사람들에게 선택의 권리를 부여함으로써 자유를 준다고 선전하지만, 이는 전혀 사실이 아니다. 광고는 사람들을 현혹시키고 나아가 소비를 강요하기까지 한다. 광고 대행업자들은 광고 제작 계약을 체결하는 즉시, 과대 광고와 선정적인 내용으로 가리지 않고 사람들을 현혹하기 위해 상품을 과대 포장한다. 또 사지 않으면 세상살이에 뒤처지는 것이라고 슬쩍 엄포를 놓기도 한다. 이런 상황에서의 선택은 진정한 선택이 아니며, 이쯤 되면 진정한 자유를 누릴 수도 없다. 독재체제하에서 정부선전물은 너무나 거칠고 조잡하기 때문에, 본색을 숨기기 어렵다. 국민들은 정권이 자신들을 속이고 있음을 어렵지 않게 파악해 낸다. 그러나 사람들의 욕심을 이용한 속임수는 그 진실을 파악하기 어렵다. 가난한 시골에 전기가 들어오면, 사람들은 자신들이 아무리 가난하다고 해도 텔레비전만큼은 꼭 사고야 말겠다고 마음 먹는다. 사람들은 텔레비전을 사기 위해 농사지을 땅을 팔거나 어린 딸을 팔기도 한다. 이윽고 집의 가장 중요한 자리를 차지한 텔레비전은 사람들을 세뇌시킨다. '행복해지길 바라십니까? 그러려면 더 많은 것들을 사야합니다.'

발전이 물질적 성공에 의해 평가되는 한, 사람들의 욕심은 더 많은 긴장과 갈등을 만들어 낼뿐이다. 사람들은 물질적 이득을 독차지하기 위해 점점 더 서로를 이용하고 억압할 것이다. 역설적으로 희망은 사람들의 마음가짐에 달려있다. 소비자들이 좀더 자신의 욕구를 자제하여 물질적으로는 생필품 정도에 만족하면서 서로를 도우려는 마음을 가진다면, 개발과 자본주의의 해로운 면들은 완화될 것이다.

베버(M. Weber)의 신교도적 노동윤리라는 개념을 받아들이건 받아들이지 않건 간에 기독교 사회에서 자본주의가 제일 먼저 성장하였고 번창하였다는 사실은, 역사적으로 가슴 아픈 일이 아닐 수 없다. 자본주의가 번창할수록, 사회는 예수의 가르침으로부터 점점 더 멀어졌다. 오늘날 서구문화는 불교사회에서도 번성하기 시작했다. 타이의 옛 조상들은 서구문명을 받아들이라고 강요받았지만, 오늘날 그 후손들은 자본주의와 물질주의를 자발적으로 다투어 받아들이고 있다. 불교인임을 자부하는 나는 우리 사회에 불교정신이 남아 있는지를 회의해 본다. 발전의 중요한 잣대로서 GNP를 따지는 것은 자본주의에서 뿐만이 아니다. 소위 사회주의 국가라는 나라들도 자본주의 국가와 동일한 척도를 사용하고 있다. 인간의 가치를 물질주의에 의존하여 수치로 평가하는 나라들은 그들이 어떠한 이데올로기를 가지던 간에, 이미 오십보백보(五十步百步)이다.

물질주의에 기초한 발전에 우려를 표시하는 경제학자들도 꽤 있다. 언젠가 케인즈(Keynes)는 자본주의의 약점을 완화하기 위해 노력하였다. 그리고 최근 국제연합의 사회발전 조사위원회에서는 모든 사회마다 수입이 비슷해질 수 있는 방법을 모색했다. 이 위원회에서는 발전을 평가하기 위해 77가지 목록을 만들었는데, 평균연령 · 영양상태 · 취학률 · 전기사용 인구비율 · 인구수에 대한 건물수의 비율 · 라디오와 텔레비전의 보급률·남자 농민수에 대한 농산물의 생산량 등이 대표적인 항목이다. 국제연합의 조사단은 국가 전체 수입의 증가로 평가하는 선입견을 버리고, 국가의 발전목표와 공정하고 균등한 부의 분배 정도에 따라 판단하려 하였다. 그 결과 그들이 선택한 항목은 발전을 가늠하는 바람직한 척도가 될 수 있었다. 이것은 진정 진보의 발걸음이었지만, 안타깝게도 더 이상 나아가지는 못했다. 왜냐하면 위원회 역시 공정한 분배를 이루기 위해서는 더 많이 생산할수록 좋다는 가정을 설정했기 때문이다.

우리는 악순환에 빠져 있다. 발전하면 할수록 새로운 문제들이 빠르게 생겨나며, 전문가조차도 모순상황을 해결하지 못하고 있다. 전문가들은, 성장이 멈추면 사회가 정체될 것이라고 생각한다. 그들은 경제성장에만 몰두하고 있기 때문에, 성장의 후유증에 대해서는 생각하지 못하고 있다. 부정이 어느 곳에서나 만연하고 있지만, 사람들은 그것에 눈감고 살려한다. 그저 자신을 돌보는 데만 신경쓸 뿐이다.

시암에서 국가의 개발정책을 재고하는 모습은 찾아볼 수 없다. 시암은 자본가와 자본주의 경제학자들이 만들어 놓은 청사진을 아무 생각 없이 따라가고 있다. 이에 반대하는 사람들에게는 민중선동가나 공산주의자라는 꼬리표를 붙여서 국가에 대한 불충(不忠)이란 죄를 씌워버린다. 그러나 물론 이러한 개발형태는 국민의 행복을 증진시키지 못한다. 대책 없는 개발정책에 의해 산림이 훼손되고 멸종위기에 처한 야생생물들이 일단 사라지고 나면, 자연환경을 원래처럼 되살릴 수는 없을 것이다. 전 세계의 인류가 미국인처럼 살려고 한다면, 화석연료는 50배, 철은 100배,

그 밖의 광물들 중 어떤 것은 200배 이상을 사용해야만 할 것이다. 그리고 다른 나라 사람들의 생활수준이 미국인의 생활수준에 도달하면, 미국의 소비수준은 다시 세 배 이상이 뛸 것이고, 이에 따라 훨씬 더 많은 자원이 필요해질 것이다. 그러나 분명한 점은, 세상에는 그렇게 사용할 만큼 천연자원이 충분하지 않다는 사실이다. 지구를 있는 그대로 보존하지 못하고 오랫동안 삶을 지탱할 수 없게 만드는 이런 생활방식들이 과연 도덕적일 수 있을까? 지구를 위해서 그리고 우리의 영혼을 위해서 진지하게 생각해야만 하리라.

11장 개발의 어둠을 밝히는 불교적 모색
— 절망의 개발, 희망의 개발

불교적인 관점에서 "일반적 의미의 발전"은 부정적인 뜻을 함축하고 있다. 경제학자들은 통화량의 증가와 물질적인 성장을 발전이라고 말한다. 그리고 정치인에게 있어 발전이란 권력의 증대를 의미한다. 두 경우 모두 겉만 번지르하게 외형확대를 추구하고 헛된 망상을 기른다는 점에서, 결국 발전이란 욕망과 분노 그리고 어리석음〔貪瞋癡〕을 기르는 것이다. 불교도의 관점에서 "진정한 의미의 발전"이란 이렇게 세 가지 독해를 기르는 것이 아니라, 오히려 그것을 줄여 나가는 것이다. 이렇게 하기 위해서는 정신적인 힘의 두께를 몇 겹 길러내야만 한다.

불교에서 말하는 발전은 타오르는 욕망을 극복할 때만 가능하다. 일반적인 견해로 볼 때 발전이란 욕망을 충족시키면서 이루어지는 것이지만, 불교적 견해로는 욕망이 적으면 적을수록 더 큰 발전을 이룰 수 있다고 볼 수 있다. 즉 발전하려면 욕망을 버려야만 하는 것이다.

이와 관련하여 1920년대에 막스 쉴러는 다음과 같이 말했다.

"일찍이 한번도 생각해 보지 못한 의문이 심각하게 엄습해 옴을 느낀다. '과연 서구문명이 부당한 방법이라곤 조금도 사용하지 않고 이렇게 엄청난 성장을 이룰 수 있었겠는가?' 라는 물음이 우리의 뇌리를 짓누르고 있는 것이다. 만약 우리가 스스로를 조절하는 능력과 심리적으로 안정적인 삶, 영혼에 대한 희망, 인내심 그리고 이를 가능하게 하는 명상법과 같은 것을 잃어버린다면, 이런 의문은 더욱 가공할만한 모습으로 나타날 것이다. 그렇다면 어떻게 해야 하는가? 우리는 삶을 영위하는 모든 존재와 손을 잡아야 할 것이며, 세계를 한 울타리로 연대하겠다는 의지를 최고 원칙으로 삼아 가슴속 깊이 새겨야 한다. 그리고 어느 특정한 교리나 이데올로기만으로 세상을 조망하려들지 않아야 한다. 교리와 이데올로기는 삶 속에서 구체적으로 실천될 때만, 그 의미가 생명력을 가지는 것이다."[1]

이 말은 불교적 발전 개념의 핵심을 드러낸다. 불교적 의미에서 발전이란 자비심 등의 정신적 힘을 연마할 때만 가능하다.

진정으로 발전된 도시란, 고층건물이 빼빼이 들어선 곳이 아니라, 전체적인 조화, 편안함 그리고 공동체를 이루는 구성원들에 대한 존경심이 깃들어 있는 도시이리라. 이런 도시에서 사는 사람들은 몸에 좋으면서도 간편하고 가공비용이 적게 드는 식품, 즉 낮은 먹이사슬 단계의 것들을 선호할 것이며, 유독한 첨가제와 낭비적인 포장이 없는 것을 즐기려 할 것이다. 그리고 식탁을 꾸미기 위해 동물들을 시간당 오십만 마리나 죽일 필요도 없을 것이다. 더불어 새로운 노동윤리에 따라 일을 즐기면서 다른 사람과 조화롭게 일할 수도 있을 것이다. 단지 다른 사람을 앞지르려는 일념으로 일을 한다면, 일한 만큼 고통은 커지게 된다. 슈마허는 『작은 것이 아름답다』[2]라는 책에서, 서양경제가 인간존엄성을 외면하고 물질추구의 극대화만을 조장한다고 비판하면서 경제학의 새로운 개척분야로서 불교 경제학을 소개했다. 더불어 그는 불교적인 발전 개념에 따라, 인간에게 봉사하기보다는 인간을 지배하려는 경향이 있는 "거대화"의 추세- 특히 기계에 있어- 는 반드시 피해야 할 것이라고 강조했다. 극단적인 "거대화" 선호나 탐욕을 피할 수 있다면, 우리는 불교적 발전을 모색하는 '바로 그 올바른 길〔中道〕'를 따르는 셈이다. 이렇게 할 수 있다면, 산업화 과정에서도 모든 존재에 의미를 부여할 수 있고, 또한 모든 존재가 만족스러워 하는 세상을 만들 수 있을 것이다.

　　불교적 발전의 개념에서 볼 때, 슈마허의 『작은 것이 아름답다』는 취지는 결코 틀린 말이 아니다. 하지만 그의 이러한 주장도 내적 수련을 우선하지 않고서는, 이 책이 주는 진정한 의의를 상실할 수밖에 없다. 지금 가장 중요한 일은 자기를 수련하는 일이다. 스리랑카의 사르보다야 쉬라마다나(Sarvodaya Shramadana) 운동*은 불교를 먼저 개인의 삶에 적용하여 개인을 변화시키고, 그 다음 작은 마을에 적용하여 마을공동체를 변화시킨다. 사르보다야 쉬라마다야 운동의 4대 원칙은 사무량심(四無量

---

*스리랑카에서 벌어지고 있는 새로운 사회건설 운동으로, 불교의 사성제(四聖諦), 팔정도(八正道), 사무량심(四無量心)을 중심사상으로 하여 빈곤과 계급차별이 없는 새로운 사회를 건설하자는 운동이다. 역자 주

心) 즉, 이웃을 사랑하기〔慈〕, 힘들어하고 아파하는 이를 불쌍히 여기기〔悲〕, 함께 즐거워하기〔喜〕 그리고 시기심과 탐욕을 특징으로 하는 이기적 자기를 버리기〔捨〕이다.

"자(慈)"는 자기 내부의 단련을 통해서 길러지는 것이 아니라, 다른 사람에게 행함으로써 더욱 증진된다. 자기 성찰 수련은 행복이 가득 찬 큰마음을 만들 수 있고, 이 과정을 통해 다른 사람을 행복하게 만들 수 있다. 그렇게 되면 자기의 사랑은 점점 커질 것이고 다른 사람에게도 전파될 것이다. 이것이 "자(慈)"의 인식과정 그리고 확대 재생산과정이다. "비(悲)"는 다른 사람의 아픔을 공유하는 것이다. "비(悲)"의 마음이 싹트면 타인의 고통을 자기 몫으로 여기게 마련이다. "희(喜)"는 함께 하는 동정(同情)의 즐거움이라 할 수 있는데, 다른 사람이 즐거워하면 그 즐거움을 나의 즐거움으로 여기고 함께 즐거워하는 것이다. "사(捨)"는 타인과의 관계에서 욕심과 시기심을 제거하라는 것이다. 욕심과 시기심을 배제해야만 마음의 평정을 얻을 수 있고, 세계를 올바로 볼 수 있기 때문이다. 또 그럼으로써 마음속에 즐거움을 얻을 수 있기 때문이다. 자비희사(慈悲喜捨)의 각 덕목의 성숙은 여타 덕목의 성숙을 동시에 촉발한다. 예를 들어 "자"가 성숙된다면 "비", "희", "사"도 성숙하게 된다는 것이다. 즉, 자비희사의 각 덕목은 더불어 발전하는 것이다. 우리가 물질적 축적이 아닌 마음의 행복이나 인류 전체의 행복에 관심을 둘 때, 비로소 우리 공동체의 발전은 시작될 것이다.

최근 몇 년 간, 스리랑카와 버마 사람들은 심한 격동과 혼란을 경험했다. 하지만 그들은 진정한 깨달음을 얻을 수 있는 해결책을 가지고 있었다. 반면, 시암은 유구한 불교전통에도 불구하고 이미 자신감을 상실하여 버렸다. 현재 시암에 알게 모르게 많은 영향을 준 서구의 발전모델은 불교의 자비회사 정신과는 거리가 멀다. 불교전통과 서구모델의 갈림길에서, 시암은 중간노선을 선택했다. 다행히 우리가 불교전통과의 단절을 선택하지는 않았기에, 아직 우리에게는 희망이 있고 그 희망만큼 우리가 해야할 일도 많이 남아있다.

불교적 발전의 궁극 목표는 평등과 자유, 속박에서 벗어남 그리고 사랑이다. 어떤 사회에서든지, 만약 그 구성원이 이기심을 줄이기 시작하면 불교적 발전은 이룰 수 있으리라. 그렇게 하기 위해서는 두 가지 깨달음이 필요하다. 하나는 욕망, 분노, 어리석음〔貪瞋癡〕을 해소하는 내적 깨달음이고, 다른 하나는 개인의 욕망, 분노, 어리석음이 사회에 어떤 해악을 미치는가에 대한 성찰인 외적 깨달음이다.

부처는 처음 득도한 후, 세상은 고통으로 가득 차 있다고 가르쳤다. 지적수련자로서 우리는 부처가 말한 고통의 의미를 이해하고, 이 말의 의미를 사회문제에 적용시켜 봐야 한다. 부처의 가르침처럼 세상이 고해(苦海)라면, 과연 고통없는 세상은 언제 어떻게 도래하는가? 그것은 내적 수련과 비폭력적 방법을 통해서만 가능하며, 이러한 방법으로 정진해 나갈 때, 고통없는 세상이 다가오기 시작할 것이다.

이제 시암에서 부처의 가르침을 현대사회에 적용하려고 시도해 본 두 분의 스님을 소개해 보겠다. 어떤 큰스님이 회고하길, 스님이 젊었던 시절, 태국의 북동부인 수린(Surin)지방 사람들은 매우 행복해 보였다고 한다. 그 시절 수린지방 사람들은 서로 의좋게 지냈으며 평화와 행복감("Sanuk")을 만끽하며 살아갔다. 마을 주변에는 숲이 무성했고 코끼리는 그 숲을 자유롭게 노닐었다. 주민들은 가난했지만, 그들의 가족뿐 아니라 수도승을 위해서도 식량을 충분히 생산하려고 애썼다. 그들은 불교에서 말하는 네 가지 필수품인 음식, 옷, 거처, 그리고 약을 모두 구비하고 있었다. 그런데 지난 30년 동안 부단한 개발과 건설의 지속으로, 그 결과 지금 숲과 코끼리는 모두 사라졌으며, 그 지방의 생산물은 방콕과 다른 나라로 송출되었다. 그리고 그 지방 사람들은 식량부족에 시달려야 했고, 크나 큰 심리적 고통을 겪을 수밖에 없었다.

큰스님은 무엇인가 잘못되어 가고 있음을 깨달았다. 스님은 사람들에게 말했다. "선정수련이 개인적 구원만을 위한 것이어서는 안되며, 사회 전체의 복지를 위한 것이어야 합니다. 지금은 사회 전체에 대한 고려가 필요합니다. 우리는 지난 수세기 동안 지켜왔던 전통을 되돌아볼 필요가 있습니다." 처음 스님이 이렇게 말했을 때, 사람들은 스님을 따르려 하지 않았다. 하지만 차츰 그들은 존경심을 갖고 스님을 믿기 시작했다. 이윽고 "대안을 찾아봅시다"라고 스님은 말했고 "자치농장"을 대안으로 제시했다. 전통적으로 반공동사회(反共同社會)경향이 매우 강했던 시암에서, 만약 스님 아닌 다른 사람이 "자치주의"나 "자치농장" 따위의 말을 사용했다면, 그는 공산주의자로 낙인찍히고 고발당했을 것이다. 그러나 청정하고 자비로운 마음을 가진 스님의 말씀이었기에 사람들은 스님에게 감화받아 구름처럼 몰려들었다.

　　스님은 주민들이 서로서로 도우면서 노동력을 공유하여 농사지을 수 있도록 용기를 북돋아 주었다. 스님은 개인적 야심과 경쟁심은 각자에게 더 큰 고통을 가져다줄 뿐이라고 설교하였으며 만성적인 식량부족을 극복하기 위해 쌀은행을 설립하자고 제안했다. 그리고 사원은 쌀은행의 운영에 도움을 주었다. 이제 마을 사람들은 무엇이든지 잉여생산물이 남으면 쌀은행에 일임했다. 쌀은행은 사원의 협조를 받아 그것을 저장했다. 그리고 누구든 필요로 하는 이에게 나눠주었다. 쌀은행은, 사원에 보시하는 전통을 지금의 사회현실에 맞게 적용하여, 자신들의 문제를 해결한 성공적인 대표 사례이다.

　　스님의 다음 계획은 물소은행이었다. 보통 불교도들은 물소를 죽이려하지 않는다. 스님은 이점에 착안하여 사원에서 물소를 키우면서, 물소를 살만한 여유가 없는 사람에게 새끼를 나눠주었다. 유일한 조건은 물소를 자기 몸처럼 소중히 다루어야 하는 것과 어미 물소가 새끼를 낳으면 새끼의 절반을 물소은행에 반납하는 것이었다. 생각해 보자. 스님의 발전에 대한 현대적 접근방법은 전통적 가치와 운용방법에 기반을 두고 있으면서도, 혁신적이고도 모범적으로 현대사회에 잘 들어맞지 않은가?

　　불교정신을 진정으로 실천한 다른 한 스님은 프라카루 사콘(Phrakaru Sakorn)이다. 스님은 쉰 살을 넘어서야 초등학교를 마쳤다. 스님은 방콕에서 멀리 떨어진 사무트 사콘(Samut Sakorn)지방에 있는 와트 욕라바트(Wat Yoklabat) 수도원의 원장이었다. 그 지방은 바닷가의 척박한 땅이었다. 또 시도 때도 없이 바닷물이 범람해 가옥을 부수고 배를 망가뜨리곤 했다. 주민들은 생존을 위한 어떠한 방법도 찾질 못했다. 게다가 그 지방의 사람들은 대부분 가난한 무지렁이였다.

살아갈 길이 막막했던 주민들은 자포자기의 심정으로 도박장이나 술집을 제집 드나들 듯 출입했고, 오로지 복권당첨 등의 요행만을 바랐다. 스님은 주민들의 처지를 이해하고 불교교리 강좌보다는 실질적인 도움이 절실히 필요하다고 생각했다. 스님은 먼저 제방과 운하 그리고 도로를 건설했다. 이를 위해 스님은 함께 일할 주민들을 모아 자치회를 조직했다. 또한 스님은 식량부족이 가장 시급한 문제라고 판단하고 식량수확이 잘 되기만 하면 가난을 근절시킬 수 있으리라고 생각했다. 그래서 스님은 인접지역을 본보기로 삼아 코코넛나무를 심자고 제안했다.

주민들이 코코넛을 재배하기 시작했을 때, 스님은 코코넛을 헐값에 사들이는 중간 상인들에게는 코코넛을 절대로 팔아서는 안된다고 충고했다. 대신에 스님은 전통적 기술을 사용하여 코코넛 설탕을 만들어야 한다고 가르쳤다. 그리고 코코넛 설탕을 직접 수출할 수 있는 방도를 모색했다. 마침 인근에 공공사회 발전에 관심있는 대학이 있었다. 주민들은 근처에 있는 대학의 도움으로 코코넛 설탕을 전 세계에 팔 수 있었다. 스님은 또 야자나무를 길러 건축자재로 이용할 것과 약용 허브를 기를 것을 제안했다. 마을 사람들은 스님의 제안을 실천했고, 이윽고 스님의 인도에 따라 음식, 거처, 옷 그리고 약품을 자족할 수 있었다.

이 두 예는 불교적으로 사회발전에 참여한 본보기라 할 만하다. 불교에서는 선지식(善知識;좋은 동반자, Kalyamamitta)를 중시한다. 만약 사회정의를 진정으로 원한다면, 서로를 이해하고 도와야만 하며 지역과 지역은 서로 연대해야 한다. 이런 맥락에서 제3세계 국가는 선진국과 연대해야 하고, 제3세계끼리도 연대해야 한다. 가난한 어부는 일하는 여성을 도와야 하고, 또 일하는 여성은 산업노동자를 도와야 한다. 모두는 서로서로 손잡고 서로에게 힘을 주는 관계를 맺기 시작해야 한다.

여기에서 선진국들도 어떤 의미있는 메시지를 얻을 수 있었으리라. 서구인들은 자신들의 삶에 해를 끼치는 독단적인 요소가 있음을 깨닫기 시작했다. 데카르트 철학*류의 사고방식과 가치관에 한계를 느낀 서구인들은, 다른 사회로부터 배워야 할 필요가 있다고 생각하고, 실제 배우려고 노력하고 있다. 이것은 중대한 변화라 아니할 수 없다. 이러한 깨달음과 이해를 겪고 난 서구인들은, 시암을 비롯한 다른 개발도상국을 깜짝 놀라게 할 정도로 많은 도움을 주고 있다.

이런 실례는 인도 북쪽의 라다크(Ladakh)에서도 볼 수 있다. 라다크는 티벳고원의 가장자리에 위치하고 있다. 연간 강수량이 몇 인치도 안 될 정도로, 환경생태학적으로는 거의 불모지대이다. 그런데도 1970년대까지 라다크의 주민들은 긍지를 갖고 살아왔다. 알다시피 그들은 문명으

---

* 데카르트(Rene Descartes)는 사람에게는 명석·판명한(Clear and distinct) 사유능력[理性]이 있으며, 이런 사유능력이 있는 존재만이 의심할 수 없는 실체라고 선언하였다. 그래서 그는 "나는 사유한다. 그래서 나는 존재한다.(Cogito ergo sum)"고 주장한 것이다. 그의 절대적 이성을 가진 존재, 사유하는 존재로서의 실체는 서양 근대철학의 대표적 세계관으로 자리잡았고, 인간이 신의 속박에서 벗어나 능동적으로 인식·판단할 수 있게 했다는 점에서 기념비적인 철학사적 공헌을 했다. 하지만 그의 철학은 교류·침투불가능한 실체관을 전제함으로써, 존재 간의 연대가능성을 파기했다는 부정적 측면을 유산으로 남겼다. 역자 주

로부터 고립되어, 서구의 기준으로 보면 그들은 가난했지만 자급자족할 수 있었고 퍽 행복한 공동사회를 꾸리고 있었다. 그러나 인도정부가 그 곳으로 통하는 길을 닦고 여행자가 도착하기 시작하면서, 라다크의 주민들은 여행자를 모방하고 코카콜라 따위의 서구상품을 갈망하기 시작하였다.

    라다크를 배경으로 한, 웃기고도 가슴 쓸쓸한 이야기가 있다. 거의 20년 동안 라다크지방에 살면서 라다크주민들이 주인공으로 등장하는 영국의 헬레나 노르베지 호지(Helena Norberg Hodge)가 쓴 연극대본의 줄거리이다. 이야기는 몇몇 라다크사람들이 뉴욕에 갔다가 고향으로 돌아오는 장면에서부터 시작한다. 이웃 사람들은 그들에게 뉴욕에서 무엇이 좋았는지를 묻는다. 그들은 뉴욕생활을 재연하고, 이를 본 가난한 이웃 주민들은 뉴욕에서 유행하는 옷을 입고 싶어한다. 여전히 가난하지만 그들은 인도본토에서 사온 흰 빵을 먹는다. 그러나 그들보다 더 잘사는 다른 마을 사람들은 그들과 다르게 선조들이 먹던 것과 마찬가지로 자연식을 먹는다. 그들은 면으로 만든 옷을 입기 시작했고, 그러기 위해 다른 지역으로부터 다량의 면을 사들여야만 했다.[3]

    이 이야기는 발전이란 쌍방통행도로와 같다는 것을 시사한다. 깨인 사람들은 발전이란 단순히 물질의 팽창만을 의미하지 않는다는 사실을 깨닫기 시작한 것이다. 깨인 사람들은 소비문화에 의해 촉발되는 많은 문제들을 거부하고 자연에 대해 외경심을 가진다. 우리의 전통은 자연에 대한 외경(畏敬)을 강조하고 불필요한 소비를 배척하지만, 광고는 사람들을 소비문화에 익숙해지도록 세뇌시키고 있다.

현재 남아시아는 미국인, 유럽인, 그리고 일본인들의 주요한 여행 목적지가 되었다. 그들은 이 곳에서 돈을 마구 쓰며, 비행기로 날아다니고, 자기네 음식을 먹고, 자기네 가이드를 고용하며, 자기네 언어를 쓰면서, 과시하듯 이곳저곳을 기웃거리고 난 후, 이전보다 더 바보스러워 진 채로 집으로 돌아간다. 물론 방콕은 외국인 방문객에게는 매우 매혹적인 곳이다. 일부 일본인, 유럽인 그리고 중동인 남자들은 성을 즐기기 위한 매춘여행을 목적으로 방콕을 찾아든다. 방콕에서 그들은 몇 푼 안되는 적은 돈으로 소년, 소녀 등 그들이 원하는 모든 것을 가질 수 있다. 이는 AIDS시대에 소름끼치는 일이 아닐 수 없다. 이렇게 하기보다는, 차라리 집에서 편히 쉬면서 텔레비전을 통해 세상에 관한 흥미로운 이야기에 주의를 기울이는 편이 나을 것이다. 그러나 시암은 그들이 돈쓰는 것을 막을 수 없는 실정이다. 중요한 것은 그들이 현명하게 돈을 쓰고 유익한 여행을 할 수 있도록 인도하는 것이다.

지금도 시암에는 외국인 관광객이 많이 있다. 그들이 조금이라도 진지하게 생각해 본다면, 그들은 방콕의 참 모습을 볼 수 있을 게다. 현재 대부분의 관광객은 아동노동에 의해 만들어졌거나, 실질임금조차 보장받지 못하는 노동자에 의해 만들어진 생산품을 별 생각없이 사고 있다. 간혹 암울한 상황을 아는 서양인들은 이렇게 물어본다. "사는 게 좋을까요? 사지 않는 게 좋을까요? 전체적인 구조적 문제는 조금도 개선될 기미가 없는 데, 단지 몇몇 노동자를 도와 준다는 것이 과연 중요한 의미가 있습니까?" 이는 쉽게 대답할 수 없는 아주 복잡한 문제이다. 만약 어린 노동자를 도와 주려 한다면, 그 어린 노동자가 만든 물건을 사 주어야 한다. 그런데 사 준다 하더라도 어린 노동자를 진정으로 도와 주는 것은 아니다. 왜냐 하면 그 어린 노동자는 계속해서 노동에 시달릴 것이기 때문이다. 그렇다면 어떻게 해야 하는가? 불교적 견지에서 대답한다면, 가능한 한 깊이 이해하여 전체적인 구도를 보아야 한다는 것이다. 덧붙여 바람직한 여행에 대해 몇 마디 해 보겠다.

"의식있는 여행가"가 되기 위한 첫 번째 단계는, 좋은 의도를 가지고 여행하는 것이다. 두 번째 단계는 자신을 기꺼이 바꾸려는 태도이다. 세 번째는 더 많은 것을 있는 그대로 진실되게 보고 이해하려 노력하며, 이러한 상황에 대해 다른 사람들에게 널리 알리려 애쓰는 것이다. 여러분이 성관광사업의 부도덕함에 대해 타이정부에 항의하고 그런 사업의 단골손님이 되는 것을 포기한다면, 이러한 구조는 사라지기 시작할 것이고 다른 대안이 제시될 수도 있을 것이다. 시암사람들도 다른 나라에서 온 방문객을 만나 서로에 대해 배우려는 자세를 지녀야 한다. 서로에 대한 충분한 이해와 선의를 통해, 제3세계 사람들은 보다 정의로운 세상을 만드는 대열에 함께 설 수 있을 것이다.

과학기술의 발전은 불교적 가치와 정말로 역행하는 것일까? 한가지 면에서 나는 그렇다고 생각한다. 보통 사람들은 과학기술은 가치중립적이라고 생각하지만, 사실은 그렇지 않다. 과학기술에 대한 형이상학적 전제는 무엇일까? 역설적이게도 그것은 '인간이 최고의 존재'라는 인간독존적 생각이다. 이 생각을 전제로 인간은 발전이라는 명목 하에 아무런 죄책감도 없이 무엇이든 파괴한다. 그런데 중요한 점은 기술의 발전은 더 이상 인간에 대해 주의를 기울이지 않는다는 것이다. 로보트는 사람보다 더 빨리 더 많이 생산하면서, 사람들을 실업자로 내몬다. 이런 결과는 사람을 위한 것도 아니고, 불교적 가치에 들어맞는 것도 아니다.

과학기술, 경제 그리고 사회적 관습의 균형과 탄력성의 회복은 가치에 대한 재검토가 있을 때만 가능하다. 일반적인 생각과는 달리 가치와 윤리는 과학기술보다 덜 중요한 것은 결코 아니다. 가치와 윤리는 과학기술의 기반이어야만 하고, 과학기술은 가치와 윤리에 의해 조절되어야만 한다. 독선적인 자기 주장과 경쟁에서 협동과 사회정의로, 팽창에서 보존으로, 물질추구에서 내적심화로 가치를 변화시키는 일은 새로운 과학기술을 만들어 내는 것보다 훨씬 더 중요하다. 이미 이러한 변화를 맛본 사람들은 해방감과 여유로움을 만끽하고 있으리라.

현재 많은 청년들이 물질적 풍요보다는 정신적 심화에 관심을 두면서, 사회정의에 헌신하고 있다. 그들은 전통적인 삶의 방식을 보존하려 투쟁하는 사람들을 매우 존경하고 있다. 또한 그들은 사회변혁을 추구하면서 자신에게 닥칠지도 모르는 위험을 무릅쓰고 사회변혁을 위해 투쟁하고 있다. 이는 속세로부터 신성함으로의 회귀이고, 내키지 않는 삶의 양식에서 인간적 삶의 양식으로 회귀함을 의미한다. 물론 인간적 기준으로 회귀한다는 것이 과거로의 회귀를 의미하진 않는다. 어쨌든 이는 우리의 미래를 위해선 매우 좋은 징조가 아닐 수 없다. 이렇게만 된다면 새로운 과학기술과 사회적 조직의 균형있는 발전을 이룰 수 있을 것이다.

이미 우리는 "유연한 과학기술(Soft Technology)"이라 부르는 대체 과학기술들을 개발하였다. 재활용 물질을 사용하여 자연을 보존하고 환경파괴를 막는 것이 그 대표적 사례이다. 이런 새로운 과학기술은 소규모화·탈집중화를 지향하며, 지역상황에 원활히 적응하는 잠재력을 지니고 있다. 즉 새로운 과학기술은 고도의 자기 항상성(恒常性)과 적응력을 갖는다고 할 수 있다. 그리고 인적·물적 자원이 부족해질 때를 대비하여, 인적·물적 자원에 더 많은 연구와 지원을 아끼지 말아야 할 것이다. 생태학적 균형을 이루려면 전원고용을 달성해야 하는데, 새로운 과학기술은 이를 촉진할 것이다. 왜냐 하면 소규모화·탈집중화가 진행될수록, 과학기술은 노동집약화로 가는 경향이 있기 때문이다.

인류생태학은 생태계에서 인간존재의 역할에 대한 인식의 변화가 시급함을 지적하고 있다. 현실에 대한 아시아의 새로운 대안은, 정신적 가치를 중시해야 한다는 것이며 생태학적이어야 한다는 것이다. 이런 방식으로 과학기술과 사회를 발전시킬 수만 있다면, 한층 더 밝은 미래를 기대해도 좋으리라.

주

2장 사람을 위한, 사람의 불교
1) Max Weber, *Religion of India* (New York: The Free Press, 1958), p. 213.
2) T.R.V. Murti, *The Central Philosophy of Buddhism: A Study of the Madhyamika System* (London: G.Allen and Unwin, 1955), p. 263.
3) Thich Nhat Hanh, *Old Path White Clouds: Walking in the Footsteps of the Buddha* (Berkeley: Parallax Press, 1991)을 보라.
4) Trevor O. Ling, *The Buddha: Buddha Civilization in India and Ceylon* (New York: Scribers, 1973), p. 183.
5) 이런 주제에 관해서는 다음의 글을 보라: Bardwell Smith et al. (eds.), *The Two Wheels of Dhamma: Essays on Theravada Tradition in India and Ceylon* (Chambersburg, Pennsylvania: American Academy of Religion, Studies in Religion No. 3, 1972); R.S. Sharma, *Aspects of Political Ideas and Institutions in Ancient India*, 2nd ed.(Delhi: Motilal Banarsidass, 1968), pp. 64-77; 그리고 B. G. Gokhale, "Early Buddhist Kingship," Journal of Asian Studies, 26, No. 1, November 1966, pp. 33-36, B. G. Gokhale, "The Early Buddhist View of the State", American Oriental Society, LXXXIX, No. 4, Oct.-Dec. 1969, pp. 731-738.
6) D.L. Wickremsingha, "Religion and Ideology of Development", N. Jayaveera, ed., *Religion and Development in Asian Societies* (Colombo, 1973); 그리고 Joanna Macy, *Dharma and Development* (West Hartford: Kumarian Press, 1983)를 보라.
7) *The Social Face of Buddhism* (Boston: Wisdom Publication, 1988)

3장 사회변혁을 위한 불교의 다섯 가지 계율
1) Marvin Harris, Eric B. Ross, *Death, Sex, and Fertility: Population Regulation in Preindustrial Society*(New York: Columbia Univ., 1987)

6장 사회변혁을 위한 불교의 대안
1) Agganna Sutta.
2) Cakkavatti Sihananda Sutta.

9장 개발의 논리, 착취의 논리
1) Susan George, *How the other half dies : the Real Reasons for World Hunger* (New York: Penguin, 1976.)
2) *Ending Hunger: An Idea Whose Time Has Come* (New York: Praeger, 1985)

10장 개발의 狂氣
1) *Alienation and Economics* (New York: E. F. Dutton, 1971)

11장 개발의 어둠을 밝히는 불교적 모색
1) Max Scheler, *Selected Philophical Essays* (Evanston: Northwestern Univ. Press, 1973)
2) *Small is Beautiful* (New York: Harper & Row, 1975)
3) Helena Norberg Hodge, *Ancient Futures: Lessons from Ladakh* (San Fracisco: Sierra Club Books, 1991)

3부
술락 시바락사의 사상과 평전

연설문은 원서의 부록에 수록된 것이고,
연구논문과 대담은 술락 시바락사의 사상을 쉽게 이해할 수 있도록 첨부한 것임을 밝혀둔다.

"술락 시바락사는 평화와 인권, 사회정의를 분명하고 단호한 목소리로 주장하는 데 일생을 바쳤다.
불교적 믿음과 시암 고유의 전통에 깊이 뿌리내리고 있는 그의 저작들과 단체들은 전쟁과 폭력으로 짓밟힌 지역에서
비폭력 저항에 헌신하는 사람들의 공동체를 형성하고 키워내는 데 커다란 공헌을 하였다."

- 노벨평화상 후보 추천사
1994년 1월, 미국우호부문위원회(American Friend Service Committee)

연설문)

술락 시바락사의 민주주의에 대한 신념

다음의 연설문은 술락이 국왕모독죄로 기소, 체포영장을 발부당하는
빌미를 제공했던 1991년 8월 22일, 태국 탐마사트(Thammasat) 대학에서의 강연이다.
이 강연에서 술락은 군부가 민선정부를 전복시키고 쿠데타를
성공시키면서 설립한 국가안전보장위원회(NPKC)를 강하게 비판했다.
이 사건으로, 술락은 태국 민주주의의 상징으로 세계적 주목을 받게 되었고,
1994년 1월에는 미국우호부문위원회(American Friends Service Committee)의
추천으로 노벨 평화상 후보로 지명되었다.
- 역자 정리

시암 민주주의 퇴보와 희망

1991년 2월, 시암*에서는 군부쿠데타가 발발했다. 다른 나라에서는 쿠데타가 국민들의 크나 큰 저항을 받고 거의 실패로 끝났지만, 1991년 타이의 쿠데타는 별다른 저항을 받지 않았다. 다른 나라의 쿠데타는 거의 실패로 끝났는데, 어떻게 타이의 쿠데타는 아무런 저항도 받지 않고 별 어려움 없이 성공할 수 있었는가? 그 이유는 무엇일까? 그것은 민주주의에 대한 관심 여부이다. 애석하게도 우리 타이인들은 민주주의에 대해 특별한 관심이 없기 때문이다.

그렇지만 타이인도 민주주의를 위해 힘을 발산한 적이 있다. 1973년, 수십만 타이인은 민주주의에 대한 의지로 결집했고, 결집된 힘은 당시의 군사정권을 몰아낼 수 있었다. 그 때 타이인은 독재와 권력남용에 분노했고, 개인의 분노를 집단적 의지로 승화시켰다. 그러나 1973년 이후, 군부세력은 시민조직을 무너뜨리기 위해 학교교육과 대중매체를 이용하는 등 온갖 수단을 사용했다. 이후 학생과 시민들은 더 이상 거리로 나가지 못했으며, 농민운동단체나 노동운동단체의 지도자를 비롯한 저항세력은 체포되거나 살해되기까지 하였다. 이들 민주주의를 위한 운동단

---

* 저자는 국가이름으로는 "시암(Siam)"을 사용하고 있으며, 국민·언어·문화를 지칭할 때는 "Thai"를 사용한다. 저자 서문 참조 역자 주

체들은 1976년 10월의 유혈쿠데타 이후로 오늘날까지 침체된 상태이다. 만일 학생운동과 시민운동을 재건하지 못한다면, 현재 권력을 장악하고 있는 국가안전보장위원회(NPKC)는 장기간 집권할 것이다.

1947년에 일어났던 최초의 쿠데타 이래로 군부는 더 이상 새로운 목표를 찾아내지 못했고, 불행하게도 시민들 역시 마찬가지였다. 이제 시민들에게 이상(理想)은 없다. 더욱이 많은 시민들은 군부의 하수인임을 자처하고 권력자들을 존경하고 있는 듯하다. 그런데 눈을 씻고 찾아봐도 존경할만한 가치 있는 사람은 아무도 없다.

1957년, 육군 원수 사리트 타나라트(Sarit Thanarat)는 헌법을 폐지하고 의회를 해산시켰으며, 거의 모든 진보적 지식인과 언론인, 정치가들을 체포하거나 살해했다. 그러나 이런 상황에도 불구하고, 그는 여전히 위대한 사람으로 추앙받고 있다. 이는 관제교육에 의해 아무리 사악하고 잔인한 독재자나 기득권층이라 할지라도 이미 힘을 가진 사람에 대해서는 존경해야 한다고 완전히 세뇌되었기 때문이다. 이런 기만적인 교육이 실시되는 한, 그리고 우리가 이러한 사고방식에 매여있는 한, 시암에서의 민주주의는 희망이 없다.

NPKC는 자신들의 쿠데타를 정당화하기 위해 다섯 가지 측면에서 이전 정부를 공박하였다. 첫째는, 과거정권의 부정부패에 대한 비난이다. 실제로 이전 정권에서 몇몇 장관들은 공공연하게 부정부패를 자행했다. 그러나 정작 NPKC는 이전보다 더 많은 비자금을 모아두고서, 국민 앞에서는 청렴한 듯이 교활하게 행동했다. 중국 등 다른 나라와의 무기밀매에서 그들은 얼마만큼의 뒷돈을 챙겼겠는가? 쿠데타 직전에 NPKC의 주요 지도자들은 버마에 갔었는데, 도대체 버마에 왜 갔는가? 쿠데타를 도발하는 방법을 배우기 위해 간 것은 아닐까? 그들은 그 곳에서 무엇을 얻었는가? NPKC는 자신들의 월급 액수를 스스로 책정했는데, 과연 그들은 한 달에 얼마를 받고 있는가? 그들은 그 정도의 월급을 받을 만한 일을 하고 있는가? 그러나 아무도 그들에게 이러한 질문을 하지 않는다.

둘째, NPKC는 이전 정부가 등용한 정치가들이 직권을 남용했다고 발표했다. 그러나 우습게도 과거정부의 내무부장관은 다름 아닌 NPKC 의장이다. 그는 국민들에게 민주주의를 가르치기 위한 프로그램을 시작한다면서 지방자치선거를 폐지했는데, 곰곰이 생각해 보면 전 내무부장관인 NPKC 의장의 행태야말로 직권남용이 아닌가? 이러한 행태는 우리 사회의 민주주의를 뿌리 채 뽑아버리려는 작태임에 틀림없다.

셋째, NPKC는 이전 정부가 의회에 대해 독재권력을 행사했다고 비난했다. 그렇다면 NPKC는 독재정권이 아닌가? NPKC정권의 의회는 어떤가? NPKC가 임명한 상원의원들은 독재자를 돕는 일을 하고 있다. 비록 지난 정부에서 많은 하원의원들은 금권선거의 추문에 연루되었지만, 그래도 그 중 몇몇 의원들은 타락한 정치현실에 오염되지 않는 의연함을 보여주었다.

넷째, NPKC는 이전 정부가 왕실반대 세력의 음모를 조사하는데 실패하였다고 비난했다. 그러나 정부수립 후 이미 6개월이 지났건만, NPKC는 이 사건을 해결하기 위해 과연 무엇을 했는가?

다섯째, NPKC는 민주주의를 향한 10보 전진을 위해 1보 후퇴가 필요하다고 밥먹듯이 말했다. 그리고 국민 대부분은 이 논리를 기꺼이 받아들여 NPKC에게 기회를 주고자 했다. 이전 수상은 지난 선거운동 당시 가장 많은 선거비용을 썼다고 시인했으며, 다음 선거에서는 그 보다 더 많은 돈을 쓸지도 모른다고 말했다. 그의 말은 돈 많은 정치가만이 선거에서 승리할 수 있다는 것을 명백하게 보여주는 일례라 하겠다. 따라서 만일 NPKC가 이 문제를 조금이라도 양심적으로 받아들였다면, 6개월간 집권한 후에는 무언가를 보여주어야만 했다. 그러나 그들은 차기 수상을 자기 당에서 배출하기 위해, 다른 정당들을 통제하려는 음모 꾸미기에만 급급해 했다. 결국 그들은 지금까지 아무것도 하지 못했다. 6개월 동안 NPKC는 어느 누구도 넘볼 수 없는 막강한 권력을 장악하고 있었음에도 불구하고, 사회정의에 대해서는 무관심했다.

좋은 정부를 수립하는데 필요한 조건은 무엇인가? 보통 세 가지를 생각할 수 있겠다. 즉, 국가, 종교 그리고 왕이다. 그러나 1957년 육군 원수 사리트가 의회를 해산하면서 헌법을 폐지시키기 전에는, 이 세 가지와 더불어 헌법도 포함시켜 생각했었다. 이제 우리는 민주주의를 위해, 이 네 가지를 모두 요구해야 한다. 헌법은 독재자나 그 추종자들에 의해 변경되거나 폐지될 수 없다.

헌법은 국민의 평등을 보장하는 최상위 법이다. 쿠데타정부가 내리는 명령은 효력을 지니지 못한다고 법률로 명시되어 있다. 그런데도 이 나라의 지방자치기구나 사법기구는, 공권력은 법을 제정할 수 있는 권위를 가진다는 독일법이론에 근거하여 이들의 명령을 법으로 인정하고 있다. 이는 매우 불행한 일이 아닐 수 없다. 전통적으로 타이의 사법제도에는 모든 법은 왕의 승인을 거쳐 정부가 행사할 때만 효력을 갖는다고 정해져 있다. 따라서 쿠데타 세력의 이런 전횡적인 명령이나 쿠데타정권 자체는 정통성을 가지지 못한다. 그러므로 모든 쿠데타지도자들, 특히 지난 정권은 내란죄로 고발되어야 한다. 하지만, 실상 아무도 그들을 체포하지 않고 있다.

새로운 헌법은 자유와 평등 그리고 박애이념을 보장해야 한다. 사람들은 대개 합법의 가면을 쓴 채 부유층과 권력자에게만 유리한 현행법의 불공정함을 잊고 살아간다. 불행히도 강직한 경찰이나 검사, 판사들이 많지 않기 때문에, 우리 나라의 재판과정은 믿을 수 없다. 법의 평등과 형평의 문제는 조속히 해결되어야 한다. 쉽지 않은 문제로 보일 테지만, 정치적인 의지만 있다면 당장이라도 해결할 수 있다. 불행히도 그러한 의지가 우리에게는 없어 보인다.

헌법은 민주주의의 관건인 만큼, 반드시 존중되어져야만 한다. 진정한 헌법을 가지기 위해서는 모든 교육제도가 민주적이어야 한다. 통치권자는 교육자들에게, 교육자들은 학생들에게 귀를 기울여야 하며, 또한 역으로도 이러한 노력이 이루어져야 한다. 타이인은 이미 민주적이다. 그렇기 때문에 이것을 가르친다는 명분으로, 군인들을 각 지방에 배치할 필요는 없다. 단지 타이인은 관료나 군부독재자, 지방마피아를 두려워하도록 길들여져 왔을 뿐이다. 그러기에 가슴속에 품어둔 불만을 토로하고 이를 이겨내려는 의지를 공표하려면, 먼저 이러한 두려움을 극복해야만 한다.

유럽의 왕 대부분은 왕실에 대한 비판을 받아들이고 스스로 변화하려 노력했기에 자신들의 권위를 유지할 수 있었다. 하지만, 독일과 러시아의 군주들은 너무도 완고하여 비판을 받아들이지 못했기 때문에 파멸의 길을 걸었다. 왕을 비롯한 왕실은 보통 사람이다. 나는 우리 나라 왕이 자신의 추한 모습으로 인해 존경받지 못하게 되는 것을 원치 않는다. 그리고 왕이 올바른 비판에 마음을 열어 놓을 것이라고 믿는다. 왕은 국가공동체의 중심으로서 필요하다. 왕의 지위는 정치나 경제보다 상위에 있다. 따라서 부패한 정치가나 기업인, 다국적 기업과는 다른 측면에서, 현재 타이 사회에서의 왕이라는 지위가 제대로 자리잡을 수 있도록 도와 주어야 할 것이다. 만일 NPKC와 정부가 진정으로 왕에게 충성하려면, 그들은 왕위계승을 합법적인 방식으로 도와야 한다.

현재 불교기구들은 사회에서 쇠퇴의 길을 걷고 있다. 이는 사리트가 권력강화를 목적으로 수도원을 통제하기 위해 제정한 1963년의 종교법에 의한 결과이다. 그 당시 승려들의 지도기구인 원로회 소속 승려들은 노령으로 인해 어떠한 사회적, 정치적 식견도 갖고 있지 않았다.

최근 버마의 군사정부(국가법질서회복위원회, SLORC)는 시암의 최고 원로 승려에게는 최고 훈장, 다른 원로회 승려들에게는 두 번째로 높은 훈장을 수여하려 하였다. 원래 SLORC는 승려들을 랭군에 초청하여 직접 수여하려고 하였으나, 몇몇 원로회 승려들이 거부하는 바람에 그들의 의도는 무산되고 말았다. 만일 원로회가 이 제안을 받아들였다면, 그것은 버마의 승려, 시민, 학생들에 대한 SLORC의 잔혹한 통치를 정당화시켜 줄 빌미가 되었을 것이다. 버마의 승려, 시민, 학생들은 SLORC를 몹시 싫어한다. 만달라이(Mandalay)의 승려들은 군인가족으로부터는 시주조차 받지 않는다. SLORC와 NPKC는 벌채, 어획, 무기거래에 대해 상호 묵인하고 승인하면서 서로 협력하고 있다. 차빌리트 용차이유트(Chavilit Yongchaiyut)는 총사령관이 되자마자 버마가 벌목을 승인한 것에 대한 대가로, 버마에서 시암으로 정치적으로 망명한 학생들을 삼몽(Sam Maung)정부에게로 강제 송환시켰다. 그리고 2월 쿠데타가 발발하기 직전, NPKC지도자는 뻔뻔스럽게도 SLORC를 방문하기 위해 버마로 갔다. 중국, 일본, 시암 그리고 몇몇 아세안(ASEAN) 국가들을 제외한 전 세계의 모든 국가들은 SLORC가 자국민을 학살한 사실에 대해 비난했다. 그런데 안타깝게도 중국, 일본과 시암은 SLORC와 협력하기를 원했다. 분명히 NPKC는 SLORC를 대신해서 버마가 아닌 시암에서 승려들에게 훈장을 수여했다. 이것은 종교적 충심에서 나온 행동인가? 아니면 순전히 그들 자신의 이익을 위한 행태인가?

NPKC가 종교적 진실성이 부족하다는 또 하나의 예는 프라 프라착(Phra Prachak)사건이다. 프라 프라착은 전통을 중시하면서 숲을 보호하며 부리람(Buriram)지역에 사는 승려였다. 한때 군부는 그 곳에서 벌목사업을 하는 지방자본가들과 협력하여 골프장을 만들려고 했다. 프라 프라착은 당연히 반대했고, 군부정권은 그를 구속했다. 군부는 자신들이 불교를 믿지만, 부처의 가르침을 이해하지 못하며 붓다다사 비구와 같이 유명한 승려조차도 아예 무시한다고 말했다.

시암에서 군대는 국가 안에 있는 또 하나의 국가이다. 그들은 자신들이 거주하는 집을 파괴하는 흰개미와 같이, 쿠데타를 자행하고 비무장한 사람들을 죽이는 방법에 대해서만 익숙할 뿐이다. 사람이라면 존엄성과 도덕심을 간직해야 하지만, 불행히도 권력자들은 존엄과 도덕 그 어느 것도 갖고 있질 못하다. 그들은 힘이 센 자가 약한 자를 마음대로 이용하는 것을 허용하고, 부모가 자신의 딸을 파는 것도 허락하고 있다. 또 가난한 사람들이 사우디아라비아, 싱가포르, 캘리포니아에서 막노동을 하는 것을 못 본 체 하고 있다. 우리의 지배자들은 사람들의 이런 몸부림에 아랑곳하지 않은 채, 단지 우리를 지배하려고만 한다.

존엄성과 도덕성의 부족과 전통적 토대에 대한 스스로의 외면 때문에, 우리 사회는 소비자본주의에 침식당하고 있는 것이다. 현재 시암에서는 서양의 음식문화인 패스트 푸드와 서구식 의상과 집 그리고 골프가 유행하고 있는데, 이 모든 것들은 우리의 전통적 가치와 반대되는 것들이다. 그런데도 정부는 이런 문제에는 아랑곳하지 않고 고통받는 가난한 사람들을 희생시키면서까지 산업화를 이루려고 한다. 만약 정부에 도덕성과 용기가 있다면 이 모든 문제는 해결될 것이다.

요즘 유럽은 새로운 방향으로 나아가고 있다. 유럽사람들은 민주주의에 대해 여러모로 생각하며 실천하고자 한다. 지난 8월 소련의 쿠데타는 이러한 추세에 역행하였기 때문에 실패한 것이다. 민주주의를 위해서 우리는 모든 사람들의 인권에 대해 관심을 가져야 한다. 버마에서도 당국의 학생들에 대한 수배와 살해 때문에, 많은 학생들이 시암으로 은신했다. 아웅산 수지(Aung San Su Kyi)는 2년 동안 가택연금 당했지만, 아난드(Anand)수상은 아웅산 수지에 대해 아무 말도 하지 않았다. 만일 아난드수상이 2년 이상의 감금을 당했더라면, 아웅산 수지 여사는 발벗고 나서서 그의 석방을 요구했을 것이다. 아웅산 수지는 일전에 유럽의회로부터 인권상을 수상한 것처럼, 올해 안에 노벨평화상을 받을 것이다.[*] 하지만 인권문제에 별 관심이 없는 우리 타이인들은 여전히 참된 용기가 없어 속박받는 국민으로 남아있다. 우리는 서구의 민주주의적 사고를 제대로 받아들이지 못했다. 우리가 서구로부터 받아들인 것이라곤 환경과 기본적 인권마저도 포기한 대가로 모방한 서구의 경제적·기술적 발전일 뿐이다. 아쉽게도 우리는 부처의 가르침에 담겨진 민주주의와 인권, 환경권의 가치도 올바르게 인식하지 못했다. 만일 우리가 불교의 본질을 제대로 인식하기만 한다면, 우리는 자부심을 가지고 민주주의에 불교정신을 적용할 수 있을 것이다.

    만일 아난드가 내 말을 이해한다 할지라도, NPKC는 틀림없이 내 말을 무시할 것이다. 그래도 그들에게 바랄 수 있는 것은, 이해 그 자체뿐

---

[*] 아웅산 수지 여사는 저자가 이 말을 한 3개월 뒤인 1991년 12월 노벨평화상을 수상했다.

이다. 그러므로 나는 1976년 10월 6일 함께 고통을 겪었던 사람들이 NPKC나 그 밖의 어떠한 군사정권집단에도 가입하지 않기를 바라며, 아울러 이러한 부패한 정치체제 속에서는 어떠한 새로운 정치정당도 만들지 않기를 바란다. 그 대신 우리 문화에 바탕을 둔 정치적 자각과 이해를 활성화시키고 비폭력적으로 사회정의와 생태학적 균형을 이루기 위해 투쟁하여야 한다.

여러분이 내 의견에 당장은 동의하지 않는다 하더라도, 한 번쯤 내 말을 숙고해 보길 바란다. 만일 우리가 소비를 줄이고, 우리의 삶속에 민주주의를 실천하며, 가난한 사람들을 존중하는 마음을 지니고, 인권을 향상시키며, 정치적 박해로 피신한 버마학생을 비롯한 억압받는 사람들을 돕는다면, 우리는 자부심을 가지고 민주주의를 요구할 수 있을 것이다. 그러면 NPKC는 반드시 해체되고 말 것이다. 그러나 만일 우리가 억압받은 채로 아무런 저항도 없이 억눌려있기만 한다면, 우리는 그들의 폭력에 계속해서 짓밟힐 것이다.

민주주의여 만세!

나는 왜 NPKC에 투쟁할 수밖에 없는가?

최근에 나는 NPKC를 아주 강하게 비판한 적이 있다. 그로 인해 NPKC는 나를 소환하려고 했다. 그 때 나의 친지조차 내가 무책임하다고 비난하기도 했다. 스스로를 이 나라의 최고 권력자라고 자임하는 사람과 그의 가까운 동료는 나의 발언이 자신들에 대한 공격이라고 했다. 그런데 그들은 바로 1984년 내가 체포되었을 때, 나를 돕고 후원해 준 사람들이었다.

많은 사람들은 당시 언론에 발표된 나의 기사에 대해, 충분히 공감할만하고 강력한 메시지를 담고 있는 발언이라고 하였다. 더욱이 정부, 특히 수상은 개인적으로는 나의 제안에 귀를 기울이려 했다. 그는 종교, 교육 그리고 기본권 문제와 관련한 버마와의 외교정책에 대해 큰 관심을 보였다. 달라이 라마의 시얌 방문 허용 등 티벳과의 문제에 관한 답변은 없었지만, 현재 실시하는 정책들 중 몇몇에 대해서는 느리게나마 재고하고 있다.

어떤 사람들은 내가 좀더 참고 기다리면서 비정부기구(NGO)의 일원으로서 그들에게 협조해야 한다고 생각할지도 모르겠다. 하지만 나는 NPKC를 직접적으로 공격하였다. 나는 쿠데타 이후 한 달간의 미국 체류 중에 있었던 논평을 시작으로, 3개월 뒤에는 더 강력하게 그리고 6개월 뒤에는 더욱 더 강력하게 그들을 공격하였다.

많은 사람들이, 내가 정부에 대해 투쟁하기 때문에 나의 아내와 아이들, 친구들과 동료들이 고통받는다고 비난한다. 1960년대와 1970년대 초의 타놈 프라프스(Thanom Praphs)정권 이래로, 이런 비난은 사실임을 인정한다. 1976년, 티아닌 크라위첸(Thianin Kraiwichien)정권은 사랑하는 나의 처를 매몰차게 체포했고, 소중한 나의 책들을 불태웠다. 그리고 나의 회사는 파산할 수밖에 없었으며, 보수주의자들과 관변언론은 나의 평판과 명성을 깎아내렸고, 나와 관련된 협회와 조직들은 모두 탄압을 받았다.

지금 나는 7년전 내가 구속되었던 그 시기에 고통을 함께 하면서, 나를 지켜주었던 사람들과 1976년과 1977년에 나를 이해하고 위로해 준 단체의 회원들에게 감사하고 있다. 나의 독자들을 포함해서 많은 지지자들이 고난을 도약의 발판으로 삼아 승화시키는데에 힘이 되어 주었다. 그리고 왕과 승려들의 배려도 잊을 수 없다.

어떤 이는 내가 예전부터 해 왔던 일을 계속 하지 않자, 유감을 토로하기도 한다. 하지만 나는 영웅이 되고자 하는 것이 아니다. 지금 나는 처와 가족, 친지 그리고 조직에 관련된 모든 사람들이 나로 인해 어떠한 피해라도 받는 것을 원치 않는다. 하지만 NPKC는 건설적이기 보다는 파괴적이다. 쿠데타 이후 그들의 행동 중에 합법적인 것은 하나도 없었다. 그들은 국가와 국민을 위해 어떠한 일도 하려 하지 않았으며, 그들의 행태는 더욱이 자유와 평등, 박애의 길과는 상극이었다. 그들에게선 지유민주주의를 향한 어떠한 모습도 보이지 않는다. 그들은 오직 국방예산을 증가시키고 버마나 중국과 같은 나라와 협력하면서 자신들의 권력을 더욱 공고히 하며, 일반 국민들을 더욱 가난하게 만들고 억압할 뿐이다.

프라 프리차크와 같은 스님과 그가 살고 있는 마을은 환경을 무시하는 벌목상들과 군인들로부터 박해를 받아왔다. 도시와 농촌 사람들의 어깨를 짓눌렀던 문제들은 쿠데타 이후 더욱 세차게 짓누르고 있다. 이전 정부에도 부패한 국회의원이 많았지만, 그 중 양식있는 몇몇 의원들이 지방정부가 구제불능으로 부패하는 것을 막아내어 그나마 균형을 이루고 있었고, 언론도 지금보다 훨씬 자유로왔다.

버마학생들이 살해되고 캄보디아, 라오스, 베트남으로부터 온 피난민들이 학대받는 것을 보고 어떻게 침묵할 수 있겠는가? 우리 국민들 사이에서 미성년자 고용이나 매춘이 증가한다는 것은 또 어떤가? 교육과 개발이 점점 도덕적으로 타락함은 물론이거니와, 승려의 사회적 신분 또한 갈수록 낮아지고 있다.

내가 현 정부에 저항하면 해외에 있는 나의 친구들이 곤란을 겪는다는 사실을 잘 알고 있다. 그러나 우리가 겪는 어려움은 이 정권에 의해 억압받는 사람들과 비교하면 아무것도 아니다. 나는 진심으로 보살의 서원(誓願)과 부처의 자비심, 그리고 사회정의를 믿기 때문에, 고통받고 상처받는 것은 두렵지 않다. 나는 그들의 잔악성과 부도덕함을 반대하기 때문에 그들의 난폭한 힘에 결코 굴복하지 않을 테다. NPKC지도자들은 이 나라를 파멸시킬지도 모르는 이기적인 쿠데타를 자행했다. 그들은 종교와 왕을 존중하지 않고, 어떠한 인도주의적 감정도 가지고 있질 못하다. 나는 진실과 비폭력의 저력을 믿고, 해외에서 독재자들에 투쟁하리라.

1971년 푸에이 웅파콘(Puey Ungphakorn)박사가 쿠데타 지도자들에게 헌법폐지는 잘못임을 경고하는 편지를 썼을 때 많은 사람들이 그를 미쳤다고 했지만, 그의 경고는 정권을 뒤흔든 중요한 계기가 되었던 것이 사실이다. 비록 나 자신이 푸에이 웅파콘박사와 견줄 수는 없지만, 나는 그의 발자취를 따라 가고야 말리라.

연구논문)

술락 시바락사와
그의 "사회변혁을 위한 불교적 전망"

이 글은
Donald K. Swearer의 "Sulak Sivaraksa's Buddhist Vision for Renewing Society"
(Christopher S. Queen, Sallie B. King ed., *Engaged Buddhism*
(Albany: State University of New York Press, 1996) p.195~235)를 번역, 편집한 것이다.
이 과정에 서울대학교 철학과 대학원에 재학중인 박정록 씨가 기여한 바가 크다는 것을 밝힌다.

술락은 세간과 출세간의 교차점에 서있는 선각자라고 평가할 수 있다.
… 술락의 계획은 불교적 전통 가운데 이상적인 것을 현실의 사회적·경제적·정치적 상황 속에서 구체적으로
실현하는 것이다.

술락 시바락사와
그의 "사회변혁을 위한 불교적 전망"

도날드 K. 스웨어러(Donald K. Swearer)

19세기 말 이후, 동남아시아는 근대화된 서구문화의 도전을 받았고, 이에 따라 여러 가지 변화를 겪었다. 근대화는 정치·경제 구조를 새롭게 구축하게 마련이고, 따라서 불가피하게 불교의 전통적인 세계관과 그에 근거한 종교적 삶의 방식에 위협을 가하였다.

계몽된 군주와 교육받은 귀족들의 비호 아래, 태국의 불교는 조직적인 구조와 체계적인 교육과정, 근대화된 세계관을 개발하였고, 이것은 1932년 절대군주제가 종식될 때까지 태국의 발전에 상당히 이바지하였다.[1] 그러나 그 이후 사회적으로는 산업화된 시장경제 체제가 구축되고 문화적으로는 촌락에 기반했던 삶의 방식이 급격히 붕괴하면서, 경쟁력을 갖춘 재가(在家)단체들이 등장해 전통불교의 보전을 위협하고 있다.[2]

이에 따라 불교적 세계관을 근대화시켜, 자신들이 갖고 있는 전통을 사회적·경제적·정치적 연관 속에서 설명하고자 하는 노력이 다양하게 전개되고 있다. 그리고 근대화와 서구화, 세속화의 맹공 속에 맥없이

---

1) 많은 서구의 학자들이 근대화된 태국불교의 발전에 대해서 논의해 왔다. 신베버주의자(neo-Weberian)들이 "합리화된" 태국의 불교적 세계관을 어떻게 평가하는지 알고자 한다면, *International Political Science Review* (1989)의 10권 제 2호의 121~142쪽에 실린 Charles F. Keyes의 "Buddhist Politics and their Revolutionary Origins in Thailand"를 보라.
2) 태국불교의 침체에 대한 최근의 일반적 평가를 알고자 한다면, *Generation*의 1989년 10월호(제1권, 1호)/B.E. 2532의 39~55쪽에 실린 Sirma Sornsuwan의 "Buddha's Tears: The Decline of Buddhism in Thailannd"를 보라.

굴복하고 있는 기존의 불교에 대한 비판 역시 이러한 변화의 와중에 일어나고 있다.[3]

밀려오는 변화에 대처하는 종교의 반응은 크게 두 가지로 정리할 수 있는데, 두 반응은 상반된 경향을 보여주고 있다. 그 중 하나는 근본주의 혹은 유사근본주의적 운동, 다른 하나는 자유주의 혹은 개혁주의로 규정할 수 있다. 두 경향 모두 불교적 원칙 아래 형성되었던 도덕공동체의 해체를 애석하게 여기고 있음은 마찬가지지만, 이런 사실에 접근하고 분석하며 해결하는 방법에 있어서는 서로 다른 태도를 견지한다.

근본주의자들이 제시하는 해결책은 개인의 신앙심, 도덕적 심성회복이다. 그들은 경제·사회·문화가 갖는 조직적인 문제와 긴장을 무시하거나 오해한 채, 개인의 신앙심을 회복하면 해결된다고 주장하고 있다. 반면 개혁주의자들은 이 시대가 갖고 있는 긴장과 혼란, "악"에 정면으로 대응해야만 이 시대의 문제들이 해결될 수 있다고 주장하고 있다. 그리고 그 해결책의 일부로써 전통적 신앙과 수행에 대해 창조적 재해석을 시도해야 한다고 주장한다. 술락 시바락사는 붓다다사(Buddhadasa)와 함께 교리적·조직적 개혁을 주장하는 개혁주의를 대표한다.

---

3) 현대 태국불교의 여러 운동에 대한 연구서들이 많이 있다. 그 가운데 가장 최근의 것이라면 Peter A. Jackson의 *Buddhism, Legitimation and Conflict* (Singapore: Institute of Southeast Asian Studies, 1989)를 들 수 있다. 그리고 태국불교에서의 여성문제는 Charles F. Keyes와 Thomas Kirsch, Chatsumarn Kabilsingh, Penny Van Esterik, John Van Esterik 등이 다룬 바 있다. American Anthropologist 12권(1985 5월호) 301~320쪽에 실린 "Text and Context: Buddhist Sex Roles/Culture of Gender Revised"를 보아라.

술락 시바락사는 누구인가

술락은 사회비평가, 활동가 그리고 참여적인 지식인으로 명성을 누리고 있다. 술락은 1984년, 자신이 발간한 출판물에서 태국 왕을 비판하여 국왕모독죄로 체포되어 수감되었다가 넉 달 후에야 석방되었다. 이 사건으로 술락은 아시아를 대표하는 비판적 지식인으로 서방세계에 알려지게 되었다.[4] 1991년 8월 22일, 탐마사트(Thammasat)대학에서 한 강연으로 다시 한번 비판적 활동가로서의 면모를 과시했다.[5] 탐마사트대학에서의 강연에서 그가 공격했던 대상은 태국 국왕 친위대의 대장이었던 슈친다 크라쁘라윤(Suchinda Kraprayoon)장군과 전임 국방최고사령관이었던 순톤 콩솜퐁(Sunthorn Khongsomphong)장군이 이끌던 국가안전보장위원회(NPKC; National Peace Keeping Council)였다. 이 기구는 군부가 차띠차이 춘하완(Chatichai Choonhavan)수상이 이끌던 민선정부를 전복시키고 무혈쿠데타를 성공시키면서 설립되었다. 술락은 이 강연에서 태국의 민주주의를 군부가 끊임없이 위협하는 원인이 무엇인지를 규명하고

---

4) Bangkok Village Scouts Club이 수상에게 편지를 보냄으로써 그가 고발되었다. 그들은 편지를 통하여 술락이 *Lok Khrab Sangkhom Thai* (태국 사회 부수기)라는 책에 수록된 인터뷰에서 군주를 모독하는 발언을 하였다고 고소하였다. 영어로 된 완전한 문헌들과 사건들의 정확한 연표는 술락 시바락사의 *Siamese Resurgence: A Thai Buddhist Voice on Asia and a World of Change* (Bangkok: Asian Cultural Forum on Development, 1985)의 부록 I, 337~452쪽에 수록되어 있다. 이 문헌들 속에는 술락이 자유주의적 경향의 신문 Matichon지 1984년 8월 8일자에 기고한 논설이 포함되어 있다. 이 논설에서 술락은 자기가 매우 존경하고 있는 소크라테스와 자신을 비교하고 있다: "붇다와 비슷한 시대의 소크라테스는 젊은이들의 기본적 덕성을 해친다는 이유로 고발당하였고, 사형선고를 받아 독배를 마셨다. 만약 소크라테스가 지금의 시암에 있었더라면, 나처럼 국왕모독죄로 고소되었을 것이다. 왜냐 하면 그는 민중들에게 미신이나 초자연적인 것들을 맹목적으로 믿지 말고 이성과 지식을 비판적으로 사용하라고 경각시켜 주었으니 말이다."(356쪽) 태국어로 된 문헌을 보려면 *Khon Phon Khuk [Released from Prison]* (Bangkok: Yuwawithaya, 2928 B.E./1986 C.E.)을 참고하라.

5) 술락이 한 강연의 제목은 "Six Months of the National Peace-Keeping Council: A Tragedy in Thai Society"이었다. 이 강연은 International Network of Engaged Buddhists를 통해서 영어 번역문을 얻을 수 있다. 술락의 강의에 대한 인용 참조는 이 문헌에 근거할 것이다.

있다. 1991년 당시 정부를 지배한 군부의 합리화는 1947년에 발생한 최초의 군부쿠데타의 정당화와 다를 바 없다고 주장하면서, 국가안전보장위원회를 신랄하게 비판했다.[6]

국가안전보장위원회를 비판하면서 술락이 기원했던 것은, 태국의 민주주의 확립과 태국민중의 인권을 보장하는 헌법 수립, 그리고 바람직한 인간중심의 경제발전과 "정치가와 경제인, 다국적 기업의 조작을 넘어서는…국가통일의 중심"으로서의 왕실의 제자리 찾기였다.[7] 학계와 비정부기구(NGO)의 인사들과 활동적인 승려들이, 재계, 정계 그리고 군부의 권력자들이 자신들의 이익을 위해 농촌 사람들을 통제하고 있다는 비판의 소리를 드높이기 시작하자, 국가안전보장위원회는 그 가운데 가장 목청높여 비판하는 사람의 입을 틀어막아야겠다고 결정하기에 이르렀다.

1991년 9월 13일 국가안전보장위원회는 국왕모독죄와 슈친다 크라쁘라윤장군에 대한 명예훼손죄로 술락에 대한 체포 영장을 발부하였다. 그 때 어떤 서방 대사관이 술락의 비판에 동조하여 그에게 정치적 망명을 허용해 주었다. 그 해 술락은 스웨덴, 덴마크, 영국, 독일을 돌면서 강연했고 그 곳의 불교도들과의 만남도 가졌다. 그리고 같은 목적으로 미국을 순회하면서 24개가 넘는 대학에서 강연과 세미나를 했다. 또 수많은 국제

---

6) 같은 책, 7쪽.
7) 같은 책, 10쪽.

평화단체와 인권단체가 그와의 만남을 가졌다. 그는 미국, 유럽, 일본 등지에서 일년이 넘도록 강연을 계속하고서 태국으로 돌아왔다.

마침내 술락은 자신의 용감한 저항으로 인해 받게 되었던 재판에서 무선고를 받았다. 1995년 4월 26일, 태국 형사재판부는 술락에게 씌워진 국왕모독죄와 슈친다장군 명예훼손죄 혐의에 대해 무죄를 판결하였다.[8]

술락은 전 세계의 수많은 단체와 개인들로부터 존경과 지지를 받게 되었고, 드디어 1994년 1월에는 미국우호부문위원회(American Friends Service Committee)의 추천으로 노벨 평화상 후보로 지명되었다. 미국우호부문위원회는 술락을 다음과 같이 소개하고 있다:

"술락 시바락사는 평화와 인권, 사회정의를 분명하고 단호한 목소리로 주창하는 데에 일생을 바쳤습니다. 불교적 믿음과 시암 고유의 전통에 깊이 뿌리내리고 있는 그의 저작들과 단체들은 전쟁과 폭력으로 짓밟힌 지역에서 비폭력 저항에 헌신하는 사람들의 공동체를 형성하고 키워냄에 커다란 공헌을 하였습니다."

---

8) 술락의 재판에 대한 1993년 중반까지의 자세한 기록은 When Loyalty Demands Dissent: Sulak Sivaraksa and the Charge of Le Majestin Siam, 1991-1993 (Bangkok: Santi Pracha Dhamma Institute, Ashram Wongsanit, Sathirakoses-Nagapradipa Foundation, 1993)에서 찾아 볼 수 있다.

술락 시바락사를 규정하는 두 가지 성격
- 세간과 출세간의 교차

중국계 태국인인 술락은 자신이 태국에 속함을 강조하고자, 그는 자신의 조국을 "태국(Thailand)"이라고 부르기보다는 "시암(Siam)"이라는 전통적 이름으로 부르기를 선호하며, 경우에 맞춰 시암 전통의 농부복장이나 귀족복장을 즐겨 입는다. 그리고 그는 가장 저명한 민주주의자이며 평등주의자이면서, 역설적이게도 군주를 지지하는 왕정주의자이다. 게다가 그는 촌락생활의 가치를 고양하고 있는 도시 거주민이다. 그는 태국의 한 사원 학교에서 정식교육을 받기 시작했지만, 웨일즈의 램피터(Lampeter)에 있는 성 데이비드대학과 런던에 있는 미들 템플(Middle Temple)에서 교육을 마쳤다. 그는 20세기 초엽의 태국문화 학자인 담롱(Damrong)과 나리스(Naris), 다니 니와트(Dhani Nivat)왕자 그리고 고귀한 평민 퍄 아누만(Phya Anuman)을 존경하고 있지만, 그 자신은 서양에서 현대적 방법으로 철학과 사회학을 훈련한 사람이다. 그는 또 태국에서 불교를 가장 명확하게 변증(辨證)하는 재가불자이면서, 트라피스트(Trappist) 수도회의 수도사 토마스 머튼(Thomas Merton)과 퀘이커(Quaker) 교도들이 중요시하는 영성(靈性)을 귀중히 여길 뿐만 아니라 기독교 교리에도 조예가 깊은 종교인이다. 그는 평화와 안정을 높이 평가하면서, 현대 태국 역사상 그 누구보다도 많은 정기간행물과 저술을 발간하고 강연을 하고 학술회의에 참석하였으며, 누구보다도 많은 비정부기구를 설립하였다.

술락은 실용적인 사람이지만, 그가 중시하는 실용성은 공리주의적 가치에 근거하는 것이 아니라, 개인과 사회를 변혁시키는 종교의 힘에 근거하고 있다. 앞에서 언급했듯이, 일견 상충되게 보이는 속성들 모두가 술락에 대한 이미지를 구성하고 있지만, 그 무엇보다도 종교적 이상주의야말로 술락의 이미지를 형성한 가장 큰 동인이다. 그의 종교적 이상주의는 그로 하여금 세상 속에 있으면서도 속인이 아니게 하고 있다. 좀더 불교적인 표현을 빌리자면, 그는 세간(lokiya)과 출세간(lokuttara)의 교차점에 서 있는 것이다.

초년기와 인생 역정

술락은 1933년 방콕에서 태어났다. 그는 웨일즈에서 대학을 졸업하고 영국에서 법학 학위를 받았다. 1961년, 스물 여덟의 나이로 태국으로 돌아온 그는 그 해 자신의 첫 정기간행물을 발간하였고, 그 작업은 이후로도 계속 되었다. 그는 당시 태국 지성계를 선도했던 저널로 평가받는 『사회과학 비평(Sangkhomsat Parithat)』의 창간 편집자가 되었다. "1963년부터 1968년 동안에 되살아났던 지적 호기심과 비판정신은 술락과 그의 저널이 보여준 열정적인 공헌 덕분이라고 할 수 있을 것이다. 그는 당시 태국사회가 직면하고 있었던 사회적·경제적·정치적 문제들에 대해서 지식인이 관심을 기울이도록 하는 데 성공하였다."[9]

---

9) David Morell and Chai-anan Samudavanija, *Political Conflict in Thailand, Reform, Reaction, Revolution* (Cambridge, Mass.: Oelgeschlager, Gunn and Hain, 1981), 140 쪽.

영국에서 돌아온 지 얼마 되지 않아, 술락은 태국에서 가장 훌륭한 국제적 규모의 서점인 숙시트 시암 서점(Suksit Siam Bookstore)을 개점하였다. 그는 또 방콕의 출라롱콘(Chulalongkorn)대학과 탐마사트(Thammasat)대학, 실라빠콘(Silapakorn)대학에서 철학을 강의하였다. 1963년부터 1968년까지 대학 캠퍼스에 비정규 토론 그룹들을 만드는 데도 일조하였는데, 사파 까페(Sapha Kafe, 카페위원회)로 알려진 그룹 역시 그의 주도로 만들어진 토론 그룹이었다. 1973년 10월 14일에 거사된 학생봉기의 주역들은 바로 이 토론 그룹의 핵심 구성원들이었다.

그는 일생을 작가, 발행인, 강사, 국제회의의 열성적 참여자, 평화와 인권 옹호 활동가, 비정부기구 설립자, 불교 사회비평가, 지적인 도덕주의자로서 살았다. 그는 태국불교협의회에서 매년 발행하는 『위사카 뿌자(Wisakha Puja)』라는 기관지의 편집인으로 13년간 종사하였으며, <미래 지향적 문화 관계에 관한 동남아 연구회(South East Asian Study Group on Cultural Relations for the Future)>의 초대 의장이었고, 소에드자트모코(Soedjatmoko)박사가 주도했던 퍼시픽 아슈라마(Pacific Ashrama)의 회원이었으며, 도쿄 소재 UN대학의 초대 총장이었다.

술락이 설립하고 조직하고 이끌었던 기관들과 발행물들은 정의, 평화, 인권, 폭력을 주제로 농촌과 도시의 빈민, 장애인, 여성, 어린이, 전쟁 피해자와 같은 소외된 사람들과 함께 하고 있다. 술락이 비정부기구를 만들면서 늘 염두에 두었던 원칙은, 그 기구들이 현재의 상황을 견제하는 평형추 역할을 하거나 상황을 타개하는 대안이어야 한다는 것이었다.

1971년, 그는 수상이었고 타이은행의 총재이자 태국 농촌 재건 운동의 설립자이며 탐마산대학의 총장이었던 뿌에이 웅파콘(Puey Ungphakorn)박사의 요청을 받아, 코몰킴통 재단(Komol Keemthong Foundation)을 창립하였다.

술락은 이러한 원칙에 입각해서 코몰킴통 재단의 목표를 설정하였다:

"민중을 위해 무엇인가 하기 위해서 정부 이외의 조직이… 계획한 사회운동은 아마 이 기금이 처음일 것입니다. 우리의 주요 목적은 젊은이들에게 이상주의 정신을 불어넣어, 그들로 하여금 스스로 민중을 위한 사업에 헌신하도록 하는 것입니다. 우리는 불교정신을 되살리고자 합니다. … 우리는 승가가 교육과 복지사업에서 제 역할을 할 수 있다고 생각하고 있습니다. …"[10]

술락은 <개발에 관한 아시아 문화 포럼(ACFOD, Asian Cultural Forum on Development)>이 아시아 지역 워크샵을 처음 열었을 때부터 진행자 역할을 맡아왔으며, 다시 2년 뒤부터 그 포럼의 기관지 『아시아의 행동(Asian Action)』의 발행인이 되었다. ACFOD는 술락이 가장 열정적으로 애쓰고 있는 분야 가운데 하나인 농촌과 도시 빈민 생활의 개선을

---

10) Sulak Sivaraksa, *Siamese Resurgence* 316쪽.

위해 노력하고 있는 단체이다. 이 포럼은 "인간의 완전한 개발을 위해 일하고 있는, 그리고 그러한 개발이 공동체의 종교적·문화적 가치 위에 건립되어야 된다고 믿는, 또 조직적인 종교를 믿든 안 믿든 상관없이 개발의 도덕적이고 인본주의적인 측면에 깊은 관심을 갖고 있는" 모든 개인과 단체를 연결시켜 주고 안정시켜 주는 것을 그 목적으로 하고 있다.[11]

1976년에는 <종교와 사회를 위한 협의체 (CGRS, Coordination Group for Religion and Society)>를 만들기 위해 기금을 조성하였다. CGRS는 교파를 초월한 세계주의를 지향하는 불교와 기독교의 인권 기구로, 계간 기관지 『태국의 인권 보고서(Human Rights in Thailand Report: HRTR)』를 발간하였다.[12]

그리고 사이공 반한(Van Hanh)대학교에 있는 베트남 선승 탁낱한(Thich Nhat Hanh)을 만나면서 싹트기 시작한 술락의 평화주의는, 1976년 10월의 비극으로 술락의 가슴 깊숙이 뿌리내리게 되었다.[13] 최근에 술락은 폭력, 억압과 경쟁에 찢겨진 아시아의 상좌부 불교 국가들, 특히 미얀마와 스리랑카에서 비폭력주의 교육을 진흥시키고자 노력하는 등, 평화와 비폭력주의에 혼신의 힘을 기울이고 있다. 그는 평화주의에 입각하여 <불교 평화우호를 위한 국제자문 패널>과 <국제 평화단>, <간디 평화

---

11) 1981~1983년의 "ACFOD: Asian Cultural Forum on Development"라는 소책자 참조
12) HRTR는 태국 내에서 가장 중요한 인권활동 저널이다. 이 저널은 태국 내에서의 폭력적인 인권침해 사례뿐 아니라 비폭력의 함양과정, 여성문제, 빈민에 대한 법적 원조, 아시아의 다른 국가 내의 인권상황 등에 대한 기사를 담고 있다.
13) 베트남전쟁이 끝난 이후, 틱나한은 자신의 시간을 쪼개어 프랑스에 있는 플럼 마을 명상센터에 거주하면서, 평화를 위한 활동에 나서기도 하며, 한발 물러나 자신의 수행에 힘쓰면서 살아가고 있다. 술락은 여러 번 재판을 찍어낸 자신의 명상안내서 『명상의 기적(The Miracle of Mindfulness)』을 "젊은 활동가를 위한 명상 안내서(A Meditation Manual for Young Activists)"라는 부제를 달아 이 때 처음으로 출판하였다.

재단>에서 주춧돌 역할을 수행하고 있다. 1983년에 술락은 <프리디 바노몽 재단(Pridi Banomyong Foundation)>과 <프리디 바노몽 연구소>의 설립을 제안하였는데, 이 연구소는 태국과 전 세계의 평화와 사회정의를 위해 공헌할 수 있는 연구 계획과 프로그램들을 활성화시키는데에 목적을 두었다.

술락은 1976년 10월 탐마사트대학의 비극이 벌어졌을 때, 스미쓰소니언 연구소(Smithsonian Institution)가 주최한 "미국과 세계" 학술대회 발표 차, 미국에 가 있었다. 대회가 끝나고 영국을 거쳐 태국으로 돌아오는 도중, 그의 친구들은 태국으로 돌아가면 목숨이 위태로울 것이라며 그의 귀국을 만류했고, 이로써 그는 18개월간의 망명생활에 들어서게 되었다. 그는 망명생활의 대부분을 미국과 캐나다에서 보냈는데, 캘리포니아 버클리대학과 코넬대학, 토론토대학 등에서 초빙교수로 머물러 있었다.

술락은 태국으로 돌아온 후, 자신이 주도하는 세계주의적 네트워킹과 많은 평화활동 참여 경험, 그리고 농촌 빈민들의 이익을 위해 쏟았던 노력을 바탕으로, 범종교 조직인 <개발을 위한 태국 범종교 위원회(Thai Inter-Religious Commission for Developmen, TICD)>를 설립하였다. 이 조직은 대학생이 사회봉사와 사회개혁 프로그램에 참여하도록 하고, 농촌과 도시의 단체 사이에 교량 역할을 하도록 하며, 빈민촌의 어린이들을 위한 단기교육과 레크리에이션 활동을 하도록 용기를 북돋아 주었다. 또한 TICD는 여러 불교 사원들이 설립한 쌀은행을 통해 가난한 농민을 도와 주었다. TICD는 평화와 정의를 주요 주제로 하는 영어 포럼지 『평화의 씨앗(Seeds of Peace)』이라는 정기간행물을 발간하였다. TICD는 또한 태국어 판 정기간행물 『도(道, Withi)』를 발행했는데, 최근에 『진리를 통한 훈련(Sekhiyadhamma)』로 이름을 바꾼 이 간행물은 불교를 비롯한 종교와 개발에 관한 이슈에 초점을 맞추고 있다.[14]

    1982년, 술락은 비정부기구들이 힘을 모아 서로 함께 공통된 문제를 해결할 수 있도록, 연대조직인 <태국개발지원위원회(TDSC, Thai Development Support Committee)>를 설립했다. TDSC의 활동에는 농촌과 도시 공동체의 개발작업, 아동복지 활동, 공동체 위생 작업, 인권활동, 공동체 노동자의 훈련, 출판사업, 노동자의 권익보호, 적절한 기술 지원사업 등을 포함하고 있다. TDSC는 『태국 개발 소식지』라는 계간지를 발행했는데, 이 계간지는 주택공급, 영양결핍, 인권학대 등의 사회문제들에 대한 특집기사를 실었다.

    술락은 문화와 교육, 예술을 지원하는 조직들과 국제 불교 조직 그리고 범 종교 조직 등의 설립에도 관여하였다. 이 가운데 가장 활발히 활동하는 조직은 사티라꼬세스-나가쁘라디빠(Sathirakoses-Nagapradipa) 재단이다. 이 재단은 『빠차라야사라(Pacharayasara)』라는 저널을 발간하였다.

---

[14] 술락은 국내적인 이익과 국제적인 이익 모두를 동시에 추구하는 작업을 매우 훌륭히 수행해 내었다. 다시 말해, 그는 태국(시암)에 대해 지역특수주의적 헌신을 바치는 동시에, 평화와 정의 그리고 배고픔의 아픔, 비폭력적 사회개혁과 같은 보편적 문제에도 역시 관심을 기울이고 있었다. 이러한 균형감각이 그의 영어와 태국어로 된 여러 간행물 속에 반영되고 있음을 발견할 수 있다.

술락이 학자, 시인, 예술가들을 존경하는 것은 '모든 것은 상호 의존적[緣起 ; 역자 주]'이라는 그의 불교적 신념의 반영이다. 확신에 차 있는 단호한 사회운동가가 현대 예술가들의 그림을 사들이고 예술전람회나 연극 개막사를 하거나, 가장 저명한 불교인이 세계 교회 평의회의 심포지엄에 참석하는 것, <세계참여불교연대(INEB, International Network of Engaged Buddhists)>의 설립자가 기독교인을 초청하여 1989년 INEB의 학술대회에서 기조연설을 하도록 한 사실은 '연기적 보편주의'의 발로이다. 그의 연기적 보편주의는 단순히 자유주의적 관대함이나 지식인의 지적호기심에서 기인한 것이 아니라, 모든 사람은 부유하거나 가난하거나 힘이 있거나 없거나, 도시에 살거나 농촌에 살거나, 세련되었거나 소박하거나, 불교도이거나 기독교인이거나 할 것 없이, '우리 모두는 상호 의존적인 존재'라는 이해로부터 비롯한 것이다.

<세계참여불교연대>는 평화와 비폭력, 인권, 환경, 대안경제, 가정의 결속, 여성문제와 같은 다양한 이슈를 토론하기 위해, 1989년 2월에 처음으로 소집되었다. 불교의 법륜(法輪)으로 상징되는 비위계적·비권위적인 구조를 갖는 이 조직의 목적은, "관련된 모든 단체들로 하여금 자신과 다른 단체의 관심이 서로 연관되어 있음을 이해시키고, 그들로 하여금 단일한 논점만 고집하는 편협함에서 벗어나 세계 전체에 대한 이해를 갖도록 도와 주는 것"이다.[15]

---

15) Progressive Buddhists Conference의 성명서 초안(1989 2월 24~27일)의 1쪽.

술락의 비정부기구 가운데 최근 가장 두드러진 활동을 하고 있는 단체는 <산티 프라차 담마 연구소(SPDI, Santi Pracha Dhamma Institute; 평화·민주·참여·정의 연구소)>이다. 현재 이 연구소는 몇 개의 계획안을 추진하고 있는데, 이 계획안들은 '모든 것은 상호 의존적으로 존재한다'는 술락의 불교적 확신을 보여주고 있다. 즉, 비정부기구에서 활동하는 장래가 촉망되는 새 조직원들을 훈련시키려는 '산티 프라차 담마 연구소의 프로그램', 평화와 사회정의 실현을 위한 대안적 구상·접근 방법·모델에 관한 정보를 대중매체를 통해 홍보하려는 '태국 포럼 프로그램', 특별한 촌락에 삼 년 동안 공동체 개발팀을 투입하는 소위 '대안적 개발에 대한 공동체의 조직적 연구(CORDA, Community Organized Research into Development Alternatives)', 11개 아시아 국가에서 예정된 '퍄 아누만 라자돈 전시회'와 태국 내의 '범문화적 세미나', '이웃 언어 알기 운동(Knowing Our Neighbours' Languages)'으로 알려진 버마어나 라오스어 같은 주변국 언어에 대한 교육 진흥 프로젝트, 전통 의약·민간요법과 종합 농업기술·농촌개발과 생태계 보존 그리고 민속예술·기예와 같은 분야에서 이루어지고 있는 혁신적인 성과를 대중화하도록 돕기 위한 '대안적 개발의 라디오 프로젝트', 태국과 라오스·캄보디아·베트남의 민중들 간의 대화를 촉진하기 위한 '태국-인도차이나 대화 프로젝트'가 그것이다.

술락은 12개가 넘는 태국내 조직과 국제적인 조직에 참여함으로써, 수많은 사람들의 삶에 감명을 주었고, 그의 출판물들을 통해서 더 많은 사람들에게 영향을 끼쳤다. 그것은 아마도 술락이 다양하고 비형식적인 권력 배경을 형성하였으며 충분한 양의 재원을 마련했다는 것을 의미할 수도 있을 것이다. 하지만 그것이 진정으로 의미하는 것은 무엇보다도 술락이 민중들의 공동체를 건설하여 그들로 하여금 혼돈되고 혼란된 세상 속에서 나름대로의 목적과 의미를 성취하도록 도와 주었다는 것일 게다.

산티 프라차 담마 연구소처럼 술락이 세운 비정부기구의 직원들은 대부분 대학교육을 받은 젊은이들로, 술락의 "급진적 보수주의", 혹은 "담마적 사회주의"의 이상향적 전망을 공유하고 있다. 산티 프라차 담마 연구소의 부국장이며 세계참여불교연대의 발기인인 프라차 후따누와뜨라(Pracha Hutanuvatra)가 그 예가 될 수 있을 것이다. 태국 학생운동의 리더였던 그는 1976년 10월 정부의 붕괴 이후 와트 수안 목크(Wat Suan Mokkh)에서 붓다다사 비구로부터 수계를 받았다. 많은 사람들이 그의 깊은 지식과 성실한 수행으로 보아 붓다다사의 후계자가 될 것이라고 생각하고 있었다. 하지만 그는 환속을 결정한 후, 술락의 푸악(phuak, 서클)에 참여했다.

술락 자신은 그가 비정부기구나 시암 숙사(Siam Suksa) 연구소 같은 비공식 단체를 설립한 것은 마치 "대인(大人, phu yai)"이 그러하듯이 자신의 주위에 푸악을 염두에 두고 한 것이 아니라, 젊은이들에게 인생의 목적을 심어주고 그들이 태국사회의 평등과 정의를 위해 더욱 헌신할 수 있도록 고무하기 위한 것이었다고 주장한다.

현대 태국사회에 대한 술락의 비판

새롭고 변화된 사회질서에 대한 종교적인 혹은 이상향적인 전망은 종종 기존 상태에 대한 불만족과 실망으로부터 비롯한다. 이와 반대로 종교는 현재의 삶에 만족하고 있는 사람들을 위해 현 상황을 합법화시키고 강화시키는 역할을 할 수도 있다. 종교가 갖고 있는 이 상반된 경향은 때로는 공존하기도 하지만, 보통은 서로 긴장관계를 이루게 마련이다. 위의 두 가지 중 첫 번째 경우에 해당하는 술락은 현재의 상황을 뚜렷하고 거침없는 목소리로 강하게 비판하고 있다. 술락이 제시하는 새로운 모습의 사회는 정치·경제적으로 어떤 질서를 갖는가를 분석하기 전에, 먼저 그가 태국의 현 상황을 어떻게 비판하는가를 살펴볼 일이다. 술락은 분명히 국제주의를 부르짖는 인물임에도 불구하고, 태국에 끼친 서구(특히 미국)의 영향을 강하게 비판하고 있다. 하지만, 필자는 이러한 것은 잠시 접어두고 술락이 자신의 조국을 어떻게 비판하는지에 대해 초점을 맞추고자 한다. 왜냐 하면, 그의 정체성은 뭐니뭐니 해도 최고의 그리고 가장 선각자적인 시암 불교도이기 때문이다.[16]

술락은 지금 태국이 갖고 있는 문제를 다양한 방면으로 분석하고 있는데, 자신이 가하는 비판의 근거를 주로 태국역사에 대한 그의 해석에

---

16) 이 진술에서 "시암의(Siamese)"라는 단어가 핵심이다. 중국계 태국인으로서 술락은 "태국"이라는 단어를 통해 표상되는 근대의 광신적 애국주의에 매우 비판적이다. 그가 볼 때, "시암"이라는 단어는 고전적 태국문화와 종교 근원 가운데 최고의 것을 지칭하고 있다. Vira Somboon의 주장에 의하면, Damrong Rajanuphab 왕자와 같은 태국 초기의 지식인들이 삶의 방식, 습관, 경향, 정치 방식, 예술, 건축과 같은 것을 통해 "태국다움"에 대해 의문을 품기 시작하기는 했지만, 술락이야말로 "태국다움(시암의)"이 일반적인 의미에서 어떤 특성을 갖는가에 대해 탐구한 첫 태국사람이라 할 수 있다. (이런 내용은 Journal of the Siam Society, 75권 1978년 판에 실린 Kansangsan Satipanya Yang Thai[태국의 지적 전통 만들기]에 대한 논평(review)의 287쪽에 보인다. 또한, Thasana Thang Kans'ksa Phu'a Khwam Pen Thai [자유 태국의 교육에 대한 조사] (Bangkok: Yuwawithaya, 1990)도 참고하라.) Vira는 술락이 태국의 정체성에 있어서 상좌 불교적 차원을 지나치게 강조하였다고 비판한다.

두고 있다. 술락이 보기에 태국은 지금 정체성 위기의 한 가운데 서 있다. 이 정체성 위기는 라마(Rama) 6세(와지라우드 왕; Vajiravudh) 치하에서 시작하여 1932년의 절대왕정 종식, 1939년 피불 송크람(Pibul Songkhram)의 권력승계, 그리고 1957년 사리트 타나라트(Sarit Thanarat)의 쿠데타를 거치면서 더욱 가속화되었다. 지난 반세기 이상의 기간 동안, 술락은 시암사람의 정체성을 위협하는 두 가지 요소를 목격하여 왔다. 서로 보완적인 관계를 갖고 있는 이 요소는 바로 전통적인 문화·종교·사회적 가치의 붕괴와 서양적 생활방식의 무비판적 수용이다. 태국 현대사에 대한 그의 분석은 이러한 경향들을 상세히 기록하고 있다.[17]

술락 역시 다른 지식인들처럼 몽쿠트왕(라마 4세, 1851~1865 재위)와 그의 아들 출라롱콘왕(라마 5세, 1868~1910 재위)이 가졌던 근대화에 대한 직관을 공유하고 있는데, 이 두 왕은 태국에 현대세계를 소개하면서도 태국의 전통가치와 서양의 가치를 매우 균형있게 조화시켰던 것으로 평가받고 있다. 술락은 다음과 같이 적고 있다. "몽쿠트에게 시암의 정체성이란 우리의 정치적, 문화적, 정신적 독립을 지키기 위해서 서양의 요구를 시기적절하게 수용하는 것을 의미했다."[18] 술락이 보기에 그 시기에 발생했던 변화, 특히 법체계는 서양의 것과 양립가능할 뿐 아니라 정의

---

17) 저자의 분석은 술락의 주요 논문인 "Crisis of Siamese Identity"에 근거하고 있다. Santi Pracha Dhamma Institute가 수시로 발행한 논문에 실렸던 이 글은 1989년 9월 8일~9일까지 오스트레일리아 Monash University의 Centre of Southeast Asian Studies가 주최한 태국 정체성에 대한 심포지엄에서 기조 연설로 발표되었다.
18) 같은 논문, 1~2쪽.

(dhamma)에 대한 태국불교의 기본 원칙과도 일관성을 유지하고 있었다.

술락이 몽쿠트와 출라롱콘를 높이 평가한 것으로부터 술락 자신이 시암의 정체성에 대해 어떤 입장을 취하고 있는지를 알 수 있다. "몽쿠트가 갖고 있던 힘은 서양에 대한 그의 이해에서만 기인한 것이 아니다. 그 힘 역시 부처의 참된 가르침과 조화를 이루고 있는 시암다움(Siameseness)으로부터 근원한 것이다."[19] 또한 술락은 서양의 것과 양립 가능할 뿐 아니라 독립, 평등, 우호, 자유와 같은 보편적인 정의를 모두 내포하고 있었던 슈코다얀(Sukhodayan) 군주제 전통의 바람직한 측면을 몽쿠트가 계승하고 있었다고 주장한다.[20] 요컨대 술락의 견해에 따르면, 몽쿠트는 영어나 서양기술 배우기와 같은 "외부적 시암인 정체성"을 바로잡고, 불교에 뿌리를 두고 있는 시암의 본질적 핵심을 보존했던 것이다. 그러나 술락은 몽쿠트와 출라롱콘이 불교에 내재되어 있는 민주주의적 원칙을 획득하는데 실패함으로써, 결국 1932년에 절대군주제가 종식을 맞이하게 되었다고 비판적으로 평가하고 있다.

몽쿠트왕이 국가의 정체성을 지키기 위해 "시암"이라는 이름을 만들어내고 프라 사야마 데봐디라자라는 이름의 국가 수호신을 만들어내었던 반면, 그 손자 와지라우드는 수코다얀전통이 갖고 있던 삼계(三界)의

---

19) 같은 논문, 2쪽.
20) 술락은 여기에서 1921년에 새겨진 Ramkhamhaeng 왕의 유명한 묘비명(墓碑銘)을 언급하고 있는데, 이 묘비명에는 Asoka왕이 했던 유형의 불교적 전륜성왕(轉輪聖王)이 지켜야할 계율이 새겨져 있다. Pirya Krairiksh박사는 이 묘비명이 1850년대에 Mongkut 왕에 의해 만들어진 것이라는 이론을 제시하였다. Sawasdee의 19권 (1990 2월호)24~21쪽에 실린 John Hoslin의 "Dr. Piriya Krairiksh. Breaking Down the Ivory Towers"를 보라. 또한 James R. Chamberlain이 편집한 The Ramkhamhaeng Controversy: Collected Papers(Bangkok: The Siam Society, 1991)를 참조하라.

세계관을 바꾸어 영국식 삼위일체인 하나님과 왕과 국가처럼 만들어버렸는데, 국가와 불교, 군주가 바로 그것이다. 술락이 기록하듯이, 라마 6세는 "그의 할아버지가 가졌던 시암 국가라는 개념을 쫓아가다가 엉뚱하게도 극단적인 민족주의, 애국주의, 인종주의라는 이념에 빠져버렸고", 그 대가를 치른 것은 불행히도 비태국인, 특히 중국인들이었다.[21] 광신적 민족주의와 태국 시민 종교(Thai civil religion)의 개발이 가속화된 것은 1932년 쿠데타 이후이며, 특히 제2차세계대전 전후의 피불 송크람(Phibul Songkhram) 치하에서였다.

술락은 1932년에 쿠데타를 기도한 사람들은 시암다움의 가치를 거의 완전히 무시하고, 라오스, 크메르, 말레이시아, 미얀마와 같은 이웃 국가의 토속문화를 경멸하는 서양에서 교육받은 엘리트들이라고 단정하고 있다. 프리디 바노몽을 제외한 나머지 모든 쿠데타 추종자들은 물질적 진보와 앞선 기술력이라는 전혀 잘못된 이유 때문에 서양의 것을 맹목적으로 숭앙했던 것 같다고 그는 주장한다. 그의 진단에 따르면, 이 혁명으로 인해서 시작된 소비문화가 시암의 가치와 삶의 방식을 파괴한 주범이다.

"이전에 우리의 학교, 박물관, 예술 갤러리, 레크리에이션 센터, 문화

---

21) Sulak, "Crisis of Siamese Identity", 3쪽. 술락은 현대의 태국 민족주의를 광신적이고 배타적인 태국의 인종주의와 결부시킨다. 태국에 있는 중국인들은 원칙적으로 외부인으로 간주되고 있으므로, 중국계 태국인인 술락은 이점에 특별히 민감한 반응을 보인다.

센터, 그리고 병원과 수준 높은 극장들이었던 와트(Wat)들이 거대한 백화점과 복합 쇼핑몰들로 바뀌고 있다. 부자들은 더 부유해지고 가난한 이들은 더 가난해지고 있다. 우리의 전통문화 뿐 아니라 자연환경마저도 위기에 처해 있는 형편이다.[22]

비록 술락이 시암의 정체성 위기가 라마 6세 때 시작되어서 그 후로 가속화되었다고 진단하고 있지만, 라마 6세가 입헌군주제 확립에 공헌했다는 긍정적인 측면을 높이 평가하고 있다. 하지만 1938~1944년까지 그리고 다시 1948~1957까지 수상을 지냈던 피불 송크람에 대해서는 술락은 더할 수 없이 비판적인 입장을 취하고 있다. 피불은 라마 6세가 갖고 있었던 태국 민족주의와 중국인에 대한 의심을 더욱 강화하여 태국인종과 태국왕실을 위한 원대한 계획을 시행하였는데, 이는 당시 태국어로 출판되었던 히틀러와 무솔리니를 흉내낸 것일 게다. 그는 태국(Thailand)으로 국호를 변경하였으며, 새로운 애국주의·인종주의적 국가를 만들도록 명령했으며, 매일 아침 8시와 저녁 6시에 태국의 국기에 경례를 하고 국가를 제창하도록 지시하였으며, 국토회복 정책을 독려하여 결국 라오스와 캄보디아에 잃었던 땅을 되찾으려 프랑스와 전쟁을 일으켰고, 심지어는 지방문자로 쓰인 고대 방언문학 서적들을 불태우라고 명령하였다.[23]

---

22) 같은 논문, 5쪽.
23) Phibul 치하의 태국역사에 대해 더 자세히 알고자 한다면, David K. Wyatt가 지은 *Thailand: A Short History* (New Haven, Conn.: Yale University Press, 1984)의 9장을 참고하라. Wyatt의 Phibul에 대한 서술은 보다 더 객관적이기는 하지만, Phibul의 치하에서 태국의 군부가 더 득세하게 되었다는 점에 있어서는 술락과 같은 의견을 보이고 있다.

피불은 중국인들, 왕자들과 늙은 귀족들, 액시스(Axis) 캠프 밖의 모든 외세들을 그의 적으로 규정하였다. 또한 그는 점점 더 많은 서양 풍습을 받아들이도록 권장하고 강요하였다. "우리는 서양식 복장을 입도록 지시 받았다. … 빈랑나무의 열매를 씹고 다니는 것은 금지되었다. … 남자들에게는 출근하기 전에 자신의 부인에게 키스할 것을 권장하였다. 모든 중국식 성이나 이름은 바꾸어야만 했다. … 육군 사관학교나 해군 사관학교에 입학하려면 자신의 할아버지가 순수한 태국혈통이라는 것을 증명해야만 했다. … 어떤 무역들은 태국을 위해서 보류되어야만 했다."[24] 게다가 술락이 볼 때, 사리트 타나라트(Sarit Thanarat) 통치시기 (1959~1963)에 미국의 원조 하에 맹위를 떨쳤던 반공(反共)이라는 망령의 토대가 마련되었던 것도 바로 피불의 통치시기였다. 미국의 영향으로 군부세력은 크게 증대되었고, 물질주의 문화가 팽배함과 동시에 시암 전통문화의 해체는 가속화되었으며, 태국은 비도덕적인 전쟁에 연루되었다. 술락은 다음과 같이 기록한다.

"현재 시암의 엘리트들은 권력과 명예를 비롯해서 물질적인 것만을 추구하는 것 같다. 그들의 대부분은 입으로만 사회정의를 부르짖는다. … 군부에 있건, 공무원이건, 사업을 하건 간에 자신이 태국을 통치하는

---

24) Sulak, "Crisis of Siamese Identity", 7쪽.

세력이라고 생각하는 사람들은 모두 하루하루 눈앞에 닥친 위기를 임시 방편으로 눈가림하는 데 급급하고, 반면으로 자신들의 기득권을 유지하는 데만 혈안이 되어 있다."[25]

　태국의 역사에는 시암의 종교적, 문화적 정체성을 침해했던 악당뿐 아니라 고대와 현대의 많은 영웅들이 있다. 하지만 태국의 현실을 본 사람들이라면 시암이 정체성의 위기를 맞고 있다는 술락의 진단에 동의하지 않을 수 없을 것이다. 지난 20여 년 간 태국의 사회적, 경제적 그리고 문화적 변화는 정말 엄청난 것이었다. 그리고 급격한 변화는 언제나 전통적 세계관과 문화적 규범에 도전하게 마련이다. 술락은 선각자적인 목소리로 태국의 군부와 경제적 통치 엘리트들이 태국을 이끌어 나가고자 하는 방향에 저항하고 있다. 술락이 볼 때, 지금 태국의 방향은 인간과 자연 환경의 황폐화를 향해 나가고 있기 때문이다.

사회변혁을 위한 불교적 전망

　현대사회에 대한 술락의 비판과 인간적이고 살기 좋은 세상을 위한 그의 제안은 많은 원천으로부터 비롯한 것이기는 하지만, 그러한 제안의 대부분은 그의 불교적 헌신으로부터 비롯하고 있다. 술락은 다른 여러

---

[25] 같은 논문, 12쪽. 또한 *Siam in Crisis* (1990) 175~187쪽에 실린 술락의 논문, "The Religion of Consumerism"을 참고하라.

종교, 특히 기독교를 연구했으며, 마하트마 간디(Mahatma Gandhi), 토마스 머톤(Thomas Merton), 마틴 루터 킹 주니어(Martin Luter King Jr.), 틱낱한(Thich Nhat Hanh) 등의 많은 종교적 스승들을 존경하고 그들로부터 영향받아 왔지만, 그는 자신이 불교적 세계관을 지니고 있음을 분명히 밝히고 있다. 태국의 정황에서 볼 때, 술락은 불교적 시각을 지닌 가장 두드러진 자유개혁 주창자라고 할 수 있을 것이다. 마히돌대학의 전임 부총장이며 개발을 위한 태국 범종교위원회와 같은 단체에서 술락과 함께 활동했던 쁘라에트 와시박사, 담마적 사회주의(Dhammic socialism)라는 개념을 제시함으로써 태국의 불교적 정치철학 개혁자들의 입지를 공고히 해 준 붓다다사 비구, 완성도 높은 학문을 통해 불교의 교리와 불교 사회 철학 모두에 커다란 공헌을 한 프라 담마삐따까와 같은 인물들이 술락과 같은 불교적 시각을 지닌 자유주의 개혁가에 속한다.[26] 이제부터 우리는 술락이 갖고 있는 불교적 대안의 주요 요소들, 특히 전통불교와 고전적인 불교의 가르침을 술락이 어떻게 재해석하고 적용하는가에 대해 분석할 것이다. 우리의 분석은 주로 영어로 된 술락의 저서와 기고문들에 근거할 것인데, 우리는 이를 통해서 그의 저서에 친숙하지 못한 독자들이 술락에

---

[26] 프라 담마삐따까는 (Debvedi, Rajavaramuni라는 옛 이름으로) 불교의 사회윤리에 대해 영어로 쓰여진 것 가운데 가장 주목할 만한 해설서를 저술하였다. Russell F. Sizemore와 Donald K. Swearer가 지은 *Ethics, Wealth, and Salvaton* (Columbia: University of South Carolina Press, 1990)의 1장에 실린 그의 글 "Foundations of Buddhist Social Ethics"를 보라. 그의 대표작인 *Buddhadhamma* (Bangkok: Chulalongkorn Mahawithayalai, 1982)는 태국의 상좌부 불교 교리에 관한 현대적 해석 가운데 가장 뛰어난 저작으로 간주되고 있다. 이 책의 초기 판본이 Grant A. Olson 에 의해 번역되었다(State University of New York Press, 1995). Olson은 Cornell University에서 1989년에 Dhammapitaka에 대한 논문("A Person-centered Ethnography of Thai Buddhism: The Life of Phra Rajavaramuni")으로 박사학위를 받았다. Dhammapitaka는 또한 불교교리와 현대 불교 사회 윤리가 갖는 수많은 이슈에 대한 많은 논문들을 발표하였다. Dhammapitaka의 출판물들은 술락이나 대중적 인기를 가진 현대승려들, 특히 Pannananda의 출판물들 보다 더 학구적인 경향을 보이고 있다.

대해 연구할 수 있는 기회를 제공하고자 한다.[27]

    술락이 비록 수많은 저술들을 출판했음은 틀림없는 사실이지만, 그는 어디까지나 활동가라는 점을 염두에 두어야 할 것이다. 그렇기 때문에 저작들 대부분은 세밀하게 다듬어진 학구적인 저술이라기보다는 강연, 연설, 반성적 사고와 같은 형식을 띠고 있다.[28] 술락은 또한 세심하고 합리

---

27) 술락의 저서와 수시로 발표한 논문들은 Santirakoses-Nagapadipa 재단(4735/5 Soi Wat Thongnopbhakun, Somdejchaophya Road, Bangkok 10600, Thailand, GPO 1960) 산하의 Santi Pracha Dhamma Institute와 Thai Inter-Religious Commission for Development를 통해 구할 수 있다. 이 글의 분석이 근거하고 있는 술락의 영어로 된 저작들의 부분적인 목록은 다음과 같다.
Siam in Crisis, 2nd rev. ed. Bangkok: Thai Inter-Religious Commission for Development, 1990.
Siamese Resurgence: A Thai Voice on Asia and a World of Change. Bangkok: Asian Cultural Forum on Development, 1985.
A Buddhist Vision For Renewing Society, Collected Articles By a Concerned Thai Intellectual. Bangkok: Tenway Publishing House, 1986.
Religion And Development. Bangkok: Thai Inter-Religious Commission for Development, 1986.
A Socially Engaged Buddhism. By A Controversial Siamese. Bangkok: Thai Inter-Religious Commission for Development, 1988.

Santi Pracha Dhamma Institute Series에 수록된 수시 논문들:
    "Buddhism and the Socio-Political Setting for the Future Benefit of Mankind", 1987.
    "Buddhism and Social Value: Liberation, Religion and Culture", 1988.
    "Buddhism in a World of Change", 1988.
    "Building Trust Through Economic and Social Development: A Buddhist Perspective", 1988.
    "Crisis of Siamese Identity", 1989.
    "Development for Peace", 1987.
    "Buddhist Understanding of Justice and Peace: Challenges and Responses to AsianRealities", 1988.
    "Reconciliation and Religion: A Buddhist Reflection on Religions's Claims and Reality" 1988.
    "The Religion of Consumerism", 1988.
    "The Religious and Cultural Data Center for Education and Development. The Thai Inter-Religious Commission For Development", 1989.
    "Siamese Literature and Social Liberation", 1988.
    "Science, Technology and Spiritual Values. A Southeast Asian Approach to Modernization" 1987.
"Buddhism in a World of Change", in The Path of Compassion, Writings on Socially Engaged Buddhism, ed. Fred Eppsteiner. Berkeley, Calf.: Parallax Press, 1988.

Tom Ginsburg는 술락의 논문 11편을 편집하여서 Seeds of Peace (Berkeley, Calif.: Parallax Press, 1992)라는 이름으로 출판하였다. 이 책은 술락에게 체포 영장을 발부하도록 빌미를 제공했던 1991년 가을 Thammasat University에서의 강연 역시 포함하고 있다.
태국어로 쓰여진 술락의 글들은 영어로 출판된 것들보다 훨씬 많다.

28) Vira Somboon은 술락의 『태국의 지적 전통 만들기(Kansangsan Satipanya Yang Thai)』를 논평하면서, 술락의 다른 글 대부분처럼 그 글 역시 어떤 주제를 세밀하게 드러내기보다는 더 많은 연구와 토론을 유도하는 자극제 역할을 하기 위한 글이라고 평가하고 있다. Journal of the Siam Society, 75권 (1987), 286쪽을 참고하라.

적인 논증을 제시하기보다는, 개인적이고 사회적인 변혁을 높이 평가하는 헌신적인 입장에서 말하며 글을 쓰고 있다. 실제로 술락은 인간의 존재를 더욱 개발하는 것과 아무런 관련도 없는 지적인 자기 만족에 대해서는 분명한 목소리로 비판해 왔다.[29] 그러므로 독자는 술락이 학자라기보다는 주창자로써 그리고 철학자라기보다는 선각자라는 입장으로부터 접근해야 할 것이다.

기대할 수 있듯이, 그의 작품에 드러난 술락의 입장은 이론적이라기보다는 실사구시적 경향을 갖고 있다. 그는 사성제와 열반, 연기, 무아 그리고 다른 여러 불교적 개념들을 이론으로써가 아니라 개인과 사회의 변혁을 이끄는 지침으로 간주하고 있다. 그가 「가까운 미래에 바람직한 사회의 불교적 개념에 대한 제안서(A Working Paper on a Buddhist Perception of a Desirable Society in the Near Future)」라는 글에서, "사람들은 사성제와 팔정도를 오늘날에 어떻게 적용해야 하며, 어떻게 이런 방법이 민중들로 하여금 가까운 미래에 바람직한 사회를 창조할 수 있도록 용기를 북돋아 줄 수 있는지에 대해 알아야 한다"고 적고 있다.[30] 다양한 다른 상좌불교 개혁가들과 보조를 맞추면서, 술락은 불교교리를 재해석하여 자신의 윤리적 틀을 제시하고 있다.[31] 그렇다고 해서 그가 "자기 성

---

29) 술락은 이러한 주제로 많은 연설과 저작을 남겼으며, 대표적으로 『민중을 위한 대학교육의 새로운 방향(Thit Thang Mai Samrap Mahawithayalai Phu'a Puang Chon)』 (BangKok: Suksit Siam, 1988)이 있다..
30) *A Socially Engaged Buddhism* (Bangkok: Thai Inter-Religious Commission fro Development, 1989), 50쪽.
31) 미얀마의 불교 개혁가들에 대해서는, Winston L. King의 *In the Hope of Nibbana* (La Selle; Ill.: Open Court Press, 1962)와 *A Thousand Lives Away* (Cambridge, Mass.: Harvard University Press, 1964)의 2장과 4장을 참고하라. 스리랑카의 경우에는 Heinz Bechert의 *Buddhismus, Staat und Gesellschaft in den Landen des Theravada Buddhismus*의 1권 (Weisbaden: Otto Harrassowitz, 1967)의 2부를 참고하라.

찰적 심성개발(spirituality)[32]"에 관한 문제를 무시한다는 것은 아니다. 하지만 에블린 언더힐(Evelyn Underhill)이 몇 년 전 서양의 신비주의에 대한 자신의 연구에서 표현한 것처럼, 술락의 심성개발은 "실용적인 심성개발"일 것이다. 술락은 세계참여불교연대의 주요 설립자 중 한 사람으로서, 동료들과 함께 하는 심성개발은 인간적인 세계를 추구함과 필연적으로 동반되어야 하는 것이라는 점을 강조하고 있다.[33]

살아있는 과거

오늘날을 살아가는 많은 사람들에게 있어서 지금의 혼란은 과거에 대한 향수를 자극하는 것 같다. 일반적으로 향수는 낭만적이고 안정적이고 편안하며 보다 덜 위험한 시간으로의 도피를 의미한다. 프로이드식의 용어를 쓰자면 그것은 자궁으로의 은거이다. 이와는 다른 시각을 가진 이들도 있는데, 이들에 있어서 과거는 그것을 통해서 현재를 비판하고 미래로 이끌 수 있는 시야를 제공해 준다.

술락이 갖고 있는 불교전통에 대한 관점은 후자의 방식으로 과거를 이용하는 것과 상통한다. 도전과 변혁의 힘을 갖고 있는 "살아있는 과거"는 사람들로 하여금 더욱 관대하고 열정적이도록 하며, 사회로 하여금

---

32) 저자는 "spirituality"라는 용어를 사용했고, "spirituality"는 일반적으로 영성(靈性)으로 번역하지만, 저자가 영어 문화권의 용어를 반성없이 사용했기 때문에 그렇게 한 것이라 판단한다. 불교적 세계관에서는 spirituality란 개념이 없고, 고타마 싣다르타 이래로 그런 개념은 희론(戲論; dogma)라고 부정했다. - 역자 주.
33) 영적 개발(특별히 명상)과 사회적 활동 사이의 공생적 관계에 대한 술락의 관점은 부분적으로 베트남의 주목받는 선승 Thich Nhat Hanh에게 도움받은 것이다. Thich Nhat Hanh의 가장 유명한 저서 *The Miracle of Mindfulness*는 베트남전쟁 기간 동안 술락에 의해 방콕에서 처음으로 출판되었다. 그 책은 "A Handbook for Young Activists"라는 부제를 달고 있다. 술락은 또한 주목받는 트라피스트 수도회의 수도사 Thomas Merton이 영적 훈련과 사회적 활동 사이에는 필연적인 관계가 있다고 주장했던 것을 높이 평가하고 있다.

더욱 정의롭고 비폭력적이게 하는 힘을 갖고있다. 바로 이러한 힘 때문에 술락은 불교와 태국 역사 서적들을 섭렵하였던 것이며, 그 영향으로 술락은 학자적으로보다는 선각자적으로 활동하게 되었다.[34]

불교도로서 술락은 이상적인 덕을 가진 개인으로는 부처를, 사회조직의 모형으로는 초기 승가를 꼽고 있다. 부처가 지나친 감각적 방종과 지나친 금욕 모두를 배척하고 도덕과 정신수양에 있어서의 중도(中道)를 실천한 인물이라면, 승가는 경제적 단순성과 자기 성찰의 함양을 이상적으로 구현한 인격적 공동체이다. 이 둘은 모두 지혜와 무욕, 평등이라는 가치를 상징하고 있다. 술락은 또한 아쇼카와 같은 불교적 전륜성왕의 개념이 정치적 덕목의 모형을 제시해 주며, 사회계급의 모든 구성원들에게 관심을 쏟게 해 준다고 생각하고 있다. 분명히 부처와 승가 그리고 전륜성왕의 고전적 개념에 대한 술락의 해석은 결코 독특한 것이 아니다. 그 해석에 있어서 그는 스리랑카의 사르보다야 쉬라마다나(Sarvodaya Shramadana)운동을 창설한 아리야라트네(A. T. Ariyaratne)와 같은 현대의 다른 상좌불교 개혁가들과 많은 부분을 공유하고 있다. 흥미로운 점은, 13세기 람캄하엥(Ramkhamhaeng)왕으로부터 현대의 붓다다사 비구에 이르기까지 태국의 역사를 해석하는 술락의 입장이다. 태국불교의 지적

---

34) 예를 들자면, Vira Somboon은 술락이 이상화된 과거를 재건하면서 태국의 지적 전통 속에서 Ayudhya와 Chiangmai와 같은 몇몇 중요한 요소를 선택적으로 무시하였음을 지적하고 있다. Journal of the Siam Society, 75권 (1987), 290쪽.

역사에 대한 그의 재구성에서 핵심이 되는 시기는, 자비롭고 정의로운 왕의 모형을 제시했던 람캄하엥왕, 불교적 우주관과 정치학, 윤리학을 종합했던 루타이(Lu'thai)왕, 새로운 정통의 불교 부흥운동을 이끈 몽쿠트왕, 담마적 사회주의라는 이상향적 관념을 가진 불교 개혁가 붓다다사의 시기이다.

시암의 불교전통은 승가와 세속, 왕실과 평민, 과거와 현재에 이르기까지 다양한 사례를 통해 살아있다는 것이 술락의 견해이다. 술락은 태국의 많은 시인들과 예술가, 왕자들에 대한 글을 썼고, 태국의 역사와 문학, 문화를 사랑했던 왕실의 경영자들을 존경하였다. 그는 그것들을 안전히 보호함으로써 팽배하는 서구화의 물결 속에 휩쓸려 사라지지 않도록 하기 위해 노력하고 있다. 술락은 특별히 20세기 초반 태국의 정체성을 지켜내기 위해 다양한 방법으로 노력했던 몽쿠트왕의 두 아들, 담롱왕자와 나리스왕자에 특별한 애정을 갖고 있다. 담롱은 전통예술과 건축물을 보전하고 태국의 언어와 문화를 아름답게 하는데 공헌했던 왕실 평의회의 설립자이나.[35] 술락은 담롱에게 있어서 시암의 정체성은 "자유와 독립에 대한 열정과 폭력에 대한 거부, 타협과 융화의 능력"이라는 세 가지 측면이 있으며, 이것들이야말로 오늘날에 시암의 정체성을 보존하고 바로

---

35) Damrong 왕자에 대한 장편의 논문을 구한다면, Sulak Sivaraksark 쓴 *Siam in Crisis*의 2번째 개정판(1990)의 224~248쪽에 있는 "The LIfe and Work of Prince Damrong Rajanubhab (1862~1943)"을 참고하라.

잡는데 꼭 필요한 것들이라고 주장한다.[36] 출라롱콘왕 아래에서 여러 장관직을 수행했던 나리스왕자는 에메랄드 붓다 사원(The Temple of Emerald Buddha)의 재건과 아름다운 대리석 사원(Wat Benjamabopitr)의 설계를 책임졌던 예술가이다. 술락이 나리스왕자를 존경하는 것은 왕자가 이룩한 예술적 업적 때문이기도 하지만, 왕자임에도 불구하고 겸손하고 온화했던 인품 때문이다. "그의 동시대 사람들이 도시에다 유럽풍의 대저택을 짓는 동안, 나리스는 시암풍의 농가를 사서 농민들과 친구로서 살았다."[37]

이미 술락은 불교의 승가야말로 탐욕과 경쟁이 없는 최소한의 삶의 방식이며, 이러한 삶의 방식이야말로 이 시대에 우리가 살아남기 위해 요구되는 삶이라고 호소했었다.[38] 술락은 승려들에게 자신의 삶을 바쳐 그들의 공동체의 복지를 위해 특별한 방식으로 봉사할 것을 촉구해 왔다. 특히 붓다다사 비구와 프라 담마삐따까는 술락에 많은 영향을 끼쳤다.[39] 술락 자신이 갖고 있는 불교에 대한 개혁주의적인 해석은 붓다다사의 탈신화적이고 합리적인 담마(Dhamma)를 반영하고 있다. 또한 서양의 자본주의와 마르크스주의를 배척하는 술락의 정치철학은 담마적 사회주의라

---

36) "Crisis of Siamese Identity", 3쪽.
37) Sulak의 *Siam in Crisis*의 2번째 개정판 (1990)에 있는 "H.R.H. Prince Naris"의 18쪽.
38) "불교 성인의 존재는 지혜와 사랑, 평화의 존재를 의미한다. 우리는 불교에서 그러한 존재가 매우 중요하다고 믿고 있다. …[그것은] 사회에 영향을 미치고 있다." *A Buddhist Vision for renewing Society* (BangKok: Tienwan Publishing House, 1986)에 실린 "Buddhism and Non-Violence"의 110쪽.
39) 자신의 여러 저서에서 Phra Dhammapitaka에 대해서 언급하고 있는 술락은 Dhammapitaka가 최근에 제시한 주제인 "선지식(kalayanamitta)" 개념과 그밖에 자기성찰 추구와 사회운동 사이의 본질적인 상호관련성과 같은 주제에 의해 매우 커다란 영향을 받아왔다. 또 술락은 수년동안 적극적으로 붓다다사를 지지해 왔다. *Siam in Crisis*의 224~248쪽을 보라.

는 붓다다사의 개념과 일맥상통한다.[40]

술락은 인격주의의 입장에서 역사를 읽는 경향을 보인다. 피불과 사리트 같은 악당들도 있지만, 과거뿐 아니라 현재에도 긍정적인 모범이 될 수 있는 영웅들 또한 많다. 특히 붓다다사나 담마삐따까와 같은 인물들은 일상의 질을 높이는 문화적 가치를 실현할 뿐 아니라, 열반이나 출세간처럼 시간을 넘어선 진리와 의미를 지시해 주고 있다. 과거가 갖는 역설은, 그것이 영원한 현재라는 점이다.

일상생활의 불교

— 소문자 'b'를 쓰는 불교(buddhism).

1986년 2월, 술락은 가톨릭평화우호회(Catholic Peace Fellowship)의 도로씨 데이(Dorothy Day)의 전기 작가이며, 트낱한의 친구인 제임스 포리스트(James Forest)와 인터뷰를 가졌는데, 이 인터뷰는 『국제간의 화해(Reconciliation International)』에 "소문자 'b' 불교(buddhism)"라는 이름으로 발표되었다.[41]

술락의 소문자 'b' 불교는 기본적으로 세 가지 차원을 갖고 있는

---

40) Donald K. Swearer가 편집한 Buddhadasa 비구의 *Dhammic Socialism* (Bangkok: Thai Inter-Religious Commission for Development, 1986)을 보라.
41) 저자의 논문은 가장 최근의 술락의 논문 선집인 *Seeds of Peace* (Berkeley, Calif.: Parallax Press, 1992)가 출판되기 전에 완성되었다. "소문자 'b' 운동"의 개정판은 그 책 속에 포함되어 있다.

데, 그 세 가지는 본질주의적, 보편주의적, 실존주의적 측면이다. 그의 맥락에서 본질주의란 그것이 보통 함축하고 있는 형이상학적 의미를 내포하는 것이 아니라, 비본질적인 찌꺼기들을 제거한 불교의 본질적 핵심을 지시하는 것이다. 이와 대조적으로 대문자 "B" 불교는 문화변용을 거친 불교이며, 관습적이고 의례적인 불교이며, 민간 종교의 형식적 불교이며, 태국의 광신적 민족주의와 군국주의가 갖는 도발적인 가치와 일치하는 불교일 뿐이다.[42] 소문자 "b" 불교의 실존주의적 차원이란 개인과 사회에 따라 변형되는 불교의 상대성을 가리킨다. 그것은 현대의 문제들을 해결해 주는 실용적 적응성뿐 아니라, 혼돈과 위협으로 가득한 세상 속에서 자신의 인생에 의미를 부여해 주는 힘을 가지고 있다.

불교도로서 술락은 소문자 "b" 불교의 본질적 핵심을 불교 용어를 사용하여 설명하면서, 불교가 모든 위대한 세계 종교 가운데 본질적 핵심이라고 주장하고 있다. 이는 붓다다사 비구의 견해에 동의하는 것으로, 그는 이러한 보편적 핵심을 무아(無我)의 가르침으로 해석하고 있다.

"당신은 [어떤 특별한] 신앙을 고백해야만 할 필요는 없으며, 부처를 숭배해야만 할 필요도 없으며, 어떠한 의례에도 반드시 참여할 필요도 없

---

42) 상좌불교의 역사적 전통에 대한 술락의 재구성은 선택적이거나 비일관적인 해석일 수 있다(이 논문의 결론적 분석을 참고하라). 종종 술락은 승가의 문화적 제도화를 분명한 목소리로 공격하기도 한다. 그러나 전통적인 상좌불교 연대사가(年代史家)들과는 달리, 술락은 부처로부터 아쇼카왕까지 그리고 몽쿠트왕으로부터 붓다다사에 이르기까지 특별한 시대의 다양한 불교적 영웅들을 칭찬하고 종종 이상화하기도 한다. 술락은 분명히 불교 전통을 자신의 시야에서 재구성하고 있다. 하지만 어떤 전통의 역사이든 해석의 역사가 아닌 적이 있던가?

다. 중요한 것은 당신이 깨달음 속에서 성장하는 것이다. 당신은 스스로 이기적이지 않도록 노력해야 하며, 다른 사람들과 의미있는 관계를 맺어 우호를 유지하고 서로 착취함이 없도록 해야 한다. 나에게 있어서 불교의 핵심은 이것이다.[43]

술락에게 있어서 무아는 "비착취"와 도덕적으로 같은 의미를 지닌다. 그가 자신의 마지막 망명 시기 동안 유럽과 미국을 돌면서 한 강연들의 중요한 주제 가운데 하나가 바로 비착취이다.[44] 이러한 사실은 왜 술락이 보시(布施, dana)를 "비착취의 훈련"으로, 지계(持戒, sila)를 "착취적 행위의 결과를 이해함"으로 그리고 명상을 "우리가 착취당하고 있는지를 알 수 있는 비판적 자각"으로 해석하는지를 설명해 준다.[45] 무아를 이해한다는 것은 나와 남, 우리 공동체, 우리 사회에 대해서 비착취적으로 행동하며 아픔과 기쁨을 함께 하는 것이다. 술락은 비슷한 방식으로 비폭력에 대한 논의를 분석하고 있다. 마음을 연마하고 자비심(metta)을 기르므로써 우리들은 증오를 없애고, 인내심을 얻으며, 비폭력을 실천하기 위해 꼭 필요한 마음의 평안함을 성취할 수 있는 것이다.[46]

여기에서 필자는 술락의 소문자 "b" 불교의 실존주의적인 차원은

---

43) Reconciliation International, (1986년 2월), 5쪽. 또한, *A Socially Engaged Buddhism* (Bangkok: Thai Inter-Religious Commission for Development, 1988)의 181~185쪽에서도 보인다.
44) 술락이 1월부터 4월까지 미국을 순회하면서 가진 많은 강연들 가운데 한 강연이 "자신과 타인을 착취하지 않기: 불교의 본질"이라는 제목으로 강연되었다. 술락은 다음과 같은 말로 강연을 마쳤다. "평화와 사회정의를 위해 일하며, 자신이나 타인을 착취하지 않음이 불교의 본질이다. 우리는 함께 일함으로써 불교의 본질적 요소를 소생시킬 수 있다. …지도자라 할지라도 우리와 함께 일해야 할 것이다. 우리는 더욱 겸손해져야 한다."
45) Swarthmore College에서 1992년 4월 2일에 한 술락의 강연.
46) Sulak, "Buddhism and Nonviolence", in *Seeds of Peace* (Berkeley, Calif.: Parallax Press, 1992), 특별히 85쪽 이후.

술락의 인생과 작품에 대한 이전의 논의 속에 이미 풍부하게 드러나 있다고 가정하고, 그 운동의 본질주의적, 보편주의적 차원에 초점을 맞출 것이다. 그리고 상좌불교의 여러 기본 개념들, 곧 사성제, 오계(五戒), 사무량심(四無量心, brahma vihara; 慈, metta/ 悲, karuna/ 喜, mudita/ 捨, upekkha- 역자 주), 선지식(善知識), 연기성(緣起性), 열반(涅槃) 등을 재해석할 때 쓰는 술락의 용어를 사용하여 본질주의적 차원을 분석할 것이다.[47] 또한 그의 세계주의적 시각의 저작을 통해, 특히 불교와 기독교 사이의 관계를 고려하면서 소문자 "b" 불교의 보편적 차원에 대해서 매우 간략하게 살펴 볼 것이다.

팔정도(八正道)를 포함하는 사성제(四聖諦)와 오계(五戒)가 상좌불교 교리상 가장 근본적인 교리를 이룬다. 사성제는 부처의 초전법륜(初轉法輪, Dhammacakkappavattana Suttanta)에서 설명되고 있다. 그리고 오계란 포살일(布薩日)마다 승려와 신도들이 지킬 것을 다짐하는 다섯 가지 계율로 불살생(不殺生), 불투도(不偸盜), 불사음(不邪淫), 불망어(不妄語), 불음주(不飮酒)를 가리킨다.

간략히 말하자면, 세속적 존재는 궁극적으로 결코 영원할 수 없으므로 인생이란 고통이며〔苦聖諦〕, 고통은 만족시킬 수 없는 세속적 욕망

---

47) 술락의 영어로된 저작들 가운데 상좌불교의 교리적 핵심을 아무런 꾸밈없이 직접적으로 설명한 것으로는 *Siamese Resurgence* (Bangkok: Asian Cultural Form for Development, 1985)의 3~16쪽에 실린 "Buddhisma and a World of Change"이 있다.

또는 집착으로 인하여 일어나는 것이며[集聖諦], 욕망을 극복했을 때 고통이 끝나며[滅聖諦], 고통을 소멸시키고자 한다면 '모든 것은 연기에 따라 일어나는 무상한 것'이라는 내적 각성에 이르기 위해 도덕적·정신적 훈련을 거쳐야 한다[道聖諦]는 것이 사성제의 내용이다. 이것을 깨달아야만 소문자 'b' 불교를 바르게 이해할 수 있다는 것이 술락의 생각이다. 이러한 사성제는 그것의 다른 측면인 팔정도[정견(正見), 정사유(正思惟), 정정진(正精進), 정어(正語), 정업(正業), 정명(正命), 정념(正念), 정정(正定)]의 근본을 이룬다. 불교도들은 정견을 얻기 위한 많은 방법을 개발해 내었지만, 술락이 볼 때, 정견을 얻는다는 것은 이기심의 극복과 세속적 욕망의 소멸, 다른 사람과의 상호의존성에 대한 자각을 의미한다.[48]

사성제를 이루는 하나하나는 고통의 성질, 원인 그리고 그것의 소멸과 관련되어 있다. 이와 관련해서, 싯다르타태자의 출가에 관한 이야기는 전통 불교가 고통에 어떻게 맞서고 극복하는가를 잘 보여주고 있다. 술락이 이 일화를 어떻게 이해하는가는 불교의 문헌과 교리에 대한 그의 해석학적 접근 방식을 특징적으로 보여주고 있다:

"노인, 병자, 시체, 사문(沙門)을 보았을 때, 싯다르타태자는 해탈을

---

48) Sulak, "Buddhism and Development—A Thai Perspective", in TICD Newsletter, (1982년 1~6월), 32쪽.

구하고자 했으며 결국은 깨달아 부처가 되었다. 우리는 보팔(Bhopal)
과 체르노빌(Chernobyl)에서 발생한 재앙을 비롯한 현대의 고통을 목
도했다. 이제 우리는 함께 생각하고 행동함으로써, 그러한 죽음과 파괴를
극복하고 전 인류를 깨달음으로 인도해야 할 것이다."[49]

술락은 수많은 사례들에서 목도한 현대의 고통은 비인간화된 사회적, 경제적, 정치적 힘 때문에 발생된다고 해석한다. 그리고 기득권의 이기심과 단기간의 경제적·정치적 목적을 위해서 자행되는 비인간화된 폭력은 인류 전체의 행복을 희생시킨다고, 그는 주장한다. 그는 이러한 고통을 해소하기 위해 민초들이 광범위한 비폭력 운동을 일으켜, 협소한 자기 이익만 추구하는 비인간화 세력을 축출할 것을 제안한다.

술락은 오계에 대해서도 사성제를 해석할 때와 마찬가지로 현대적인 의미를 적용한다.[50] 불살생(不殺生)은 다른 사람을 죽이지 않는다거나 전쟁을 치르지 않는다는 문자 그대로의 의미만을 갖는 것이 아니다. 그 의미를 확장하여, 불살생은 무기, 특히 대량살상무기의 생산과 사용을 포기하는 것까지 포함한다.[51] 사람들에게서 적절한 생계수단을 앗아가는 것역시 일종의 살생이다. 또 화학비료와 살충제를 사용하여 토양을 망치고 미생물을 말살시키는 것 역시 숲을 파괴하여 수많은 종류의 동물을 죽이

---

49) Sulak, "Buddhism in a World of Change: Politics Must be Related to Religion", in *The Path of Compassion. Writings on Socially Engaged Buddhism*, ed. Fred Eppsteiner, rev. ed. (Berkeley, Calif.: Parallax Press, 1988), 9쪽.
50) 이하의 해석은 술락의 *A Socially Engaged Buddhism*의 19~83쪽에 실린 "A Working Paper on a Buddhist Perception of a Desirable Society in the Near Future"와 *Buddhist Perceptions for Desirable Societies* (Bangkok: Thai Inter-Religious Commission for Development, 1993)에 근거한 것이다.
51) "Buddhism and Contemporary International Trends", in *Inner Peace, World Peace, Essays on Buddhism and Nonviolence*, ed. Kenneth Kraft, (Albany: State University of New York Press, 1992), 127쪽.

는 것 만큼이나 살생에 해당한다. 핵폐기물과 화학오염물은 인류를 멸망시킬 수 있는 위협적인 존재이므로 명백히 불살생계를 어긴 것이다. 술락은 불살생계를 개인적 삶의 양식에까지 적용한다. 다른 사람들이 굶주림으로 고통받고 죽음에까지 이르는데도 사치와 낭비를 일삼는 것은, 불살생에 대한 술락의 현대적인 해석에서 볼 때 분명한 파계인 것이다. 이런 점에서 볼 때, 무절제한 도축을 방지하고 고기의 소비를 감소시키는 채식주의야말로 "가축뿐 아니라 가축을 위해 곡물을 남겨두어야 하는 사람들 모두를 위한 배려인 것이다."[52] 요컨대 술락에게 있어서 불살생계는 모든 불교적 행위의 바탕인 것이다. "우리는 모든 존재에 대한 자비심을 닦아야만 한다."[53]

술락은 생계를 위한 법적 수단이라는 배려 아래서 도둑질의 개념이 새롭게 고려되어야 한다고 주장한다. 어떤 개발이 적절하고, 적절하지 못한 모형인가? 어떤 것이 올바르고, 그릇된 소비인가? 어떻게 우리는 국가의 자원을 고갈시키고 인간을 착취하는 불평등하고 부당한 상거래를 가려낼 수 있는가? 술락의 눈에는 오늘날 국내적으로나 국제적으로 허용되는 합법적 사업의 일부가 오히려 전통적인 형태의 좀도둑보다 더 간흉스러워 보인다. 요컨대 불투도(不偸盜)계는 경제 정의의 근본 원칙이며,

---

52) 같은 책, 130쪽.
53) Sulak, "Buddhism and Nonviolence", in *Seeds of Peace*, 83쪽

우리가 속해 있는 경제체계가 갖는 착취와 폭력을 방지하는 수단인 것이다. 술락은 이러한 원칙을 개인의 삶과 사회 모두에 전형적인 방식으로 적용하고 있다. "모든 생명에 대한 자비심에서 우러나 자발적으로 소박한 삶을 사는 것은 자기 자신을 이전에 익혀왔던 부도덕한 생활방식으로부터 벗어날 수 있도록 해 준다." 그러나 우리는 또한 "다른 사람들이 자신의 의지와 달리 가난 속에 살 수밖에 없게끔 하는 잘못된 경제구조를 뒤엎을" 필요가 있다.[54]

술락은 불사음(不邪淫)계 역시 기존의 의미를 더욱 확장시켜 해석하고 있다. 이 계율은 여성의 인권, 제3세계에서의 여성착취, 매춘, 낙태에 대한 태도, 인구정책 등의 이슈를 포괄하고 있다. 전통적인 불교 용어를 사용하면서 술락은 남성중심의 사회가 지은 집단적 "업(karma)"이 남성과 여성 모두의 잠재력을 사장시켜 성(性)적 차별을 넘어서는 완전한 자기 실현을 가로막고 있다고 비판한다.

또한 술락은 불망어(不妄語)의 계율이 상업적 광고, 대중매체, 교육 등의 분야에 적용될 필요가 있다고 주장한다.

"우리에게 필요한 것은 교실에만 국한되지 않는 실행가능한 불교교육이다. 우리는 대중매체를 통해 정견(正見)의 개념을 보급시켜 진리가 거

---

54) "Buddhism and Contemporary International Trends", 131쪽.

짓에 승리를 거두도록 해야 한다. 사람들이 필요한 것 이상을 소유하고 있는 소비문화 속에서 우리는 그 어떤 것보다도 인간의 존엄성을 우선시 해야만 한다."[55]

마지막으로 불음주(不飮酒)계는 정부가 정책적으로 지원하는 술·담배·약물산업을 포함해서 술과 약물 남용에 관련된 다양한 분야를 포괄한다. 그는 마약과의 전쟁을 선포한 군부가 약물남용 및 관련 범죄의 근원이 무엇인지를 파악하지 못하고 있다고 지적하고 있다. 그에 따르면 그 원천은 실업, 부의 불평등한 분배 그리고 노동으로부터의 소외인 것이다. "만약 정부지도자를 비롯한 정치인들이 국민들을 술과 약물에 중독시키고 있음을 자각하지 못한다면, 혹은 국민들이 약물의 유혹에 빠져들도록 만드는 절망적 상황을 개선하려 노력하지 않는다면, 그리고 대규모의 마약무역을 통해 이익을 얻는 정권을 계속해서 지지한다면, '마약과의 전쟁'이라는 상징적인 구호가 성공하리라고 어찌 기대할 수 있단 말인가?"[56]

오계에 대한 술락의 광범위한 해석이 전통불교의 윤리적 원칙과 규율을 현대적 상황에 어떻게 적용하고 있는가를 상징적으로 보여주고 있다면, 사무량심(四無量心), 선지식(善知識), 사섭법(四攝法; 보시(布施, dana), 애어(愛語, piyavaca), 이행(利行, atthacariya), 동사(同事,

---

55) Sulak, *A Socially Engaged Buddhism*, 67쪽.
56) Sulak, "Buddhism and Contemporary International Trends", 133쪽.

samanattata)]에 대한 그의 해석은, 모든 존재는 서로에 대해 의존적이라는 진리(idappaccayata)를 보여주고 있다. 사무량심 중 첫 번째인 자애[慈, metta]는 자신의 행복을 다른 사람에게 나누어주는 것인데, 이것은 정견(正見)을 기르는 첫째 단계로서, 두 번째 단계인 다른 사람의 고통을 함께 나누는 동정[悲, karuna]을 수반한다. 술락은 부자와 가난한 사람 사이의 격차, 그리고 권력을 지닌 자와 지니지 못한 자 사이의 커져만 가는 틈새는, 정부의 정책과 경제 프로그램만으로 해결될 수 있는 문제가 아니어서 개개인이 자기 성찰 심성을 개발해야만 해결될 수 있는 문제라고 주장하면서, "그렇지 않다면 누구도 다른 사람과 고통을 의미롭게 나눌 수 없다고" 말하고 있다.[57] 인간개발의 셋째 단계인 함께 기뻐함[喜, mudita]은 질투와 증오를 우애로 바꾸는 것이다. 자신의 기쁨과 슬픔을 다른 사람의 기쁨과 슬픔으로부터 구별하지 않음으로써, 넷째인 평정[捨, upekkha]을 획득할 수 있다. 이로써 자신과 다른 이의 성공과 실패, 그리고 출세나 곤경 따위에 흔들리지 않을 수 있다. 이렇게 마음이 평정한 상태 속에서 자신과 타인 사이에 가로막혀 있던 장벽을 허물 수 있는 것이다.

      술락이 해석하는 바에 따르면, 위와 같은 정신적 성취는 참회와 이치에 맞는 숙고[如理作意, yonisomanasakara]를 통해서 얻어지는 것이다.

---

57) Sulak, "Buddhism and Development—A Thai Perspective", 73쪽.

"선지식(kalayanamitta)"은 우리를 자기 기만과 아만(我慢), 종교적 도피주의로부터 보호해 줌으로써 우리가 가야할 길을 인도해 주는 역할을 하므로, 우리가 자기 성찰적으로 심성을 개발하는 데 있어서 불가결한 요소이다. "선지식은 우리 내부에 '또 다른 양심의 소리'가 되어서 우리로 하여금 자기 개발의 올바른 길을 걷도록 해 준다. 이 길을 걸음으로써 우리는 사회로부터 도피하지도 않으며, 자기 자신을 과시하기 위해 사회를 개혁하려 하지도 않게 되는 것이다."[58] 요약하자면, 선지식은 다른 사람을 이끌어 자기 성찰 심성이라는 내적 여정(旅程)과 사회 정의와 화합이라는 외적 도정(道程) 사이의 이상적 균형에 이르도록 안내해 주는 사람이다.

술락이 볼 때, 자기 성찰 심성 완성과 사회 정의는 내재적으로 서로 관련맺고 있으며, 이것은 모든 존재가 서로 의존하고 있다는 진리의 한 사례를 보여준다. 1992년 미국을 순회 강연하던 기간에 있었던 인권에 대한 강연회에서, 술락은 "미얀마의 저항운동 지도자인 아웅산 수지(Aung San Suu Kyi)여사가 자신을 구금하고 있는 자들에게 보여주는 동정심은 그녀가 그들과 갖는 상호 의존성을 자각하고 있음을 보여준다"고 말했다. "그 분은 자신을 구금하고 있으며, 사랑의 민중을 살해하고, 그 분의 정당

---

58) 같은 책, 34쪽.

을 파괴한 자들에게 동정심을 갖고 있다. 만약 여러분이 억압하는 이들에 대항하여 무기를 들고 저항한다면, 당신이 맞이할 것은 공멸(共滅)의 종말일 뿐이다."[59]

좀더 세속적이고 실용적인 수준에서, 술락은 한국과 일본에 있는 친구들에게 젓가락을 재활용할 것을, 그리고 우리들 모두에게 폐지를 재활용할 것을 당부하고 있다. "우리 모두는 서로 관련되어 있다. 틱낱한이 우리에게 가르쳐 준 것은, 한 장의 종이를 볼 때 한 그루의 나무를 생각해야 한다는 것이라고 나는 믿는다. 나무가 없으면 종이가 있을 수 없다.… 태국에서는 숲을 보호하려는 승려가 군부에 체포되는 일이 벌어졌다. 인간의 인권이란 종이 한 장과도 관련있는 것이다."[60]

오계와 사무량심, 사섭법(四攝法; 보시, 애어, 이행, 동사) 같은 전통 불교윤리에 대한 술락의 해석은 현대의 도덕질서를 비평하고, 개인과 사회의 변혁을 위한 건설적인 윤곽을 그려주며, 사물의 상호의존성을 분명한 목소리로 드러내는 기능을 한다. 이렇게 서로 관련 맺고 있는 세상 속에서 권력을 지배하는 위치에 있는 사람들에게는 특별한 책임이 있다. 물론 전통적으로 권력을 지배하는 사람이란 왕이나 통치자를 의미한다. 여기에서 그는 다른 곳에서도 그러하듯이 빨리(Pali)경전을 인용하여 자신

---

59) Sulak, "Buddhism and Human Rights", 미간행물, 10쪽.
60) 같은 곳.

의 주장을 뒷받침하고 있다.

"왕이 정의로울 때 신하 역시 정의로우며, 신하들이 정의로울 때 브라만과 그 아내들이 정의로우며, 이로써 마을 사람들과 풍속이 정의롭게 된다. 마치 별자리와 항성들이 그런 것과 마찬가지이다. 낮과 밤, 보름과 달, 계절과 해는 규칙에 따라 자신의 길을 간다. 바람은 때를 맞추어 정기적으로 불며, 계절에 맞게 비가 내리며, 곡식들은 때에 맞춰 익는다.… 곡식이 제 철에 익으면, 이 곡식에 의지해서 사는 사람 역시 장수하고 미모를 갖추며 병 없이 건강을 누린다."[61]

정치적·경제적 권력을 지닌 사람들은 그들의 자연적, 인간적 환경에 대한 특별한 책임을 져야 하며, 각자 나름대로의 공헌을 해야만 한다. 그러기 위해 첫 번째로 밟아야만 하는 가장 중요한 단계는 자각(self-awareness)이다. 세계를 정의롭게 하기 위한 노력은 우리 내부의 조건들에 대한 앎으로부터 비롯하는 것이다.

"우리는 우리의 내적 조건을 고요하게 그리고 일념(一念)의 상태로 조절함으로써 외부세계의 부당함을 자각해야 한다. 자신의 마음에서 사사로움과 이기주의를 제거하지 않고, 외부세계를 바로잡으려는 것은 당

---

61) 같은 논문. 39쪽.

치 않은 말이다. 또한 지구에 살고 있는 사람들은 물론이고 전 우주의 모든 생명체들이 처한 사회적 환경을 바로잡겠다는 관심도 없이, 자신의 마음만 고요하고 편안하게 하려는 것 역시 잘못된 일이다."[62]

전통적으로 상좌불교에서 정념(正念)과 자비(metta)는 함께 동반하는 것으로 간주되고 있다. 그의 동지, 탁낱한의 말에 화답하여 술락은 보다 구체적이고 자세한 용어를 써 가며 다음과 같이 말한다. "한 가정에서 한 사람이라도 명상을 수행한다면, 그 사람의 자비심 덕으로 모든 가족이 이로움을 얻을 것이다. … 한 마을에 한 명이라도 자비심을 수행하는 사람이 있다면, 마을 전체가 영향을 받을 것이다. 이는 그 한 사람이 모범이 되어서 끊임없이 다른 사람들을 경각시켜 주기 때문이다."[63]

술락은 불교의 가르침에 있어서 핵심은 바로 무아(無我)라고 주장한다. 무아로부터 불살생과 비폭력의 윤리가 유래한 것이며, 정신적 자각과 자비심 그리고 정신수행의 방법들도 역시 무아로부터 비롯한 것이다. 무아는 술락이 갖고 있는 보편주의와 세계주의, 특별히 기독교와의 대화에서 그 핵심을 이루고 있다. 기독교와 불교가 많은 면에 있어 서로 다르지만, 이 두 종교는 무아가 갖는 궁극적 가치를 공통적인 핵심으로 갖고 있다. 불교도로서 술락은 기독교와 불교가 갖는 유사점을 다음과 같이 적

---

62) *A Socially Engaged Buddhism*, 75~76쪽.
63) *A Buddhist Vision for Renewing Society*, 108쪽.

고 있다.

> "불교도는 불교적 시야로부터만 기독교에 대해 곰곰히 생각해 볼 수 있다. 그 이상의 것은 불가능하다. 만약 불교도가 기독교인들은 하나님을 사랑함으로써 자신의 이웃을 사랑하게 되며, 신에게 복종함으로써 자아를 잊고 모든 존재를 사랑하게 된다는 것을 이해하게 된다면, … 그가 우연히 기독교인을 만났을 때, 그들에게 있어서 십자가는 기독교 신자들 뿐만 아니라 신의 모든 창조물들과 함께 고통을 나누도록 힘을 주는 상징임을 알게 될 것이다."[64]

술락은 수많은 기독교인과 기독교 단체와 친교를 맺어 왔다. 그는 국제평화단체에서 퀘이커교도들과 함께 일하였으며, 라오스와 캄보디아에서는 메노파교도(Mennonite)들과 함께 일하였다. 그는 세계교회평의회가 주최하는 수많은 학술대회에 참석했으며, 『불교-기독교 연구(Buddhist-Chirstian Study)』라는 저널의 편집위원이기도 하다. 술락은 트라피스트 수도회의 토마스 머튼(Thomas Merton) 수도사를 매우 존경하고 있는데, 이는 단순히 머튼이 불교에 상당한 관심을 갖고 있기 때문이 아니라, 그 역시 자신처럼 명상과 사회운동의 역설적인 조화를 추구하고 있기 때문이다. 1974년 『시암시회 저널(Journal of the Siam Society)』에

---

64) "Christianity in the Reflections of Buddhism", in *A Socially Engaged Buddhism*, 141쪽.

술락은 머톤의 『아시아 저널(Asian Journal)』에 대한 논평을 기고했는데, 이 글은 그가 머톤과 그의 저작에 대해 깊은 지식을 갖고 있음을 보여주고 있다. 그는 머톤과 같은 이방인이 오히려 태국의 불교도로 하여금 자신의 종교에 대해, 특히 태국불교의 명상문화에 대해, 다시 한번 숙고해 볼 수 있는 기회를 제공해 준다는 호소어린 논평으로 그 글을 끝맺고 있다.

또한 불교와 기독교는 인간으로 하여금 (그것이 열반인지 천국인지는 차치하고) 최고의 깨달음에 도달하지 못하도록 하는 비인간화 세력으로부터의 해방이라는 공통된 관심사를 갖고 있다. 프라 담마삐따까의 저작 『자유―개인적 자유와 사회적 자유(Freedom―Individual and Social)』의 도움을 받아서 술락은 평화와 행복의 실현을 위해 꼭 필요한 자유의 네 가지 단계, 곧 물리적 자유, 사회적 자유, 감성적 자유, 지적 자유를 제시하고 있다.[65]

첫째 자유는 물질적 세계 혹은 물리적 환경과 관계된 것으로, 기본 생계수단의 결핍으로부터의 자유를 다루고 있다. 사회적 자유는 억압과 박해, 착취, 차별, 폭력, 공포로부터의 자유는 물론이고, 자선과 관용의 적극적인 촉진을 의미한다. 감성적인 자유 혹은 마음의 자유란 정신적 번뇌와 고통으로부터의 자유, 곧 자비(慈悲)라는 유익한 덕목으로 가득한 "열

---

65) "Siamese Literature and Social Liberation" in *A Socially Engaged Buddhism*, 141쪽.

반에 든" 마음을 말하는 것이다. 마지막으로 지적인 자유란 지식과 지혜를 통해 얻어지는 것으로, 왜곡과 편견, 이기심으로부터의 자유를 일컫는다. 이것이 불교와 기독교가 공유하고 있는 최고의 무아 상태인 것이다.

술락은 개인적 해방뿐 아니라 사회적 해방에도 관심을 둠으로써, 레오나르도 보프(Leonardo Boff)나 존 소브리노(Jon Sobrino)같은 남아메리카 해방신학자들의 실천강조에 힘을 실어 주고 있다. 술락은, 실천에 대한 범종교적 논의에 기반하여, 술락은 다음과 같이 주장한다. "우리는 '교리가 부패해서 이데올로기로 변질될 수 있는 항존하는 위험'으로부터 보호받아야 한다는 신념을 공유하고 있으며, '어떻게 하면 사람들이 자신들의 인간성을 위협하는 것들, 그러니까 소비주의〔貪〕와 군국주의〔瞋〕, 환경파괴〔癡〕에 함께 저항하고 투쟁할 수 있는가'라는 문제의식을 함께 느끼고 있다."[66] 1992년 개최된 보스톤대학교 신학대학 주최, 제4회 불교와 기독교의 대화를 위한 국제 학술대회(International Buddhist-Christian Dialogue Conference)에서, 술락은 해방신학이야말로 "예수의 견해가 갖고 있는 보편적 상대성"을 위태롭게 하지 않고도, "해방적 실천뿐 아니라 예수의 왕국과 동등한 이상향을 제공하는 폭넓은 시야를 가진 다른 종교인들"에게 기독교인들이 열린 마음으로 다가설 수 있는 바탕을 제공해 준

---

66) "A Theravada Response to Christian Upaya". 13쪽 (매사추세츠의 보스톤에서 열린 제4회 International Buddhist-Christian Dialogue Conference (1992년 7월 30일 ~8월3일)에서 발표된 미출판물.)

다고 강연하였다.[67] 술락의 이러한 주장은 그의 종교적 견해가 해방주의적이며 변혁주의적임을 드러낼 뿐 아니라, 궁극적인 실재에 대한 논쟁으로 시간을 낭비하는 것은 "덕성의 함양에 아무런 도움이 되지 못한다"는 그의 깊은 불교적 확신을 반영하고 있다.[68]

술락은 열반이란 우리가 세속적 탐착을 없애 버리고 "지금 이 세상에서 바로 마음의 해방을 얻게 되었을 때" 가지는 개인적 깨달음의 상태라고 이해하고 있다. 이러한 해방은 "지혜를 통해서 번뇌(asavas)로부터 자유로워지는 것이며, 자기 자신을 이해하고 깨닫는 것이다."[69] 일상언어로는 열반의 참된 성질이나 완전한 의미를 포착할 수 없다. 술락은 전형적인 현대 상좌불교 이론가들처럼, 열반은 형이상학적인 실재가 아니라 현실에 존재하는 상태이며, 이론이 아니라 세속적 한계를 뛰어넘는 경험이라고 해석하고 있다. 그러므로 현대의 학자들은 열반을 "모든 종류의 생명에 대한 적극적 자애(慈)과 동정(悲)을 통해 나타나는 내적 자유, 평정, 평화, 성내지 않음, 집에 있는 듯한 편안함"으로 새롭게 해석했다. 이는 과거에 열반을 "태어나지 않는, 기원이 없는, 만들어지지 않은, 형태가 없는 것"으로서의 법인(法印, Udana)으로 규정했던 것과 마찬가지로 정당한 것이다.[70] 다시 말해서 인간의 언어는 속제(俗諦)만을 전달할 수 있으며,

---

67) 같은 논문, 14쪽.
68) 부처는 궁극적 실재에 관한 의문, 세계의 영속성에 관한 의문 따위는 현실의 문제해결에 아무런 도움을 주지 못하는 희론이라고 정의했다. 역자 주
69) 같은 논문의 6쪽에서 술락이 인용한 구절이다.
70) 같은 곳.

속제는 초월적 진제(眞諦)에 닮아 있다. 술락이 볼 때 불교적 방편(upaya)이란 인간 경험의 외적 영역을 개념화함으로써 우리의 삶에 초점을 맞추거나 확장시키는 데에 종교의 핵심을 두는 것이 아니라 무아와 자비(慈悲)를 원칙으로 개인과 사회를 변혁시키는 데 두는 것이다. 그러므로 열반의 우주론적 상징성은 다양한 방식으로 개념화될 수 있는 것이며, 결코 유일한 바른 해석이란 존재하지 않는 것이다.[71] 술락은 이러한 입장이 모든 종교적 진리 주장에 적용될 수 있다고 믿고 있다.

결론

이 논문을 결론지으면서 앞서 소개한 사회개혁에 대한 술락의 불교적 전망과 관련해서, 또 다른 세 가지 분석적 관점을 소개하고자 한다. 라인홀드 니버(Reinhold Niebuhr)의 "사랑과 정의"의 두 극단과, 로버트 벨라(Robert Bellah)의 "개혁가" 개념, 가나나트 오베예스께레(Gananath Obeyesekere)가 스리랑카불교의 발전을 특징적으로 표현했던 "개신교적 불교(protestant Buddhism)"의 개념이 바로 그것이다.

종교 윤리학에 있어서 가장 지속적으로 제기되고 있는 문제의 하나로 (열반이나 천국과 같은) 종교의 최고 이상 또는 목적과 (정의와 같은)

---

71) 같은 논문, 9쪽.

도덕 규범 사이의 관계를 들 수 있을 것이다. 기독교 윤리에 대한 논의에 있어서, 이러한 관계에 대한 논의는 사랑(agape)의 절대적이고 보편적인 윤리와 정의의 현세적 윤리가 갖는 두 극단성에 초점이 맞혀져 왔다. 이러한 논쟁은 라인홀드 니버의 저서 『기독교 윤리에 대한 해석(An Interpretation of Christian Ethics)』(1956)과 『도덕적 인간과 비도덕적 사회(Moral Man and Immoral Society)』(1932)에서 출발한다. 니버는 사랑과 정의의 관계를 변증법적인 것으로 설정하기는 했지만, 철저한 정의를 접근가능한 규범으로 삼아 우리의 집단적 행위를 규제해야 한다고 주장했다. 아가페적인 사랑은 개인적 관계에서만 성립할 수 있는 종교적으로 이상적인 사랑이다. 하지만 접근가능한 정의만이 가능한 실제 세계에서 아가페적 사랑은 감상적이고 비효율적이며 부시시한 머리로 꿈결을 헤매는 것에 불과하다.

위에서 언급한 사랑과 정의의 구분은 불교에 있어서 열반과 같은 지향과 업보와 같은 정의 사이의 구분과 유사한 관계를 맺고 있다. 막스 베버(Max Weber)나 멜포드 스피로(Melford Spiro), 윈스턴 킹(Winston King)과 같은 학자들은, 불교적 구분인 열반과 업보는 니버의 사랑과 정의에 대한 구분에 해당하며, 결국 인간의 노력을 두 개의 서로 다른 영역(도덕과 정의)으로 규정한다고 주장한다. 니버의 구분이 많은 윤리학자들에 의해 비판받은 것처럼, 열반과 업보의 구분 역시 많은 불교학자와 신도들에 의해 공격받고 있다.

술락이나 붓다다사가 내는 개혁적 목소리는 종교와 도덕이 본질적으로 합일하는 세계관의 기초를 구축한다. 이러한 합일은 담마적 사회주의에 대한 술락의 견해에 이상향적 특성을 부여할 뿐만 아니라, 그가 품고 있는 역설적인 지향의 근원을 드러내어 준다. 불교 용어를 써서 설명하자면, 술락은 세간(lokiya)과 출세간(lokkuttara)의 교차점에 서 있다. 곧, 술락의 계획은 불교적 전통 가운데 가장 이상적인 것을 현실의 사회적·경제적·정치적 상황 속에서 구체적으로 실현하는 것이다.

현실의 이러한 주장은 우리들을 로버트 벨라의 '개혁주의' 라는 범주와 가나나트 오베예세께레의 '개신교적 불교' 라는 개념으로 인도해 준다. 로버트 벨라는 아시아의 종교와 근대화에 관한 초기 저작에서, 종교와 근대화가 충돌할 때, 네 가지 종류의 반응이 나타난다고 주장하였다.[72] 기독교로의 개종과 전통주의, 개혁주의, 그리고 신전통주의와 같은, 즉 종교를 재해석하고 합리적으로 바꾸는 반응이 개혁주의와 신전통주의이다. 개혁주의는 신전통주의보다 더 급진적이다. 개혁주의는 전통 종교의 수단과 목적 모두를 합리적으로 바꾸는 반면, 신전통주의는 좀더 보수적이어서 수단만을 합리적으로 바꾼다. 개혁주의는 전통의 완전한 재해석을 요구한다. 개혁주의는 현대사회에 부적합한 전통의 많은 부분을 부정하며, 사회개혁과 국가의 재건설에 초점을 맞추어 해석한다.[73] 술락은 벨라

---

72) Robert N. Bellah, *Religion and Progress in Modern Asia* (New York: Free Press, 1965), 78쪽.
73) 같은 책, 210쪽.

의 범주 가운데 개혁주의를 대표하는 것으로 해석될 수 있다. 태국의 맥락에서 볼 때, 술락은 붓다다사에 의해 더욱 세련되고 창조적인 형식으로 제안된 바 있는 불교의 종교적, 윤리적 세계관에 대한 재해석을 대중화시켰다고 평가될 수 있을 것이다.[74]

술락의 관점은 불법(佛法)의 본질적이고 보편적인 원리에 대한 그의 해석을 바탕으로 상좌불교의 역사적 전통을 전체적으로 재건설하도록 이끌어 주고 있는 것이다. 이러한 관찰은 우리로 하여금 스리랑카에서 사르보다야 쉬라마다나(Sarvodaya Shramadana)운동을 일으킨 현대적 재가 불교 개혁가 아리야라뜨네(A.T. Ariyaratne)와 20세기 초엽에 활동했던 싱할라(Sinhala) 불교 변증론자 아나가리까 달마빨라(Anagarika Dharmapala)에 대한 가나나트 오베예세께레의 비판을 다시 한번 생각해 보도록 해 준다.[75]

오베예세께레는 달마빨라와 아리야라뜨네를 "개신교적 불교도(protestant Buddhist)"라고 규정한다. 그는 이 용어를 통해 그들이 근대적이고, 도시적이며, 서양적이고, 개신교적인 관점에 영향을 받아 교리적 믿음의 핵심적인 집합만으로 종교를 정의하려는 경향을 보여왔다는 것을 나타내고자 하였다. 이러한 관점은 통속적 전통이 갖고 있는 많은 것들,

---

74) 이 시점에서, 우리는 술락이 붓다다사를 태국의 불교 지성사에 있어서 네 번째 전환점을 이끈 주요 승려로 평가했던 것을 상기할 필요가 있다.
75) Richard Gombrich and Gananath Obeyesekere, *Buddhism Transformed, Religious Change in Sri Lanka*(Princeton, N.J.: Princeton University Press, 1988)의 6장과 7장을 보라.

예를 들면 신화나 전설, 정령신앙과 같은 것들을 평가절하하며, 불교에 가치중립적이고 지나치게 합리화되고 도식적인 형식을 부여하여, 결국 촌락생활의 실재성과 왕실과 종교 역사의 도덕적 모호성을 불식시키는 역할을 한다. 이런 개신교적 불교는 스리랑카의 달마빨라나 태국의 산띠 아소카(Santi Asoka)운동의 경우처럼 신전통주의나 근본주의로 발전할 수도 있고, 아리야라뜨네와 술락의 경우처럼 개혁주의로 발전할 수도 있다.

사회개혁에 대한 술락의 관점은 개혁적일 수 있으나, 그럼에도 불구하고 논란의 여지없이 불교적이다. 그리고 이러한 관점은 근본적으로 붓다다사 비구와 참여적인 선불교의 탁낱한, 남아메리카의 해방신학, 토마스 머톤의 영적 활동의 영향을 입은 것이다. 일찍이 머톤이 자신을 "역설의 배(belly of a paradox)" 속에 있는 것으로 표현했듯이, 술락은 세간과 출세간의 교차점에 서 있는 선각자라고 평가할 수 있다. 그 교차점이란, 세상이 쉽사리 바뀌지는 않겠지만, 석가모니나 예수와 같은 교조(敎祖)들이 가졌던 이상에 좀더 가까워질 수 있을지도 모른다는 공상적인 기대가 위치한 곳일 것이다.

참고문헌

Sulak Sivaraksa, *A Buddhist Vision for Renewing Society*. Bangkok: Thai Interreligious Commission for Development, 1994.

When Loyalty Demands Dissent: Sulak Sivaraksa and the Charge of lese majeste in Siam. Bangkok: Santi Pracha Dhamma Institute, 1993. (편집자 미상).

Sulak Sivaraksa, *Seeds of Peace*. Berkeley: Parallax Press, 1992.

———. *Siam in Crisis*, 2nd ed., Bangkok: Thai Interreligious Commission for Development, 1990.

———. *A Socially Engaged Buddhism*. Bangkok: Thai Interreligious Commission for Development, 1988.

———. "Buddhism in a World of Change" in *The Path of Compassion*, ed. Fred Eppsteiner. Berkely: Parallax Press, 1988.

———. *Religion and Development*. Bangkok: Thai Interreligious Commission for Development, 1987.

———. *Siamese Resurgence. A Thai Buddhist Voice on Asia and a World of Change*. Bangkok: Asian Cultural Forum on Development, 1985.

Sulak Sivaraksa et al., eds., *Buddhist Perceptions for Desirable Societies*. Bangkok: Thai Interreligious Commission for Development, 1993.

저자와의 대화)

불교는 신자유주의에
어떻게 대응할 것인가

다음의 인터뷰는 술락 시바락사가 아셈 2000 민간포럼에 참석하러 왔을 때, 대담한 내용을 정리한 것이다. 대담의 주제는 "그의 저서에서 주장하는 〈사회변혁을 위한 불교적 전망〉은 신자유주의를 비롯한 현재의 주요 문제에 어떻게 대응할 것인가" 이다.

"나는 세계화와 신자유주의를 거부한다. … 신자유주의 정책은 가난한 사람들을 더욱 고통스럽게 만든다. … 따라서 신자유주의가 주장하는 자유시장이 아닌 공정한 시장으로 바꾸어야 한다."
"자비는 궁극적으로 자기 자신을 사랑하는 것이지만, 이것은 결코 이기적이 아니며 추구하면 할수록 점점 더 이타적이 되는 그러한 사랑이다. … 자비라는 것은 가난한 사람에게 무엇을 주는 그러한 사랑이 아니다. 그들과 함께 고통을 나누려고 하는 자세이다. 그들에게 힘을 주는 것이 궁극적으로는 자신의 힘이 되는 것이다."

불끄는 신자유주의에 어떻게 대응할 것인가

때 | 2000년 10월 19일 오후 1시
곳 | 서울대학교 호암생활관
대담자 | 변희욱

질문 : 선생님은 아셈 2000 민간포럼에 참석하러 한국에 온 것으로 알고 있습니다. 현재 세상의 가장 근본적인 문제는 무엇이라 생각하는지를 아셈 2000과 관련하여 설명해 주십시오

"첫 번째 문제는 서양에서 동양을 바라보는 시각의 문제이다. 시각의 문제야말로 근본적인 문제라 할 수 있다. 서양은 논리적·경험론적 방법론이라는 자신들의 방식으로 동양을 재단했고, 정신적인 문제는 고려하지 않는다. 그러나 공교롭게도 우리 동양은 정신적인 것을 중시한다. 논리적·경험적 방법론에 국한한다면 동양은 서양보다 뒤졌다고 생각할 수도 있지만, 그런 방법론은 물질을 분석하는데 장점을 가질 뿐, 세상 전체를 이해하는데는 매우 부족하다. 동양은 적어도 정신적인 부문에 탁월한 성과를 거두었다.

두 번째 문제는 개발과 테크놀로지의 문제이다. 과학주의, 적어도

테크놀로지는 마치 가치중립적인 것처럼 간주되어지지만, 일반적인 생각보다 훨씬 더 가치편향적이다. 테크놀로지는 편의성에 치중하여 사람들의 본성을 해치기 때문에, 사실 매우 유해하다. 사람들은 테크놀로지의 부정적 측면을 잘 간파하지 못한다. 테크놀로지는 한편으로는 긍정적인 측면도 있지만, 또한 부정적인 측면도 있다. 심지어 의학의 발전만 보더라도 부자들만 첨단 의학을 자유롭게 향유할 수 있고, 가난한 사람들은 의학의 발전에도 불구하고 질병으로 인해 고통받고 있다. 결국 의학기술의 발전도 부자를 위한 것이지, 가난한 사람을 위한 것은 아니다. 이런 문제는 테크놀로지를 경영하고 지배하는 다국적 기업의 폐해를 생각해 보면 알 수 있다. 이 사실은 세 번째 문제를 발생시킨다.

세 번째 문제는 정보화와 관련된 것이다. 우리가 매우 자랑스럽게 생각하는 IT산업들, 텔레비전, 이메일 등에는 긍정적인 측면이 있음을 부인할 수 없지만, 또한 부정적인 측면도 있다. 왜냐 하면 미디어를 지배하는 사람만이 세계를 지배할 수 있고, 미디어는 다국적 기업에 의해 지배되기 때문이다. 다국적 기업은 매스 미디어를 이용하여, 사람들로 하여금 경제주의와 소비주의를 숭배하도록 몰아대면서 정신적인 행복을 희생시키고 있다.

마지막으로 또 하나의 매우 중요한 문제가 있는데, 그것은 테크놀로지가 살상무기 판매를 야기한다는 것이다. 그런데 무기판매는 미국을 비롯한 강대국의 이해와 직결된다.

적어도 우리는 다음과 같은 것을 이해해야 한다. 이전에 강대국이었지만 지금은 세력이 약해진 국가(유럽 국가; 역자 주), 다국적 기업·IMF·월드뱅크 영향하에 있는 국가(아시아 국가; 역자 주)는 매우 약해졌다. 그래서 아셈미팅이 한국에서 열리고 있는 것이다. 그리고 이들은 강해지고 싶어한다. 그러기에 EU와 아시아 국가가 연합하려는 것이다. 그러나 연합하려는 목적은 실제 경제적인 이유이다.

대부분의 국가에서 빈곤은 정부가 야기한다. 그들은 이점을 간파하지 못한다. 대부분의 사람들은 금전과 테크놀로지를 숭배하는데, 나는 이점이 매우 위험하다고 생각한다. 전 세계에 만연한 금전숭배가 역설적으로 빈곤을 야기한다. 문제는 빈곤문제와 금전숭배 문제를 해결하는데 있어, 현재의 주류 교육은 도움이 되지 않는다는 점이다. 현재의 주류 교육은 도구적 지적 능력만을 계발할 뿐 도덕·심성을 계발하지 못하고 있다. 이런 교육은 사람들을 영악하게 만들 뿐, 윤리적인 삶으로 이끌지 못한다.

이것이 우리가 가지고 있는 최근의 문제이다. 사람들의 고통[苦] 발생원인은 위에서 열거한 것들이다. 그러면 어떻게 해야 하나? 바로 상호 소통에 의해서 고통을 극복해야 한다."

질문 : 세계화와 신자유주의에 대한 선생님의 견해를 불교와 관련지어서 피력해 주십시오

"바로 이 문제 때문에 내가 지금 이 자리에 있는 것이다. 나는 세계화와 신자유주의를 거부한다. 신자유주의라는 것은 자유시장으로 뭔가 해 보겠다는 것이다. 그것은 사람들을 부유하게 하는데 도움을 주는 듯하지만, 사실 이미 아주 부자인 사람들과 엄청난 규모의 다국적 기업에만 이익을 준다. 신자유주의는 부자를 위한 것이어서 가난한 사람들을 더욱 고통스럽게 만들고, 부자 나라가 가난한 나라를 착취하는데 기여한다. 가난할수록 자유 경쟁에서 살아남을 힘이 없기 때문이다. 돈 많은 사람들은 바로 이점을 노린다. 자유시장에서는 약소국이 강대국과 경쟁할 수 없다. 따라서 신자유주의가 주장하는 자유시장이 아닌 공정한 시장으로 바꾸어야 한다.

세계화 역시 새로운 개념이다. 세계화는 식민주의에 의한 식민지의 시장개발이 아닌, 자유시장과 다국적 기업에 의한 발전이지만, 그 본질은 똑같다. 발전이라는 개념은 발전된 국가가 식민지국가에게 '우리는 발전했고, 너희는 낙후되었다'라고 느끼게 한다는 의미를 함축한다. 자유시장과 다국적 기업에 의해, 다국적 기업은 모든 것을 조종하면서 돈벌 수 있는 곳이면 어디든지 존재한다. 그들은 값싼 노동력을 착취하고 환경파괴를 일삼으면서 이윤을 추구한다. 그러나 어처구니없게도 제3세계의 정부는 이 다국적 기업을 유치하려고 혈안이 되어 있다. 이러한 이유로 세계화는 그 대안이 필요하다."

질문 : 그렇다면 그 대안은 무엇입니까?

"결국은 고(苦)에 초점을 맞추어야 한다. 심리적으로 보면, 고란 결핍을 의미한다. 세계화와 소비주의가 만연한 사회에서, 사람들은 많은 것을 가질수록 더 많은 것을 갖고 싶어하게 마련이라는 딜레마에 빠진다. 그렇다면 어떻게 해야 이 결핍의 딜레마를 극복할 수 있는가? 세계의 중산층 사람들은 자신의 가족, 사회적 안정, 경제적 풍요만을 챙기려 한다. 이런 태도를 바꾸어야 한다. 이러한 사람들이 세계의 고통받는 사람들에게 눈을 돌려야 한다. 세계의 85%의 사람들은 매우 궁핍하다. 궁핍한 사람들이 얼마나 고통받고 있는지를 살펴보아야만 세상문제가 풀릴 수 있다. 그러면 결핍의 문제인 고는 사라질 것이다.

이 때 요청되는 개념이 자비(慈悲)를 포함한 사무량심(四無量心)이다. 이 덕목은 궁극적으로 자기 자신을 사랑하는 것이지만, 이것은 결코 이기적이 아니며 추구하면 할수록 점점 더 이타적이 되는 그러한 사랑이다. 자비의 마음으로 우리 이웃을 돌보고 염려해야 한다. 그리고 이러한 사랑은 휴머니즘적인 사랑보다 훨씬 더 어려운 것이다. 자비라는 것은 가난한 사람에게 무엇을 주는 그러한 사랑이 아니다. 그들과 함께 고통을 나누려고 하는 자세이다. 그들에게 힘을 주는 것이 궁극적으로는 자신의 힘이 되는 것이다.

현실적 측면에서 자비는 가난한 사람들에게 힘이 되는 것이다. 내 자신의 경험을 통해서 자신있게 말할 수 있다. 나는 힘없고 가난한 사람들을 위해 지난 20년 동안 일해 왔다. 내 조국의 인민들은 매우 가난하다. 왜냐하면 정부가 발전이라는 미국식 슬로건을 믿기 때문이다. 그들은 더 많은 댐과 더 많은 길을 건설하고 있다. 내 조국의 땅 어디에나 개발이 진행 중이고 땅이 파헤쳐지고 있다. 그 결과 사람들은 금전을 숭배하게 되었고, 토지를 팔고, 자신들의 딸을 사창가로 보내고 있다. 그리고 결국 그들은 모든 것을 잃어버렸다. 그들은 그들의 권리와 희망을 모두 잃어버리고, 마약중독자가 되기도 하고, 도박꾼이 되기도 하고, 부랑자가 되기도 했다. 그러나 정신적인 선호를 가진 사람들이 이들에게 정신적으로 힘을 보태주면, 이들은 뭔가 새로운 인생을 모색한다. 그들은 중앙조직을 가지고 있지는 않지만, 위에서 언급한 문제를 해결할 수 있는 대안을 찾고 있다.

문제는 개발지상주의와 소비주의이다. 태국에는 문리버라는 훌륭한 강이 있는데, 700년 동안 사람들은 그 주변에서 삶을 영위했다. 사람들은 그 곳에서 낚시를 했고, 그 물로 쌀농사를 지었고, 강가에서 약초를 얻었으며, 강변의 숲에서 넉넉함을 즐겼다. 그러나 정부가 제멋대로 건설한 댐은 그 모든 것을 빼앗아 갔다. 강 주변 사람들은 지금 자신들의 강을 되돌려달라고 투쟁하고 있다. 자신들에게 정신적 힘의 원천이었으며 문화적 자산이었던 강을 발전이라는 이름으로 훼손시키지 말라고… 그리고 더 이상 화학비료와 농약에 오염되고 싶지 않다고…

내 견해로는, '어떻게 사람들에게 정신적인 힘을 줄 수 있을까' 하는 문제는 결핍의 문제를 상기하는 것이다. 소비주의는 마치 '좀더 갖고 싶어하는 것'이라고 해석될 듯하지만, 실상은 그렇지 않다. 소비주의란

'좀더 갖고 있는 사람이 되고 싶은 것'이다. 소유의 문제가 아니라, 존재의 문제인 것이다. 소비주의에서는 무엇을 '가지면 된다'가 그 관건이 아니라, 무엇을 '가지면 내가 어떤 사람이 된다'가 관건이다.

불교는 '내가 누구냐' 라는 문제를 가르친다. 불교는 매우 실천적이어서, 어떻게 탐진치(貪瞋癡)를 극복하는가를 논한다. 한 사람만이라도 정신적인 힘을 가진다면, 모든 사람이 발전이라는 개념을 정신적인 경지로 고양시킬 수 있으리라는 희망찬 전망을 해 본다. 그렇게 할 수 있다면 발전이란 개념은 테크놀로지적이고 경제적인 측면만이 아니라, 정신적·도덕적·사회적·문화적 측면 모두를 포괄할 수 있을 것이다. 물론 테크놀로지적이고 경제적인 발전도 중요하지만, 결코 정신적·도덕적·사회적·문화적 발전보다 더 중요할 수는 없다."

질문 : 선생님은 불교의 지향이 현실문제 해결에 중요한 지침을 준다고 주장하고 있습니다. 위에서 지적하신 현대 사회문제와 관련하여, 불교가 어떻게 문제해결의 지침일 수 있는가를 설명해 주십시오. 일반적으로 불교는 내적인 정신경계를 중시한다고 평가받고 있으며, 특히 다른 사상과 비교해 볼 때, 문제해결을 개인 심리내적으로 추구하여서 사회구조에 대한 천착과는 거리가 있는 것으로 여겨지고 있습니다. 그런데 선생님이 지적하듯이 현대사회에서 일어나는 고(苦)는 사회구조에서 기인하는 측면이 강합니다. 사회구조적 질곡과 이로 인한 개인의 고통을 불교는 어떻게 해결하는지를 불교의 이론과 관련지어 설명해 주십시오.

"정말 매우 중요한 질문이다. 그리고 이는 내 활동과 전망의 핵심이다. 현재의 거의 모든 불교사상은 이 문제에 관련해서 제자리를 못 찾고

있다. 기독교도 마찬가지이다. 모든 종교는 그 이론적 핵심내용을 현대의 문제에 적용하지 못하는 한, 자기 자리를 찾을 수 없다. 나는 유엔산하의 종교지도자회의에 참가한 적이 있다. 그 회의에 참가한 종교지도자들의 발언 속에서, 나는 이들의 말이 정신적 충일감에서 비롯된 것이라는 것은 인정하지만, 현대사회의 문제해결에는 전혀 기여하지 못한다는 것을 깨달았다.

나의 방식은 전통적인 방식이다. 우리는 현대만큼 전통을 이해해야만 한다. 전통적인 방식의 불교교육은 다음과 같다. 내가 설립한 학교는 '어떻게 인민들을 교육해야 하는가'를 제시해 주는 학교로 유명하다. 내가 제안하는 교육은 자기 성찰적 심성개발 수행이다. 그 수행의 내용은 우선, 계율(종교적 도덕규범)을 지키라는 것이다. 계율은 사람들을 선하게 만든다. 살인하지 못하게 하고, 도둑질을 못하게 하고, 간음하지 못하게 하고, 험담·거짓말을 못하게 하고, 정신을 잃지 말라는 것을 그 내용으로 한다. 이것은 전통적인 덕목이다. 이 규범이 처음 만들어져 제시되었던 시절의 사회는 매우 평화로웠다.

현대사회에서는 계율을 확대 적용시켜야 한다. 일차적으론 계율을 가족의 덕목에 적용시킬 필요가 있다. 나는 미국과 유럽에서 그 사회에 적응하고 있는 다양한 모습의 불교를 많이 보고 있다. 사회가 변했으니, 가르침의 내용도 변화된 사회에 맞게 적용되어야 한다. 이렇게 불교 가르침의 근본 취지를 훼손시키지 않으면서 변화된 사회에 적용하는 노력은 매우 바람직하다. 그리고 이런 노력을 하는 이들은 훌륭한 사람들이다. 이들은 마음의 평화를 가지고 있다.

사회경제적으로 말해 보겠다. 미국의 경우, 6%의 사람들이 40~50%의 자원을 사용한다. 이것은 계율이 추구하는 사상에 위배하는 것이다. 대부분의 이런 사람들은 스스로 경제적 풍요뿐만 아니라 마음의 평화도 함께 누리고 있다고 생각한다. 그러나 그들이 누리는 풍요와 평화가 진정한 것인지는 곰곰히 생각해 볼 문제이다. 다른 사람 몫의 자원을 사용하면서 누리는 풍요와 평화가 계율의 정신에 어긋나지 않는다는 생각은 꿈도 꾸어서는 안된다. 평화는 단지 그들이 향유하는 전유물에서가 아니라, 사회구조에서 실현되어야만 한다. 계율은 사회적 정의를 함의하기 때문이다. 따라서 계율의 원리는 단지 자기 자신에 대한 비판적 기준으로서만이 아니라, 사회에 대한 비판적 기준으로도 적용되어야 하는 것이다.

다음의 덕목은 반야이다. 반야는 지혜를 얻겠다는 열망과 자기 성찰 수련으로부터 오는 것이다. 일반적으로 종교적 지혜는 초월의 의미로 해석되어지고 있지만, 반야란 그런 것이 아니다. 반야를 얻으려는 이는 현실의 고통을 근원적으로 탐구해야 한다. 부처 역시 그렇게 했기 때문에 반야를 얻었다. 앞서 말한 바와 같이 고는 구조적 폭력과 연관되어 있다. 반야를 가진 사람은 구조적 폭력을 인식할 수 있다. 그리고 반야로써 얻은 개개인의 인식을 사회 전체, 나아가 온 세계가 공유할 수 있게 해야 하는 것이다. 그리고 불교는 이러한 운동의 기초로 기여할 수 있다.

또 하나 중요한 개념이 있다면 선우(善友)이다. 흔히 사람들은 엘리트이려고 하고, 남을 가르치려고 하지만, 불교에서는 일방적인 가르침을 부정한다. 선우란 서로 가르치고 배우는 동반자적 관계이다. 우리는 물고기, 나무를 비롯한 자연으로부터도 배운다. 세계의 모든 것은 연관되어 있다.

나는 가난한 사람들이 언젠가는 큰 힘을 낼 것이라는 사실에 행복하다. 그들은 변화하고 있다. 내 조국의 가난한 사람들(물론 모든 사람들이 가난하지는 않지만) 중 50만 명의 사람들이 서로 연대하고 있고, 그들에게는 우리가 있고 우리에게는 그들이 있음으로써, 조국의 이기적인 중산층을 변화시키고 있기 때문에, 나는 희망에 차 있다. 가난한 사람들은 중산층을 보살피고 중산층은 가난한 사람들을 보살피는, 우리의 이 소박한 시도는 다른 나라로 퍼져 나가고 있다. 이를테면, 우리의 이웃 나라인 미얀마, 캄보디아, 라오스 등이 그러한 나라이다. 그리고 그 외의 다른 나라들, 한국이나 일본에도 이러한 운동이 확산되길 희망한다.

나의 운동과 비슷한 형태가 한국에서도 일어나고 있는데, 한국의 불교운동은 사회복지뿐 아니라 사회정의에도 몰두하고 있다. 단지 한국뿐 아니라 대만, 중국 등에서도 사회복지의 차원에서는 (사회정의까지는 아니지만) 유사한 불교운동이 벌어지고 있다. 지난 10여 년 간 세계참여불교연대는 불교도들이 세계의 고통을 함께 극복하고자 하는 노력을 결집해 오고 있다. 나아가 나는 기독교, 이슬람교 등 다른 종교지도자와도 마찬가지의 문제를 함께 해결하려는 노력을 하고 있다. 그리고 우리는 비폭력이라는 공통방법을 가지고 있다.

더불어 위에서부터 아래로 나누려는 마음도 필요하다. 심지어 부자들의 전유물인 듯한 월드뱅크 마저도 지금은 그 안에 빈곤그룹(poverty group)이라는 가난한 사람들을 위한 프로그램을 가지고 있다. 이처럼 자신의 조직이 먼저 강력해진 후에는, 그 힘을 중산층, 빈곤층과 나누어야 한다. 힘있는 사람들도 불성(佛性)을 가지고 있고, 그들 중에 참을성과 굳은 의지, 좋은 인간성을 가지고 있는 사람들도 많다. 이러한 사람들이 변화하여, 자신이 가지고 있는 것을 가난한 사람들과 나누어야 한다.

그런 맥락에서 심성개발, 마음의 평화가 필수적이다. 그리고 이를 통한 불교의 현대적 해석과 적용, 즉 연기·반야·계율을 현대사회에 맞게 적용하는 것이 관건이다."

질문 : 한국인들에게 전하고 싶은 특별한 메시지가 있습니까? 선생님의 저서 『평화의 씨앗』은 불교와 태국을 모델로 하고 있습니다. 불교의 방법과 태국의 경험이 어떠한 방식으로 한국에 적용될 수 있겠습니까?

"지금까지 한국은 서양으로부터만 배워왔지만, 태국을 비롯한 다른 사회로부터도 배울 것이 있다고 생각한다. 한국은 과거에는 중국으로부터 배웠고 지금은 미국으로부터 배우고 있다. 그러나 태국과 한국은 마찬가지로 경제적인 위기상황에 처해 있고, 불교는 이 상황에서 무언가 메시지를 줄 수 있다. <생활불교·누구나의 불교('b"uddhism)>를 통해 실천적으로 경제위기로부터 벗어날 수 있다. 두 나라가 겪는 경제위기가 전

화위복의 기회일 수도 있다.

경제위기는 우리에게 고(苦)의 의미에 대해 다시 생각해 볼 수 있는 기회를 제공했다. 경제위기는 외형적 경제발전 추구에 경종을 울렸고, 이웃의 고에 눈을 돌려야 한다는 메시지를 전했으며, 경제적인 부가 행복과 결코 직결되지 않음을 깨닫게 했다. 이제는 바뀌어야 한다. 중산층, 상류층은 빈곤층의 고통에 눈을 돌려야 한다. 이러한 빈곤층의 고통을 인식하기 위해서는 자기 성찰적 심성개발을 해야 한다. 그렇게 하여 반야를 얻고 자비심을 발휘하여, 모든 사람들과 고통을 함께 나누어야 하는 것이다.

이 덕목은 한국의 경우에도 역시 적용될 수 있다. 불교지도자는 권력과 금전으로부터 자유로워야 한다. 중국정부로부터 박해받고 있는 달라이 라마는 박해에도 불구하고 중국인민을 사랑한다. 그는 구조적인 폭력을 직시하고 이에 저항하고 있지만, 고통받고 있는 인민에 대한 자비심으로 중국인민을 미워하지 않고 비폭력 운동을 계속하고 있는 것이다."

질문 : 선생님은 아셈 2000 민간포럼에 참석하러 오셨습니다. 이 민간포럼은 비정부기구가 세계적으로 연대하여 신자유주의에 저항함을 주요 의제로 하고 있습니다.
그런데 선생님은 세계를 변혁하려는 세력이 세계적으로 연대하여 활동할 것을 제안한 바 있고 그 연대는 때론 유엔을 감시하고 때론 협조해야 한다고 주장하고 있습니다.
세계 변혁과 관련하여 비정부기구의 세계적 연대에 대해 설명해 주십시오.

"세계조직으로서의 NGO 활동은 매우 의미있다. 나는 그 조직에

속해 있다는 사실이 행복하다. UN, 세계은행, IMF 등은 과거에는 NGO 활동에 관심을 전혀 기울이지 않았다. 그러나 시애틀에서의 시위 이후에는 진지하게 관심을 가지고 있다. 과거의 NGO는 지식인 중심의 캠페인 운동이 주요 활동방법이었으나, 이제는 그렇지 않다. 많은 사람이 자발적으로 참여하며 연대하고 있다.

나의 불교적 비폭력 운동도 세계적으로 연대하고 있다. 심지어 타임이나 뉴스위크 같은 보수언론에서도 NGO 활동을 다루고 있다. 그리고 세계은행, 아시아개발은행 등에서도 프라하시위 이후에 NGO에 주목하고 있다. 이점이 아주 중요하다고 생각한다. 그리고 자랑스럽게 생각한다.

지금도 아셈회의에 반대하여 민간포럼이 한국에서 열린다. 나는 아셈회의가 이러한 NGO의 목소리에 귀기울이기를 희망한다. 그리고 NGO는 계속 연대해야 한다. 그래야만 영향력을 가질 수 있기 때문이다. 사실 NGO는 연대하기에 매우 용이하다. 왜냐 하면 NGO는 성격상, 지도자도 돈도 없기 때문이다.

유엔사무총장 코피아난이 50년만에 처음으로 정신적 지도자를 초청한 것은 좋은 징조이다. 물론 그다지 실효성을 거두지는 못했다. 그러나 나는 정신적이고 도덕적인 덕목을 통해, 유엔이 NGO의 활동영역을 좀더 확보해 줄 것을 희망한다. 또한 NGO는 유엔이 변화하도록 계속 압력을 가해야 한다. 이러한 방식으로 유엔을 대표로 하는 정부간 기구와 NGO는 서로 상호 작용하면서, 정부간 기구는 NGO를 인정하여 NGO의 목소리에 귀를 기울이고, NGO는 정부간 기구를 감시하는 그러한 방식으로

서로 발전해야 하는 것이다. 나는 이 전망을 낙관한다."

오랜 시간, 열성을 다한 좋은 말씀에 감사드립니다.

역자후기

사람의 해탈, 세계의 해탈 － 술락 시바락사의 세상바꾸기 방법

I. 철학, 종교, 사회, 그리고 반성

기존의 상식을 되돌아봄〔反省, Refrection〕은 철학의 출발이다. 반성하지 않으면 진리에 대한 새로운 발견도 새로운 세계관도 열리지 않는다는 의미이다. 그리고 과거와 오늘의 현실을 되돌아봄은 보다 나은 미래를 열기 위한 전제이다. 과거와 오늘의 현실을 새로운 시각으로 분석하지 않으면 새로운 사회를 창조할 수 없다는 의미이다.

일반적으로 불교를 포함한 종교는 사회와의 격리를 유지한 채로 정신의 고고함을 추구한다(혹은, 해야 한다)고 평가받아 왔다. 그러나 '종교는 그렇게 했을 때만 종교의 온전한 모습을 갖는 것인가', 그리고 '종교 수행자는 그런 수행을 통해 종교의 궁극적 가치를 획득할 수 있는가' 등 등의 문제에 대한 반성이 전제되지 않은 기존의 상식은 편견이기 쉽다. 그런 태도에 대한 반성은 종교가 역사적으로 각 사회에 어떻게 기능하여 왔는가에 대한 검토로부터 시작한다.

고타마 싯다르타 이래로 불교가 개별자의 심리내적 고통에 주목하고 심리내적 고통해소에 기여한 것은 틀림없다. 이후로 불교수행자 대다수가 수행자의 내적·개별적 고통해소를 위해 노력한 것도 사실이다. 싯다르타의 구도 전후의 활동과 그의 가르침을 반성적으로 되새김하면, 진리를 획득한 싯다르타 즉, 붓다의 가르침〔佛敎〕이 개별수행자의 내적 고통해소만을 지향한 것이 아님을 알 수 있다. 적어도 싯다르타의 고민은 자기만의 고통을 해소하기 위한 것은 아니었다. 그는 자신의 고통과 자신 주변의 사람들, 즉 사회의 고통, 이 두 가지 고통을 해소하기 위해 수행했고, 그 결과 새로운 세계관을 제시한 것이다.

오늘의 고통은 무엇인가? 개별자로서 개인의 심리내적 고통이 있다는 사실을 부인하기 어렵다. 그리고 개인의 선택이나 의지와 관계없는 사회적 문제들이 사람들을 고통스럽게 한다는 점도 부인하기 어렵다. 지난 반세기 동안 우리 사회에는 경제적 근대화가 진행되어 경제적 생활수준 향상이라는 열매가 있었던 것이 사실이지만, 이 과정에서 발생한 구조적 폭력은 아직도 치유되지 않고 있다. 그리고 반봉건적 정치권력에 의한 인권유린의 상처 역시 깊은 아픔을 남기고 있다. 그런데 경제와 정치가 사람들에게 주는 고통에 대해, 일부 참여적인 종교인을 제외한 종교인 대부분은 정치적·경제적 폭압에 신음하는 사람들의 고통을 방관했었다.

종교가 구체적 사회 현실문제에 참여해야 하느냐, 초세속적 구원을 지향해야 하느냐의 문제는 논쟁거리이다. 그리고 두 가지 길이 보완관계인가, 적대적 모순관계인가의 문제 역시 논쟁거리이다. 최근 이 두 가지 길을 보완관계, 나아가 상호 요청관계로 보는 연구가 진행되고 있다.

이 책의 저자 술락 시바락사(Sulak Sivaraksa)는 개인의 탐진치(貪瞋癡)와 사회의 탐진치를 연구하여, "종교는 사회변혁에 무엇을 할 수 있는가"라는 주제에 대안을 제시했다. 이 책의 부제 "사회변혁을 위한 불교적 전망"은 그의 일생에 걸친 노력의 산물이다. 그는 반드시 세상은 바꾸어야 한다고 주장한다. 불교의 세계관은 세상바꾸기에 크게 기여할 것이라고 주장하면서, 한 사람의 각성이 사회변혁의 출발임을 명시한다. 결론적으로, 그는 우리들 마음속의 "평화의 씨앗"이 사회정의와 세계평화를 끝내 꽃피울 것이라고 확신한다.『평화의 씨앗(Seeds of Peace)』은 그의 세상바꾸기 방법을 소개한 책이다.

Ⅱ. 사람의 해탈, 세계의 해탈

1. '무소유'를 넘어서 - 무소유(無所有) 정신과 탈 '무소유'

법정스님의 수필「무소유」를 읽어보았는가? 지금도 문학소녀의 가슴을 아리게 하는 그 글에서 스님은 '아무것에도 집착하지 않는 정신과 삶'의 향기를 건네고 있다. 바로 이 '아무것에도 집착하지 않는 정신과 삶'이란 청년 싯다르타가 가난한 사람들의 고단한 생활을 목도하고 자신의 정신적 방황을 치유하기 위해 지난한 수행 끝에 얻은 인간 고통의 해결방법이었다. 다시 말해 무소유란 번민과 고통에 찬 청년 싯다르타가 인류의 고통을 해결하는 붓다로 전환하게 한 결정적 각성내용이다.

그럼, '무소유'를 체화하면 고통에서 해방될 수 있는가? 그리고 '무소유'를 체화하면 사람들을 고통으로부터 해방시킬 수 있는가? 지금도 우리 사회에는 사회적으로 핍박받은- 적어도 그렇게 보이는- 사람들이 자신들의 생존권을 확보하기 위해 목소리를 드높이고 있다. 그들이 목소리를 드높이는 것은 자기 수양을 멀리한 채 자신들의 이익만을 위해 싸우는 것일까? 그들이 무소유를 체화하면 그들의 고통은 해결될 수 있을까?

이 책의 저자는 인간 고통의 기원은 개인의 탐진치와 사회의 탐진치라고 정리한다. 만일 저자의 해석이 조금이라도 옳다면, 사회의 탐진치와 그로 인해 일어나는 사회적 고통은 개인 수양만으로는 해결될 수 없다. 여기에 새로운 고통해소 방법이 요청된다. 즉 사회구조, 사회폭압에 대한 분석과 대응이 요청되는 것이다.

무소유 정신으로 대표되는 자기 수양은 내면을 완성하는 삶의 고귀한 정진임에 틀림없다. 그렇지만 이것으로만 해결되지 못하는 문제에 대해서는 돌이켜 숙고해 보아야만 할 것이다.

2. 1963년 사이공 거리의 불꽃과 1993년 가야산 해인사의 불꽃

학창시절 국어교과서의 "등신불(等身佛)"을 기억하는가? 소설 속의 이야기가 현실에서 벌어진 거짓말 같은 사실이 있다. 1963년 월남 사이공 거리에서 한 스님(Thich Quang Duc)이 자신의 몸을 불태웠다. 스님의 분신은 당시의 부패한 월남정권에 큰 충격을 던졌다. 이후로 사이공 사람들은 거리로 나와 자신의 주장을 외치는데 두려움이 없었다. 마침내 스님의 불꽃은 월남해방의 횃불로 이어졌다.

1993년 11월 10일, 가야산 해인사에서도 그칠 줄 모르는 빗물을 뚫고 불꽃이 피어났다. 현대 한국 최고의 스님 성철의 다비식이 거행된 것이다. 외견상 차이점이 있다면 사이공의 불꽃이 도심 한복판에서 분노와 처절함, 그리고 결의를 간직한 눈빛에 둘러쌓여 타올랐던 반면, 가야산의 불꽃은 깊은 산자에서 외경심과 아쉬움, 그리고 축복을 머금은 눈빛에 둘러쌓여 피어났다는 점이다. 성철 스님은 80년대와 90년대 초반 한국불교의 정신적 지주로서 추앙받으신 현대 한국불교의 정점이었다 해도 지나친 말이 아니다. 스님이 한국불교의 정신적 지주일 수 있었던 것은 속세와 일정한 거리를 유지한 채 엄격한 수행을 통해 내적 청정함을 간직했기 때문이다. 그리고 스님의 엄격한 수행과 내적 청정함은 지금까지도 불교수행자의 귀감이 되고 있다.

사이공의 스님과 성철 스님이 불교적 궁극적 자유(解脫; Nirvana, Ultimate Liberation)를 추구했기에 각기 다른 방법을 택했다는 사실은 재론의 여지가 없다. 그렇다면 두 스님의 대조적인 두 방법은 오늘날 불교의 가르침대로 살아가려는 사람들, 나아가 모든 종교인에게 심각한 자기 반성의 단초를 던져주고 있는가? 과연 어느 길이 옳은가? 성철 스님의 다비식 때 수많은 신도들이 잦을 줄 모르는 비를 맞으면서 스님의 승화를 지켜주었고, 언론은 스님의 가시는 길을 최고의 토픽으로 다루었던 것을 상기하면, 스님의 일생과 구도의 방법은 적어도 일반 불교신도들에게는 본받고 싶은 하나의 전형이었으리라.

3. 두 자유 - 마음의 자유, 사회적 자유

「님의 침묵」의 승려시인 만해 한용운은 이렇게 절규했다.

당신이 가신 뒤로 나는 당신을 잊을 수가 없습니다.
까닭은 당신을 위하느니보다 나를 위함이 많습니다.

나는 갈고 심을 땅이 없으므로 추수가 없습니다.
저녁거리가 없어서 조나 감자를 꾸러 이웃집에 갔더니 주인은 '거지는 인격이 없다. 인격이 없는 사람은 생명이 없다. 너를 도와 주는 것은 죄악이다'고 말하였습니다.
그 말을 듣고 돌아나올 때에 쏟아지는 눈물속에서 당신을 보았습니다.
나는 집도 없고 다른 까닭을 겸하여 민적이 없습니다.
'민적이 없는 자는 인권이 없다. 인권이 없는 너에게 무슨 정조냐' 하고 능욕하려는 장군이 있었습니다.
그를 항거한 뒤에 남에게 대한 격분이 스스로의 슬픔으로 화하는 찰나에 당신을 보았습니다.
아아, 온갖 윤리 도덕 법률은 칼과 황금을 제사지내는 연기인 줄을 알았습니다.
영원의 사랑을 받을까. 인간역사의 첫 페이지에 잉크칠을 할까. 술을 마실까. 망설일 때에 당신을 보았습니다." (「당신을 보았습니다」)

 산 밑 작은 집에
 두어 나무의 매화가 있고
 주인은 참선하는 중이다.
 그들을 둘러싼 첫 겹은
 흰 눈, 찬 바람 혹은 따스한 빛이다.
 그 다음의 겹과 겹은
 생활 전쟁 주의 혁명 등
 가장 힘있게 전진되는 것은
 강자와 채권자의 권리 행사다.
 해는 저물었다.
 모든 것을 자취로 남겨 두고
 올해는 저물었다." (「歲暮」)**

수행자는 참선수행을 통해 궁극적 내적 자유를 추구하려 하지만, 외부 여건은 이를 용납하지 않는다. 외부 여건은 무엇인가? 강자와 채권자, 다름 아닌 제국주의의 총칼과 황금이었다. 내적 자유를 얻기 위해서라도 구체적 현실의 강제인 "강자(칼)와 채권자(황금)"를 극복해야 한다.

이제 불교 승려는 사회와 단절된 자아에서 사회의 영향을 구체적

---

* 한용운 전집(신구문화사, 1973) 1권 57쪽
** 위의 책, 89쪽

으로 받는 자아로 인식을 전환한 것이다. 이것이 한국불교가 근대화를 이룬 시초이다. 만해는 고립적 자아에서 사회적 자아로, 그리고 향내적(向內的) 인식을 통한 주관적 자아성찰에서 향외적(向外的) 인식을 통한 객관적 세계 파악으로 인식을 전환한 것이다. 정리하자면 만해가 생각한 인간 고통〔苦〕의 원인은 주관내부의 소유욕〔貪瞋癡〕만이 아니었다. 그는 인간이 고통을 겪는 문제에 있어 주관의 무명(無明, 그릇된 세계인식)과 소유욕보다는 제국주의라는 객관적 상황이 더 주요한 원인으로 작용한다고 생각했다. 즉 정치적 · 경제적 · 사회적 요인이 더 중요하다고 생각한 것이다.

    만해의 인식이 옳다면, 성철 스님의 방법만으로는 부족하다. 여기에 문제가 생긴다. 부족한 부분을 채우는 방법은 다름 아닌 사회적 실천 수행이다. 즉 개체 내적 고통에는 내적 방법으로, 사회적 고통에는 사회적 방법이 필요하게 된다. 그리고 내적 고통을 해결하기 위해서 전통적 방법에서는 심리 내부의 고통에 주목했기에 정신해방을 심리적인 방법으로 풀어나간 것이고, 지금의 시점에서는 정치적 · 경제적 · 사회적 고통이 더 크다고 정리할 수 있기에 정치적 · 경제적 · 사회적으로 풀어 나가야 한다는 것이다.

Ⅲ. 물질의 근대화와 정신의 탈근대화

1. 개인의 탐진치, 사회의 탐진치

술락 시바락사는 사람은 두 가지 원인 때문에 고통받는다고 주장한다. 고통의 첫째 원인은 무명(無明)과 이의 심리적 발현인 탐진치(貪瞋癡)이다. 사람들은 영원하고 변하지 않는 자기를 주장하고 자기 것이 아닌 것을 소유하려 한다. 붓다의 진리관에 따르면, 세계의 모든 것은 수많은 관계를 맺으며 발생·존재한다[緣起]. 관계맺지 않고 존재하는 것은 아무것도 없다는 말이다. 그런데도 사람들은 사물의 존재 법칙[緣起法]을 알지 못하고, 관계를 초월한 자아를 추구한다. 존재의 실상[緣起的 存在]과 존재의 추구[非緣起的 所有意識] 사이에서 일어나는 갈등과 마찰이 불교에서 말하는 "고(苦)"이다. 사람들이 느끼는 고(痛)의 일차적 원인은 관계 속의 존재, 관계로 구성된 세계를 인식하지 못하기[無明]에 발생한다. 제대로 알지 못함이 심리적으로는 탐진치로 나타나, 심리 내적 고통을 유발한다.

술락이 말하는 두 번째 원인은 사회적 착취와 억압이다. 그는 사회의 탐진치가 사회적 고통으로 이어진다고 주장하면서, 이를 척결하기 위해서는 사회의 탐진치를 분석함이 필수적이라고 말한다. 몇몇 극단적인 예외를 제외하곤, 사람은 사회를 이루어 사회적 관계 속에서 살아간다. 사회가 구성원의 행복을 보장한다면 아무런 문제가 없겠지만, 그렇지 않은 경우에는 문제가 발생한다. 대표적으로 정당하지 못한 정치권력과 불평등한 경제구조는 구성원을 불행의 늪으로 밀어 넣는다. 저자는 태국을 비롯한 저개발국가에서는 경제문제와 정치문제가 결합하여 사람들을 불행하게 만들고, 그 사회의 전통가치와 환경을 파괴한다고 주장한다. 근대화라는 미명하에 진행되는 서구식 발전모델*과 개발지상주의, 소비주의, 그리고 이를 강제하는 자본과 정치권력이 구조적 폭력의 근본 원인이다. 이것이 바로 사회적 고통의 원인인 사회적 탐진치이다.

2. 내적수행과 사회적 실천의 새로운 중도 — 사회변혁을 위한 불교의 대안

술락은 고통을 없애기 위해서는 사람도 바뀌어야 하고 세상도 바뀌어야 한다고 주장한다. 계속해서 그는 이렇게 하는데 있어 불교의 세계관이 크게 도움이 될 것이라고 주장한다. 그는 불교수행의 기본인 선정수행을 통해 심성을 개발한다면, 이내 탐진치와 폐쇄적인 자기애에서 벗어나 반야와 보편적 사랑[慈悲]과 함께 할 수 있을 것이라고 확신한다. 이런 관점에서 그는 전통적인 불교의 온전한 계승자이다. 그리고 그의 고통 해소방법은 전통불교의 연속선상에 있다. 그의 사람바꾸기 방법에 전제된 불교적 세계관이 공(空)과 연기적(緣起的) 세계관인 것은 물론이다.

그러나 그의 불교적 세계관이 전통을 답습하는 것은 아니다. 그는

---

* 술락은 "근대화" 논쟁과 관련하여 물질적 조건과 정신적 충만을 함께 추구하는 "中道"로서의 근대화를 제창한다. 그는 지금까지의 밀어붙이기 개발 중심의 근대화 논리가 전통과 정신적 가치를 파괴한다고 폭로한다. 그러면서 그는 중도로서의 근대화를 제시한다. 그가 제시하는 중도로서의 근대화는 전통적 정신의 가치와 물질적 욕구 충족을 우선하는 근대화가 대립 모순의 관계가 아닌 상호 요청의 관계로 고양된 근대화이다.

전 통	근대화
정신적 가치	물질적 욕구충족, 생활 편리성
환 경	개 발

불교를 현대사회에 맞게 해석하고 적용할 것을 제창한다. 그리고 그는 무아와 열반을 비롯한 사성제(四聖諦; 苦集滅道)와 연기, 오계(五戒)를 현대 사회이론으로 재해석할 뿐만 아니라, 이런 불교적 개념들을 개인과 사회의 변혁을 이끄는 지침으로 삼아 세상바꾸기를 시도한다.

술락은 자신도 바꾸고 세상도 바꾸기 위해서는 자기 성찰적 심성 개발이 필수적이라고 말한다. 그리고 심성을 개발하는 사람들, 연기적 세계관으로 세계를 새롭게 바라보기 시작한 사람끼리 연대하여 세상바꾸기의 여정에 함께 할 것을 제안한다.

고통없는 세상을 만드는데 있어, 불교를 포함한 종교는 어떤 역할을 해야 하는가? 이에 대한 그의 대답은 단호하다.

종교는 사회변혁에 무엇을 할 수 있나? 종교는 사회발전에 어떤 역할을 했나? 종교는 거의 모든 사회에서 성직자 혹은 선각자라는 두 가지 역할을 수행해 왔다. 사회에 문제가 없을 때, 종교는 성직자의 모습으로 나타난다. 평화기에 성직자는 현 상황을 유지하려 한다. 종교의 성직자적 측면은 체제수호적이며 변화를 거부하는 성격이 강하다. 사회에 근본적인 문제가 있을 때, 종교는 선각자의 역할을 자임한다. 혼란기에 종교는 성직자보다는 선각자로서의 역할이 두드러져 사회혼란의 근본 원인을 주

---

* 不殺生 ; 살상무기 개발 금지, 핵무기 개발·사용 금지, 화학비료와 농약 사용절제
　不偸盜 ; 공정한 분배·거래를 비롯한 경제 정의
　不邪淫 ; 성차별 극복, 성의 상품화·도구화 배격
　不妄語 ; 상업광고 금지·소비문화 극복, 인간적 교육 회복
　不飮酒 ; 실업해소·공평한 분배를 통한 약물남용·생산 불필요화

시하고 사회발전과 변혁의 대로에 앞장선다. 선각자는 혼란이라는 현상 이면의 본질을 투시하여 새로운 사회를 위한 대안과 이상(理想)을 찾아 낸다. 그렇다면 종교가 사회발전과 변혁에 기여할 수 있는 길은 열려 있다. 사회발전의 가치척도가 평화나 정의에 기초하는 한, 종교는 선각자적 측면을 발휘하여 바로 지금 여기에서 정의롭고 평화로운 사회를 이루는 데 공헌해야 한다. 이를 내일로 미루어서는 안된다.

그에 따르면 지금 세상은 혼란기, 변동기이다. 이런 시점에서 종교는 새로운 사회를 여는 선각자의 역할을 담당해야 한다. 수행자의 역할만으로는 종교의 본래 기능을 발휘할 수 없다는 것이 그의 생각이다. 그러면서도 그는 수행자의 자기 성찰이 선각자의 역할에 기본 전제임을 명시한다.

사회적 행동주의란 일반적으로 외적인 문제에만 몰두하는 경향이 있다. 행동주의자들은 악의(惡意)와 같은 내면의 부정적 요소가 삶을 어떻게 피폐하게 만드는지에 대한 이해도 없이, 삶의 질곡 모두가 사회제도에서 기인한 것이라고 단정해 버린다. 그들은 개인적인 도덕성도 근본적인 사회제도의 재편을 통해 완성할 수 있다는 가정 아래, 전 인류적 차원의 문제들을 사회공학적 관점에서만 접근한다.

2500년 이상 불교도들을 비롯한 많은 종교인들은, 행동주의자와는 반대로 사회가 근본적으로 변화하기 위해서는 인격적인 차원의 변화를 우선하거나 최소한 함께 진행해야 한다고 생각해 왔다. 사회를 개혁하고자 하는 자는 반드시 개혁을 가능하게 하는 인격적인 측면을 이해해야만 한다. 이것이 바로 종교에서 강조하는 이른바 "인격적인 변화"이다. 인격적인 변화를 동반하지 않은 채, 어떤 전통의 유형적 의례를 고수한다는 것은 사실상 별 의미가 없다. … 인격적 변화가 진행될수록 남과 사회에 대한 도덕적 책임감이 점점 커짐을 느낄 수 있다. 인격적 변화와 사회구조의 변화는 분리될 수 없다. 현대사회의 소비자본주의는 욕망과 불만족을 자꾸만 자극한다. 강요된 소비형태는 정신적인 발전을 저해하는 크나큰 장애가 아닐 수 없다. 정신적으로 풍요한 삶을 원하는 사람들은 자신들의 사회적·물질적 환경에 관심을 기울여야 한다. 진정으로 종교적 삶을 산다는 것은 사회를 외면하는 것이 아니라, 사회의 정의와 변혁을 위해서 노력하는 것이다. 종교는 사회변혁의 구심점에 있어야 하며, 사회변혁이란 바로 종교활동의 진수이기도 하다.

그가 제안하는 종교의 본모습은 자기성찰을 근간으로 하는 내부훈련과 사회모순을 해소하는 사회적 실천 두 가지 항의 중도(中道)체계이다. 중도란 전통적 불교철학에서는 유무(有無)의 대립을 지양한 존재인식, 고행과 편안함의 대립을 지양한 수행(修行)노선을 의미한다. 술락은 불교의 중도를 개인과 사회, 자아와 세계의 대립을 지양하는 새로운 세계관, 새로운 실천이론으로 정립한다. 그의 중도의 큰 밑그림은 "탈세속과 세속의 중도"이다.

탈세속 가치	세속 가치
개인의 내적 자유와 평화	사회적(Econo·socio·political/World)자유와 평화
자기애	보편적 사랑
내적 실천(수행/자기성찰)	사회적 실천
개인의 탐진치 해소	사회적 탐진치 해소

저자는 "탈세속과 세속의 중도"는 새로운 불교에서 실천할 수 있다고 전망한다. 그는 교의(敎義, Doctrine), 의식(儀式, Ritual Ceremony) 중심이 아닌 생활 속에서의 수행·실천을 중시하는 생활불교, 그리고 종교엘리트 중심이 아닌 생활인이 주인인 누구나의 불교를 요청한다. 계속해서 그는 이 새로운 불교를 Buddhism이 아닌, 'b"uddhism 으로 명명할 것을 제의한다. 이 새로운 불교가 청년 싯다르타의 고뇌와 실천, 그리고 붓다의 가르침을 온전히 계승한 것임은 물론이다. 새로운 불교는 청년 싯다르타가 그랬던 것처럼, 세상의 고통에 관심을 갖고 세상문제 해결에 노력함은 다시 말할 필요조차 없다.

이 책에서 그는 이 새로운 중도의 불교가 실천될 때, 온 세상 사람의 고통이 사라질 것을 확신한다.

평화의 씨앗

초판 인쇄 / 2001. 4. 12
초판 발행 / 2001. 4. 23

지은이 / 술락 시바라사
옮긴이 / 변희욱
펴낸이 / 김정숙
펴낸곳 / 정토출판

등록번호 / 제 22-1008호
등록일자 / 1996. 5. 17
137- 875 서울특별시 서초구 서초3동 1585-16
전화:02)587-8992 · 전송:02)587-8998
인터넷 http://www.jungto.org/home/book
E-mail: book@jungto.org

ⓒ 2001. 정토출판

값 7,000원

ISBN 89-85961-33-0 03300